U0867669

本出版物受“中国政法大学双一流拔尖创新人才培养”项目资助

國家与法治研究

主　编——焦洪昌

Archive
for
State
and
Rule
of
Law

第2卷
2019

法律出版社 LAW PRESS · CHINA

编辑委员会

主　任　舒国滢

委　员（以姓氏音序排列）

卞修全　陈　宜　陈　征　程　滔　成协中
崔林林　何　兵　蒋立山　姜晓敏　焦洪昌
柯华庆　雷　磊　李卫海　刘大炜　刘红婴
刘善春　刘晓兵　刘　星　罗智敏　马宏俊
王成栋　王建芹　王进喜　王夏昊　王小平
王新宇　薛小建　杨玉圣　姚国建　喻　中
袁　钢　张德美　张　锋　赵　宏

编辑部

主　编　焦洪昌

副主编　雷　磊

责任编辑（以姓氏音序排列）

董静姝　李　强　李松锋　马　允　谢　晶
张　力　赵一单

编务负责人　赵一单

本期执行编辑　雷　磊　张　力　谢　晶

第2卷
2019

目　录

书评/book reviews

【经　典】

classic

国家与法治研究　第 2 卷(2019)
第 3~13 页

霍布斯的政治哲学

曾炳钧*

在西洋政治思想史上，霍布斯（Thomas Hobbes，1588~1679）①的学说，要算是很能圆到的一种，除非你不承认他的前提或学界说，不然，你很容易受他的迷惑，不易找出他的破绽，所以你要反驳他，最好先审查他的前提，推敲他的界说。因为他的说法都是从先定下的界说或假定的事实推出来的结果，很像证明几何的问题，步步依着演绎的逻辑，你一旦承认他的前提，就不得不依从他的结论。举例来说，依当时流行的思想，一般的假定，国家的起源是人民共同订立契约而产生的，君主的权力是由这种契约授予的，所以君主滥用权力，就是“不公正”。霍布斯却不然，他一方面主张契约说，另一方面却不把君主放在订约当事人里面。同时所谓“不公正”（unjust）只是一种破坏条约的行为，君主既然不是订约人，自然就无所谓破坏契约，所以他的任何行为，绝不能说是“不公正”。这样一来，契约反而成了君主权位的保障，他用了一般公认的

---

* 曾炳钧(1905~1994)，著名政治学家。1926 年进入清华大学政治学系，成为清华政治学系第一级毕业同学。1934 年考取清华公费留美，先入伊利诺伊州立大学获硕士学位，后入哥伦比亚大学获博士学位。学成归国后，历任云南大学政治经济系教授、武汉大学教授兼政治系主任、清华大学教授兼政治系主任。1952 年调入北京政法学院，1954 年分配至国家与法教研室，1956 年担任国家与法的历史教研室主任。1979 年中国政法大学复办，担任法制史专业导师组组长，招收第一批研究生。

① 原文为“浩布士”，此处采通译“霍布斯”，下文均从此译。

名词,却破坏了当时一般人心里的结论,在这种推断之下,要反对他的结果。假如你承认契约说,只有从君主是不是订约的当事人,或“不公正”是不是仅仅包含不守契约的意思两方面着手;假如你不承认契约说,就只有指出契约说的不合事实或理论上的不可能。后来洛克(Locke)的契约说,便以君主为契约之一造;卢梭(Rousseau)[2]的民约论虽亦以君主不是订约人,却以人民的权利并未放弃给君主而是给人民的全体,所以君主本身无最高权力不能所欲所为。这些都是在界说上对霍布斯主张的不合。休谟(Hume)对契约说的批评便以历史为标准。

霍布斯的政治学说主要在《利维坦》[3]一书中,该书共分四部。第一部讨论人的知觉、欲望、性格等问题,第二部是他政治学说的主要部分(从第十七章至第三十一章),第三部、第四部讨论基督教国与黑暗王国。他的全部学说是一部最有系统的契约说。他主要的用意是:①由国家的起源指明主权者与人民的关系;②以人类的天性作为起点,说明在自然世界之不适于共同生存与共立契约拥戴主权者之必要;③由契约的关系解释主权者无上权力的合法根据,及人民应有绝对服从主权者的义务。更统括一点说,霍布斯是主张主权者绝对专制的,要问人民如何应该让主权者绝对专制,霍布斯认为是依据契约的关系,至于为何有这种契约,是因为共同生存的人类受自然规律支配的必然结果。

霍布斯《利维坦》一书,从开始便分析了人类知识的来源,欲望的发动。他的说法,完全是一种唯物派、机械派的说法。人类的知识都是由感觉器官而来的,心是脑子里的运动。一切意象都是感觉器官受外界的物的运动之感触的结果。爱乐好恶完全由人脑与心内不同的运动而生。人类行为的动机完全受爱乐好恶的支配。美恶利害的标准,因人之好恶而不同,绝对的好坏是没有的。人类既然是这样一种机械,他行为的出发点就只有一个——永远不停到死方休的权力欲望。所以倘无外界的阻碍,自然只知寻求个人的快乐,不管别人的快乐,只求满足个人的欲望,不管他人的利害。人性既是如此,故当人类在一种无秩序、无是非、无束缚的自然世界里时,集无数自私自利的分子在一起,自然是或用手段,或以武力、互相残杀、互相争夺在这种境界之下,人人相互间都是敌人,人与人之间所争的都是为满足一样的兽欲,大

② 原文为“卢骚”,此处采通译“卢梭”,下文均从此译。

③ 原文为“巨灵”,此处采通译“利维坦”,下文均从此译。

家都唯恐旁人的力量超过自己,个个都只想争胜以博得他人的赞赏。这种说法如何,此处姑且不论,不过霍布斯有几个重要的结论,值得特别注意:

(1)人类自然平等,并不是说人人享受的一切权利都应该相等。而是说在自然世界里,各人不能以力得则以智取,人人一样的各自以为绝顶聪明,各对他所分得的智力的一份都同等的自以为满意。但因为智力这样的平等,故大家都起了相等的欲望。

(2)自然世界里无是非的分别。因为人们的行为都是受感情的支配,要说这种感情与那种感情在道德上的差异,尚无标准来决定。比较行为的好坏,只有在公共遵守的律令成立以后。换言之,就是要在脱离自然世界进入文明社会以后。

(3)并无"公正"(just)、"不公正"的差异。因为"公正""不公正"的分别,并不是先天的,而是在法律成立之后的,然而在没有一个共同翕服的最高权力以前,法律不能产生。所以在人人争强的自然世界里当然没有"公道""不公道"的说法。

(4)依同样的理由,在自然世界里,各人都无私有财产,各人抢得多少用多少,保得住多久用多久,因为私有财产是根据法律承认的。

霍布斯虽然未讲这种自然世界在事实上是否存在,但是他却举了许多人类存在的事实,好像是作为证实他的理论在事实上存在的根据。依霍布期说,人们"出门要保护自己,睡觉要锁门,就在屋里也要锁箱子"都是互不相信的表现。如美洲印第安人④就很能表示自然世界里人与人之间的情况,这种情况,在内地战争爆发时,及在武装的国际社会里,都可找出具体类似的旁证。

假如人类都继续像在自然世界里那样,只是互相残杀,人类岂不是不至杀绝不止?不过这是不会的。欲望虽是人类行为的动机,却也要受自然法律的限制。自然法律并不是给予自由的天则,却是限制自由之行使的定律。本来在自然世界里,假如无外界的阻力,理论上人人都有绝对的自由。霍布斯之所谓自由,即外界无阻碍存在之谓。应用这种自由,他可用他力所能及的方法,保存他的生命(这即是霍布斯所谓自然权)。不过这种自由,一方面要受事实环境的限制,另一方面要受意志的限制。关于前者,兹可不赘。关于

---

④ 原文为"印地安人",此处采通译"印第安人",下文均从此译。

后者,譬如人在船上,本有跃水自溺之自由,然而人却不愿溺水;对于一种权利,每人本有攫取之自由,唯遇在力之强敌,则争夺即有性命危险,宁可退让。此即自然法的意义。从这点看,自然权与自然法相反的一点是:依自然权,人人都有取得任何可以满足个人欲望之权利;依自然法,各人不得不受限制,放弃其欲得的权利之一部分。人类既受了这种自然法的支配,则求生的观念和权利的思想权衡轻重,自然世界里互相争杀的人们第一步便不得不出于要求和平与维持和平之意图。不过实现和平依霍布斯说,只有一条路,就是每个人都要相互的放弃他对于外物的一切自然权,人人必得互约杜绝自由的行使。这种互相要约放弃其自然权的办法,便是自然法的第二个定则。第三个定则就是契约的实行。换句话说,霍布斯认为,人类想脱离自然世界里混战的生活是自然的要求,为脱离自然世界生活,便不能不出于互订契约之方法,亦系含有必然性的结果。

说到国家的起源,霍布斯认为国家有“建设的国家”(a commonwealth by institution)与“取得的国家”(a commonwealth by acquisition)两种。前者是由人群自由的意志集合而成,后者是由外力慑服集合而成。霍布斯所指的社会契约,是叙述“建设的国家”的情况。不过他认为征服的国家仍是一种契约的性质。与“建设的国家”的契约相同处是在人们心中都有恐怖的心理。其不同处,在前种状况下是众人恐惧一人或一团体的人,在后者状况下是各人相互疑惧。霍布斯还有一个一丝不漏的地方,就是他认为强制的契约不能作为否定契约的理由。

国家组成的原因是由各人共谋安全的生存而起,前面已经说过。群性(social impulse)并不是真正的原因,此处霍布斯与亚里士多德(Aristotle)遗传下的说法大异其趣。依霍布斯的说法,组成的过程,先是在自然世界里人人互相不断地屠杀争夺,然后才共同订立契约。其约定的方法形式如何,此处为霍布斯全部学说的紧要去处,依霍布斯的说法,是每个人对其他的人指定一人或一个团体的人说:“我在你同我一样抛弃你的权利给他并认可他的一切行为的条件之下,承认抛弃我自己支配自己的权利给这个人或这个团体的人们。”(用高一涵谭语)

依照这个方式,应当认清的有主要的几点:

(1)契约的当事人是自然世界里每个人的个体,既不是一群人的团体,或总括名词的人民,也不是一个权力高出人上的人。主权者不在当事人之列，他只承认行使众人委托他的一切自由行使自然权的权利，却并未放弃他个人的任何自由与权利。

(2)服从多数以拥护主权者，是载在契约的条件，少数人不得反抗。

(3)依照契约的目的，是谋以和平达到生命安全之保障，一旦破坏契约，即全体陷入混乱状态，故契约应该继续存在。

一个国家的主权者就是这样产生的。在这里最应当弄清的一个问题，就是“公正”“不公正”的问题。在前面已经说过，在自然世界里是无“公正”“不公正”之分的。“公正”“不公正”的界限是霍布斯巧为缩小的意义，只是守约、不守约的分别。换句话说，守约者是“公正”，唯有不守约者是“不公正”。在这种前提之下，便有如下的结论：

(1)人民无论依何种理由，凡有不服从主权者的行为都是“不公正”。因为这样便是破坏了原来的契约。人民被主权者杀死，依照理论是等于自杀。因为主权者是被各个人民委托其自由行使一切自然权的。

(2)人民不能以主权者破坏契约为理由，而破坏契约。因为主权者并非契约的当事人，无所谓破坏契约。他一方面既受众人行使权利的委托，另一方面他并未放弃其本人的自然权，故他对人民的一切行为，无论如何，都不能是“不公正”。

(3)少数人不能反抗主权者。少数人不能以主权者之选定未经他们同意为理由而反抗主权者。假如他们是订立契约的人，则破坏契约为“不公正”；假如不是，则此少数人与多数人之关系，仍是自然世界里互相敌对之关系，即以国家的力量全体屠戮，亦不发生“不公正”的问题。

(4)人民对于主权者的身体，不能处死或加罚。因为主权者之行为是代表人民的行为。假如人民因主权者的行为不对而加以处罚，不啻是自己犯罪而处罚别人一无罪之人。

主权者与人民的关系既是如此，就理论说，主权者当有如下之职权：

(1)一切言论意见的审查或禁止权。如有放言高理不顾社会安宁，一切在自然世界里之旧者，官吏便当加以阻止，以免引发纠纷或内乱。此处刚好与米尔顿(Milton)的出版自由，成一正反对。

(2)一切财产行为的规定权。这亦最要紧的。假如不加规定，则在自然世界里人人对于一切财货都有自由攫取权。

(3)书刊权。此所以解决众人的冲突与纠纷。

(4)宣战构和的全权。这亦是主权者保障安全的职责。

(5)其他任官及授予荣誉等权力。

主权者虽有绝对的权力,人民的自由也不是完全没有的。不过自由要分两层来说:一是外界无阻碍存在可以为所欲为的自由。这个自由,人民在自然世界里才有,进入国家的团体生活里,已经放弃。二是国家生活内有限度的自由。这种自由有两种:第一种是在主权者,即国家的法律所不禁的范围内的自由。第二种是从契约的性质上说人人所不能放弃的自由。由前者说,是主权者能限制人民的自由,人民不能限制主权者的权力。换句话说,我们不能以个人的自由为理由反对主权者的行动。主权者的行动,虽是未经法律的明文规定,但也是合法,因为他并不违反契约。由后者说,人民可以有自卫,不遵主权者的命令而自杀,拒绝重罪的自首,假如有替人的话,还有拒绝从军的自由。因各人订立契约是以谋生命的安全为目的,此种从军等事务既可危及生命,故人民虽不从主权者之命令,也可以不发生违反契约"不公正"的恶名。不过此种自由,只以不负违背契约的罪名为止,并不能限制主权者之不强制执行,主权者仍然可以因其不服而加以杀戮。

霍布斯政治哲学中主要的理论已经如上所述。霍布斯对于政体与法律的主张也当一说。不过这些主张都是从他的主权的根本概念来的。从前两段的叙述中,我们可以知道霍布斯所谓主权者是"依国家成立的根本契约,受人民全权的委托,行使最高的权力以保障社会和平的一个人或一群人之团体"。依着这个观念,政体的种类即依主权所寄之人数目的多寡而定,共可分君主、贵族、民主三种。政体好坏,不能以权力的大小作标准,当以何者最适合于国家之目的为根据。因为就权力来说,三种政体的执权者所拥有权力都是相等的,故他们的好坏,要看哪种最适宜于这种专制权的行使以达到保障和平之任务。霍布斯这样定下标准之后,自然就以君主政体为最好。君主政体的长处,依霍布斯的意见,是:

(1)主权者的公私利益相同,国家的光荣财富,就是君主的光荣财富。

(2)君主政体最能保持政策的秘密。(这条却不成理由)

(3)举措较能一贯,政策较少有把持不定的现象。多数人的政体恰与此相反。

(4)君主只有一人,不会有因嫉妒利益而引起的主权者之自相冲突。多数政体,便可因嫉妒利益等纠纷,而引起国内战争。

此外君主政体也有两个坏处：

(1)君主对宠幸私人的赏赐偏私。

(2)君主愚懦及摄位的纷纠。

不过依霍布斯的意见,关于第一个坏处,他认为多人政治的这类事实更多。关于第二点,他认为君主愚暗,可令人摄政,因摄政而引起的纠纷,不是君主政体本身的毛病,却是臣民的野心不好。

其次对于法律的主张,霍布斯主要的意见是,唯有主权者的命令才是法律。自然法并不是法律,它只不过是从理智得来的,如何可以保卫生存的结论。习惯法之所以能成为法律,亦不过因其曾经主权者之默许。至于法律的解释,人民不得各以其意曲解,须依照正式法庭的解释。各个哲学的说法,不能作为法律的权威,因为无论哲学家说的如何天花乱坠,不经主权者的口,他的主张是不能成为法律的。这样一来,自希腊罗马以来所有一切自然法、神性法、民法聚讼纷纭不可究诘的各种说法,都被斩钉截铁的一笔画清。不过依照这种说法,在君主专制时代,只增加了君主专制的权威,小民权利的保障却被剥夺殆尽了!

契约说在十七八世纪里,是风行一时的政治学说。对于这种学说最有系统的贡献的应是霍布斯、洛克与卢梭。所以这种学说的内容也可推他们三人为代表,他们虽同以社会契约作起点,结论却完全不一样。霍布斯与后二者的差异很值得我们注意。这种差别可分三步说：

(1)自然世界。霍布斯的自然世界是不绝的战争和劫夺,是一个黑暗不安的状况。洛克、卢梭的自然世界却与此全然相反。依洛克的说法,自然世界是一个自由平等、有秩序、有理性的和平世界,卢梭更以为是一个极乐的天国,独立自由都能充分行使的所在。他们这样的相反,是由于他们对人性的根本观念不一样,卢梭主性善,霍布斯主性恶,洛克认为人性是一张白纸。这中间是三个阶段。

(2)脱离自然世界的原因。霍布斯的意见可不再说。洛克的意思是由于不方便,需要不能供给,公共裁判人的缺乏。卢梭则认为是人口增加,不得不如此。

(3)契约的缔结。霍布斯是人民每个人与每个人,主权者并不在内。洛克是人民与执政者(ruler not sovereign)。卢梭是人民一人与全体。依霍布斯之说,人民的一切权利都放弃给了主权者,主权者并未放弃任何权利,故结果成了专制政体。依洛克之说，人民除抛弃自由保卫自己与直接惩罚凶暴两种权利外，并未放弃任何权利，执政者是订约当事人，故职权的行使受契约的限制，不能超出契约的范围以外。卢梭则认为，人民个人的权利是交给人民公共的全体，未奉给任何部分的人或个人。故洛克的结论主张有限君权，而卢梭的结论，自然偏于主权在民的民主政治。

这种关于国家起源的学说价值如何，可以从两方面看，一是当它成为历史的叙述，二是当它成为政治哲学的假设。假如当它成为历史的叙述，则唯一的标准便是须与事实符合；假如当它成为学说的假设，则当看以这个假设为根据的推论是否真能贯通一致不相矛盾，或是否合理。我们试依第一个标准来看霍布斯的契约说，所得结论如下：

（1）契约说在历史上无事实的根据，这个缺点可以说是契约说的各派所同有的，霍布斯更不能例外，当然霍布斯并未主张说历史上一定有民约这件事的存在，不过他的话也不是无因而发的。从他的主张和引证看（如印第安人之类），可以知道他的说法一方面是针对时势的主张，另一方面也认为事实上也是有的。依他主张的情形看，好像当时人民推翻了君主立刻就要回复到自然世界里人将相噬的形象似的，然而这种契约，史实上却找不出证据。

（2）形容人类无束缚时的残暴，霍布斯有意过甚其辞与人性实际的表现不符。本来性善、性恶、善恶混与无善恶的说法，都是不易解决的问题，不过即使我们假定人类都是自私自利的，其表现按照的程度，亦是有限度的。倘非重大利益（vital interest）有冲突时，并非处处都以武力解决，其次如同情心、父母之爱等是先天的或后得的，心理学上虽然是争持未了的问题，然而人类在某种情形之下定会有这种心情的发现，却是不容否认的。所谓在自然世界里人与人之间只有极端的残杀、征战，而毫无同情、仁爱的说法，如是纯从假设上推出来的逻辑上的结论，则另当别论，若是事实如此，却令人不能想象。依霍布斯之意，人类既是绝对的自私，我们出门带武器，关门锁箱子，都是这种心理的反面证据，那么，杀人于梦寐之中，自庆其兄弟之死（用卢梭说），应当是极普遍的现象，然而我们扪心自问，我们是否都愿意都忍心这样做？赞成霍布斯的人也许可以说这种不忍心是养成的，自然世界的人没有这种习性，这样，我们又要问历史事实的证据在哪里？印第安人也不是恰如霍布斯所谓自然世界里到处人人混战的情形一样，欧洲、亚洲是找不出这类史实的证明的。

(3)霍布斯还有一个不符事实的地方,就是把自然世界里的野蛮人的政治意识抬得太高了。依霍布斯的说法,自然世界里的人能够很一致很整齐的同意一切自由权利,拥戴一个或少数的主权者而且同意后大家都能一致遵守契约(假如不遵守便不能成立国家),服从命令。这样有纪律,非有很高政治修养的人绝难办到,在自然世界里,草野未开完全兽性的人们,是绝没有这样高的政治习性的。

其次我们再依第二个标准来看霍布斯的学说:

(1)依霍氏之说,人类都是自私自利弱肉强食的,以如此贪残无理性之人绝不能与一群互有权利冲突的人自动的连合在一起,也不会安于契约之约束,其理至明,不然,蛮无理性之人只因契约一定,便能一朝尽变为讲信修睦之君子,此种人亦大可惊异。这一变不是变得太快,便是原来的本性不恶,都与霍布斯关于人的说法是冲突的。所以依霍布斯论人之说,与其说国家的起源是由不通理性的各个人互相结约而成,不如说是由众人屈服于一个强有力之个人或团体之结果,较为合理。即使取得的国家,则所谓契约,亦是人民与主权者的契约,人民个人间并无契约的关系。

(2)在霍布斯那种自然世界的情形之下,订立契约之时,主权者的人选就成问题。依霍布斯人类生而平等的意义,大家的欲望都是一样的,即使大家的理智是以知立约之必要,那么大家争权逐利的心理也能够使他们各不相下。且契约作用原求保障生命的安全。不过众人都放弃了他个人一切自由权利而受一个或一群自私自利无束缚无理性的人(因主权者尚是自然世界的人且增多了权力)的制裁,试问安全不安全呢?依霍布斯之说,惧别人势力超过自己,乃人人自然之心理。岂自然世界人智足以知订约以限制各人权力而保安全,乃更授权专制权于一个或少数自私自利者之手,而不惧其危害社会,而不限制其权力之行使?如不加以限制,在理论上太说不通,如加以限制,则主权者系承受众人的条件而来,这种条件也就是契约的一部分。换言之,即主权者也是契约当事人。与霍布斯主权者非订约人无守约之义务之说,陷入矛盾。

(3)契约说不能解释立宪政体以前执政者与人民之关系,因为假定国家之起源由于契约的成立,则负有遵守契约义务者只是订约者之本身,后代却无此义务。专制政体与立宪民主政体不同的地方是:在立宪民主政体下人民有代表机关,可以知道他们对于约法是自由承认的;在专制政体下人民对于法律的服从,是受权力的压迫,并不是契约的履行,且在同一国家内,朝代的变迁是很多的。朝代变迁后,在主权者与人民的关系上,更不能说人民对于主权者有何契约上的纯粹义务。然而霍布斯所说的主权者的地位,是概括的指一般的主权者之地位,此在理论上也说不过去。

(4)霍布斯认为,无论是君主贵族或民主政体,其权力都一样,所以评判政体的好坏当以何者最能运用这种权力以保障和平为标准。而他所谓和平,只是一个"人民完全变成主权者的奴隶"的静肃世界,所以君主政体便成了最好的政体。霍布斯这种说法是由契约一贯而来的。因为依霍布斯的意见,契约唯一的作用只是为人民"从相杀的危险(死)换得个奴隶式的安全"。即自然世界人人相杀(死)——契约——众人作主权者奴隶和平

依他的推法,好像是人群的生活只有这两种——死与作奴隶——不入于此则入于彼,不过他这种推论法是依照众人都把绝对的权力放在主权者手里的契约方式而来的。就理论上说,人类(假如像霍布斯所写的)从无秩序安宁的生活到有秩序安宁的社会,契约也许是过程之一种。然而认为契约只能换得一人或少数人的专制,这却是武断。依霍布斯的说法,和平的需要固然因人类受自然法的限制,不得不如此,然而一切欲望自由,也是人类一切行为的发动机。换句话说,人类的行为,在可能范围内,都应当而且一定是用"利中取大,害中取小"的方法。从自然世界到和平的社会,难道只有一种奴隶生活的可能吗?脱离自然世界以后的国家生活,至少有三种选择:一是和平生活中大家都能充分满足欲望或得到最大的权利;二是在和平条件下,与权利以较大之限制;三是在和平条件下放弃一切权利。在这三种选择之内,霍布斯却单单为人民选了最后他们所最不愿意选的一种。霍布斯说,既然为人民选了最不利的条件,那么政府唯一的任务,就是维持和平秩序。主权者的专制残暴与否,均不必问,只要为人民达到了奴隶式的和平境界,便是政府的能事已尽,故君主政体中了上选。不过这种选法与霍布斯的人性观是自相矛盾的。依霍布斯的人性观,人民当然取第一种条件。依第一种条件,好政府的标准应当是巩固和平及为人民谋取最大幸福。因此对于君主政体所得的结论应当如下:①君主专制于人民生命财产的安全最无保障;②君主与人民的利益不一致;③君主最难周知人民的愿望和需要;④君主政体最难收集思广益之效;⑤君主地位的争夺最能破坏和平(在欧洲史君主嗣位的战争不知凡几,与霍布斯的结论刚好成反对,君主政府,成了最坏的政体)。霍布斯的政

治学说，所以得出那样的结论，除在名词的界说上曲解外，完全是在假定事实上取巧，是先有成见后抉择事实的。这种只依成见不合事实的假定，与王权神授说之类在价值上果有多大差别？与王权神授说相较，尚减低了君主的尊严。无怪乎一方面主张民权的人反对他，另一方面主张王权的人在巴黎亦要危害他的生命了！

契约说自16世纪后，除霍布斯、洛克、卢梭外，许多政治学家都曾经有过赞同的意见，如胡克（Hooker）、米尔顿（Milton）、格劳修斯（Grotius）、普芬道夫（Pufendorf）、沃尔夫（Wolff）、苏亚雷斯（Suarez）、康德（Kant）、布莱克斯通（Blackstone）、斯宾诺莎（Spinoza）、费克特（Fickte）等都有此说。不过此说既不符合历史事实，又不免有破绽，且将人民与国家政府的关系只解释成一种买卖式的交易合同的关系，亦有其危险的地方，故经休谟、边泌（Bentham）、柏克（Burke）、冯·哈勒（von Haller）、奥斯丁（Austin）、利伯（Lieber）、伍尔西（Woolsey）、梅因（Maine）、格林（Green）、伯伦知理（Bluntschli）、波洛克（Pollock）、伽尔纳（Garner）等人肆力抨击之后，差不多驳得体无完肤，到现在已经完全无法立足，没有人能为它辩护了。但是主契约说的人在政治思想史上自有其不朽的贡献：主张民权的如洛克、卢梭自不用说，即使以霍布斯论，他虽主张专制主义，然而归根结底在他的契约说的假定后面，亦是承认主权者的权力是由人民赋予这个基本原则的。因为要不是从这一点出发，契约说更无从说起，故霍布斯的学说，虽然在当时与洛克、卢梭等学说对待看算是巧背时代思潮，而与非莫（Filmer）等王权神授说，而不承认有民权一类的说法相较，终究是有很大进步的。他的契约与自然权等的解释，虽然是错误的，但以人民的承认为政府正当权力的来源（the governments derive their just powers from the governed），却是民主政治历世不易的金科玉律，以主张专制主义的霍布斯对此前提尚不能不承认，亦可见当时民治主义的高潮了。

（曾博整理录入，陈夏红、朱明哲审订）

【论　文】

articles

国家与法治研究　第 2 卷(2019)
第 17~79 页

法学上的修辞学—论题学思潮述评(下)

舒国滢*

摘要:在法哲学领域,价值与价值评价标准一直是“公说公有理,婆说婆有理”的问题领域,沙伊姆·佩雷尔曼为此发展了作为修辞学之重要部分的论证理论——“新修辞学”,在战后“修辞学之名声恢复”过程中作出了重要的贡献。德国美因茨大学法与经济学院教授特奥多尔·菲韦格出版的《论题学与法学》一书,提出了建立“法律论题学”,唤起了整个欧洲的知识界(后来波及其他地区的学界)重新关注古老的方法论——特别是“论题学”在法学,乃至整个人文科学中的应用。自从 20 世纪 70 年代之后,菲韦格的学说在其生活、工作的美因茨大学的一些年青学者中间,持续地形成了吸引力和影响力,得出了一些新的研究成果,并拓展了德国有关修辞学法学的研究范围。这样,美因茨大学就逐渐形成了一个独特的法修辞学学术共同体,这就是“美因茨学派”。本文分为上、下两篇,上篇主要介绍佩雷尔曼及其新修辞学法学(已刊),下篇则将聚焦于菲韦格的论题学法学以及其他学者的著作。

关键词:新修辞学　论题学法学　佩雷尔曼　菲韦格　索博塔

* 舒国滢,2011 计划司法文明协同创新中心成员,中国政法大学教授。

二、特奥多尔·菲韦格的"论题学法学"

在战后法律论证理论的发展中,如果说沙伊姆·佩雷尔曼的著作及其倡导的"新修辞学"唤醒了学界(包括法学界)对古老的修辞学的记忆,那么,几乎在同一个时期,甚至可能时间还稍早一些,德国美因茨大学法与经济学院(Rechts- und Wirtschaftswissenschaftliche Fakultät, Universität Mainz)教授特奥多尔·菲韦格(Theodor Viehweg, 1907~1988)出版的《论题学与法学》(Topik und Jurisprudenz)一书,提出了建立"法律论题学"(Die Juristische Topik)或"论题学法学"(Die Topische Jurisprudenz),唤起了整个欧洲的知识界(后来波及其他地区的学界)重新关注古老的方法论——特别是"论题学"在法学,乃至整个人文科学中的应用。① 甚至佩雷尔曼本人在《新修辞学:论证论集》第 2 编第 1 章总第 21 节中谈"论题"的概念时,也直接援引了特奥多尔·菲韦格的《论题学与法学》。② 因此,菲韦格的这本著作被认为是"修辞学传统在法学上真正复兴的关键来源之一",③至少在德语圈内,他被视为(现代)"修辞法理论"(Rhetorische Rechtstheorie)的创建人。④

---

① Robert Horn, *Einführung in die Rechtswissenschaft und Rechtsphilosophie*, Aufl. 4, Verlagsgruppe Hüthig-Jehle-Rehm, München 2006, SS. 230-231. 德国各界学者曾于 1997 年在图宾根的布劳博伊伦(Blaubeuren)召开了一次跨学科的学术研讨会,主题是"论题学与修辞学",内容涉及"古代"(伊索克拉底、亚里士多德、西塞罗等人的论题学)、"中世纪与近代早期"(论题学、修辞学与文学、诗歌、音乐)、"近代"(论题学与造型艺术、想象力等)、"论题学与哲学、法学"、"论题学与论证理论、传播理论"。该研讨会论文集于 2000 年由图宾根大学修辞学教授格尔特·于丁(Gert Ueding, 1942~)及其助手、古语文学者托马斯·席仑(Thomas Schirren, 1965~)以"论题学与修辞学"为题出版,他们在前言中多次提及菲韦格和佩雷尔曼的著作对于论题学在多学科的研究中的推动意义。Siehe Thomas Schirren/Gert Ueding (Hrsg.), *Topik und Rhetorik: Ein interdisziplinäres Symposium*, Max Niemeyer Verlag, Tübingen 2000, S. XVIII.

② Chaïm Perelman/Lucie Olbrechts-Tyteca, *Die neue Rhetorik. Eine Abhandlung über das Argumentieren*, S. 116, besonders, Anm. 1.

③ "Translator's Foreword", in Theodor Viehweg, *Topics and Law*, trans. by W. Cole Durham, Jr., Verlag Peter Lang GmbH, Frankfurt Am Main, Berlin/ Bern/ New York/ Paris/ Wien, 1993, p. xi.

④ Ottmar Ballweg/Thomas-Michael Seibert (Hrsg.), *Rhetorische Rechtstheorie: zum 75. Geburtstag von Theodor Viehweg*, Verlag Karl Alber GmbH, Freiburg/München 1982, S. 8.

(一)论题学的瓦解与扬姆巴蒂斯塔·维柯的警示

回望历史,在法学的知识与方法谱系的梳理中,我们看到,曾经在中世纪法学发展的进程中扮演过重要角色的论题学,在经历16世纪的“回光返照”,到了17世纪,由于“拉米主义逻辑”得势,作为概念分析方法的“简单主题方法”在法学上迅速获得影响力,再加上自然科学(尤其是数学)的发展对法学的成长提出了挑战,论题学作为古老的论证技术和方法在法学方法论上的优越地位遭到了瓦解。那些持“新方法”(批判方法,critica)和“几何学方式”(more geometrico)/“几何学思维”的学者们甚至将论题学称为“幼稚的”技艺,指责论题学“多余”“毫无价值”,建议从所有的科学(也包括法学)中清除之。故此,到了1700年前后,在法学文献中,论题学仅仅以残余的形式和其他的称谓残存。到了19世纪早期,至少表面上看,已经没有法学作者再谈论古老的“论题”了,作为论题学技术重要部分的“相似推论”和“对立推论”,也分散在法律解释理论和科学的法发现理论之中。⑤ 到了20世纪,在法学文献上几乎再也见不到“论题”和“论题学”或“论题术”这样的字眼。从此,论题学消失在现代法学历史的烟尘之中。⑥

不过,近代的学问家并非“清一色”地倒向科学主义和“几何学方式”/“几何学思维”,历史上也不乏有对论题学技艺的钟情者。早在1708年,著名的意大利人文主义思想家扬姆巴蒂斯塔·维柯(Giambattista Vico,1668~

⑤ Siehe Jan Schröder, *Recht als Wissenschaft: Geschichte der juristischen Methode vom Humanismus bis zur historischen Schule*(1500-1850),C. H. Beck' sche Verlagsbuchhandlung,München 2001,SS. 209-210.

⑥ 奥地利萨尔茨堡大学法学院(Rechtswissenschaftlichen Fakultät der Universität Salzburg)助理教授京特·克罗伊茨鲍尔(Günther Kreuzbauer,1966~)于2008年发表在《非形式逻辑》杂志上的文章《当代法律论证中的论题学:欧陆法传统上的法律论证的论题学性质之若干评论》(Topics in Contemporary Legal Argumentation: Some Remarks on the Topical Nature of Legal Argumentation in the Continental Law Tradition)中,根本没有提及19世纪以降至特奥多尔·菲韦格之前论题学的任何进展(See Günther Kreuzbauer, "Topics in Contemporary Legal Argumentation: Some Remarks on the Topical Nature of Legal Argumentation in the Continental Law Tradition", in *Informal Logic*, Vol. 28,No. 1,2008,pp. 71-85.)。这篇文章再次印证了本作者有关论题学消失的判断。

1744)作为意大利那不勒斯大学演讲教授(professor eloquentiae)⑦在所作的第七次演讲“论我们时代的研究方法”(De nostri temporis studiorum ratione)中,曾经对他那个时代的研究方法(17 世纪的几何学方法)和古代的研究方法进行了对位比较,他提出了这样一个深刻而严肃的问题:“这两种研究方法究竟哪种更正确、更优越,我们的还是古人的?”⑧

维柯把古人的方法称为修辞学(论题学)方法,而把新的方法称为新批判方法(nova critica)。前者主要是由西塞罗传下来的古代遗产,后者按照人们通常的说法,是所谓“笛卡尔主义”(Cartesianismus),也就是由 17 世纪法国著名哲学家笛卡尔所突出代表的思维方式,维柯有时直接把笛卡尔的方法等同于我们现代人的方法。⑨ 维柯承认,无论从便易性、有用性,还是崇高性上,毫无疑问,我们现代人的研究方法将会比古人更正确、更优越。⑩ 他注意到,新批判法给予了我们第一性真理(primum verum),即具有绝对确定的知识的理论真理。其进一步的展开则按照几何学的方式,即按照真正出现过的最佳的

⑦ 扬姆巴蒂斯塔·维柯于 1698 年通过竞选的方式赢得了那不勒斯大学的演讲(修辞学)教授职位,这一职位的职责是要求维柯在每年 10 月 18 日发表一篇新年开学典礼演讲辞。维柯从 1699 年到 1708 年相继在那不勒斯大学发表了 7 篇演讲辞。后来,这 7 篇演讲辞连同 1719 年和 1732 年的两篇演讲辞一起结集,以“维柯论人文教育——大学开学典礼演讲集”为书名出版,9 篇演讲的题目分别是:一、全面培养我们心灵的神圣能力;二、用德性和智慧塑造我们的精神;三、让我们脱离一切虚伪空洞的学识;四、人人为公民之公共的善而培养自身;五、让我们用文教使武功更荣耀使帝国更强盛;六、让我们改正我们的堕落本性,极大地造福和发展人类社会;七、论我们时代的研究方法;八、论一切知识的原则和目的;九、论英雄心灵。参见[意]维柯:《维柯论人文教育——大学开学典礼演讲集》,张小勇译,广西师范大学出版社 2005 年版,目录页。

⑧ [意]维柯:《维柯论人文教育——大学开学典礼演讲集》,张小勇译,广西师范大学出版社 2005 年版,第 113~114 页。

⑨ 维柯对笛卡尔主义的批判集中体现在笛卡尔的信徒安托万·阿尔诺德和皮埃尔·尼柯尔于 1662 年合著的《波尔—罗亚尔逻辑》中的思想分析方法中。参见[英]斯图亚特·布朗主编:《英国哲学和启蒙时代》,高新民等译,中国人民大学出版社 2009 年版,第 384 页。当然,广义上讲,维柯在演讲中的批判所针对的还有其他一些人的作品,比如,弗朗西斯·培根的《论学术的价值与进展》(Francis Bacon, *De dignitate et augmentis scientiarum*, 1605 u. vervollständigt 1623,维柯在演讲辞第 1 章曾提到这本书)、笛卡尔的《谈谈方法》(Descartes, *Discours de la méthode*, 1637,维柯在演讲辞中没有提到这本书,但对它有所指向)、莱布尼茨的《学习与讲授法学之新方法》(Nova methodus discendae docendaeque Jurisprudentiae, 1667,维柯在演讲辞中没有提到这本书),等等。Siehe Theodor Viehweg, *Topik und Jurisprudenz*, 5. Aufl., C. H. Beck' sche Verlagsbuchhandlung, München 1974, S. 15. 汉译本,参见[德]特奥多尔·菲韦格:《论题学与法学》,舒国滢译,法律出版社 2012 年版,第 5 页注 2。

⑩ 参见[意]维柯:《维柯论人文教育——大学开学典礼演讲集》,张小勇译,广西师范大学出版社 2005 年版,第 116 页。

证明科学的标准,甚至运用尽可能冗长的连锁推理(sorites)来进行。具体而言,分析法以其惊人的便易性解决了古人没能解决的几何问题,如化学对古人来说是完全无知的,却是现代人的发现,医学的分支药物学是古人梦想的科学,而现代人已经成为这门学科的主人,等等。⑪ 维柯强调:“今天在几乎所有的学问研究中,只追寻一个目的,那就是真理……”⑫

然而,在维柯看来,新批判法也具有种种弊端。它把所有第二性真理(secunda vera),即仅仅具有似真的、或然性的实践真理,以及所有似真之物(或然之物),像谬误一样从心灵中驱逐出去。它把只适用于自然领域的方法挪用到人事(res humanae 或 Menschlichen)领域,用知识(理论智慧)取代了明智和审慎(实践智慧)与雄辩(语言智慧)。这可能造成一种错误,即仅仅追求第一性真理(知识),而忽视第一性真理(知识)与具有似真的、或然性的实践真理(第二性真理)的常识、意见之间的关系。其危险就在于会导致这样的后果:睿智洞察力的丧失、想象力和记忆力的萎缩、语言的贫瘠、判断的不成熟。简言之,人事的蜕化。⑬

相应地,这样经过“科学”改造的近现代法学也许真正有了些许的“科学的味道”,但它却可能丧失了某些“人类的情趣”,使人的想象力和记忆力逐渐萎缩,当然也使人类对法律的审美能力以及“诗性智慧”消蚀殆尽,人类在法学上的创造力和真正的“智慧的洞见”则日渐稀少。

针对此等精神萎顿的现象,维柯指出:“真正智慧之人,他们在生活实践的曲折不定中采集着永恒真理,而因为真理不可能直接达到,他们就通过迂回曲折的道路来实现。”⑭“不审慎的学者从最高真理推出较低真理,而智慧之人则从较低真理中引申出最高真理。”⑮

根据维柯的说法,古代的修辞学方法,特别是它的核心部分,即“修辞论

⑪ 参见[意]维柯:《维柯论人文教育——大学开学典礼演讲集》,张小勇译,广西师范大学出版社 2005 年版,第 116~119 页。

⑫ [意]维柯:《维柯论人文教育——大学开学典礼演讲集》,张小勇译,广西师范大学出版社 2005 年版,第 120 页。

⑬ 参见[意]维柯:《维柯论人文教育——大学开学典礼演讲集》,张小勇译,广西师范大学出版社 2005 年版,第 120~123 页。

⑭ [意]维柯:《维柯论人文教育——大学开学典礼演讲集》,张小勇译,广西师范大学出版社 2005 年版,第 142 页。

⑮ [意]维柯:《维柯论人文教育——大学开学典礼演讲集》,张小勇译,广西师范大学出版社 2005 年版,第 142 页。

题学”(die rhetorische Topik),却可以提供人类才智,培养想象力和记忆力,教育人从极其不同的角度观察某个事情,发现丰富的观点。维柯认为,人们必须把古老的论题学思想置于新的思维方式(新批判法)之前,因为若没有老的思想,新的思维方式事实上根本不会成功。论题学的开题在本质上先于对其真理性的判断,同样,论题学方法的培养应该先于批判法。[16] 但按照维柯的原意,论题学方法对于批判法的先在性并不是等级意义上的先在性,而是时历上的和逻辑上的先在性。[17] 所谓时历上的先在性,是指在青少年中首先要发展的是想象力,而后才是理性推理,这个时候,论题学方法(而非批判法)的培养更有益于想象力的养成;所谓逻辑上的先在性,是指在论证时,人们必须首先去发现各种论题,而后才能判断其真理性和可靠性,前者是论题学的工作,后者是新批判法的工作。[18]

在维柯的演讲辞中有两组词对立并置:一方面是“论题学”“开题”“修辞学”“想象力”“似真性”“历史”;另一方面则是“批判法”“判断”“逻辑”“推理”“真理”“数学”。[19] 维柯并不认为论题学完美无缺,其常常良莠不辨,[20]故此他提出应做到“现代和古代的研究方法的融贯统一”(de recentiori et antiqua studiorum ratione conciliata),建议“应该根据整合判断(integro iudicio)的原则,让青少年们接受所有科学和艺术的教育,以便用论题法开发(科学艺术的)各项环节,并且根据同样的方法,通过常识提高和增强其审慎智慧和雄辩才能,通过想象力和记忆力来发展以这些心灵能力为依托的诸门艺术,然后才研习批判法,最后才对其所学做出自己的整合判断。……通过这样的训练,他们就能在科学研究中发本求真,在实践生活中审慎睿智,在论说言辩方面博大精深,在诗艺绘画上富于想象,在法学上博闻强记”。[21]

---

⑯ 参见[意]维柯:《维柯论人文教育——大学开学典礼演讲集》,张小勇译,广西师范大学出版社 2005 年版,第 123~124 页。

⑰ 参见[意]维柯:《维柯论人文教育——大学开学典礼演讲集》,张小勇译,广西师范大学出版社 2005 年版,第 124 页,特别是注 1。

⑱ 参见[意]维柯:《维柯论人文教育——大学开学典礼演讲集》,张小勇译,广西师范大学出版社 2005 年版,第 125~127 页。

⑲ 参见[意]维柯:《维柯论人文教育——大学开学典礼演讲集》,张小勇译,广西师范大学出版社 2005 年版,第 123 页,尤其是注 3。

⑳ 参见[意]维柯:《维柯论人文教育——大学开学典礼演讲集》,张小勇译,广西师范大学出版社 2005 年版,第 128 页。

㉑ [意]维柯:《维柯论人文教育——大学开学典礼演讲集》,张小勇译,广西师范大学出版社 2005 年版,第 128 页。

所以,在《论我们时代的研究方法》中,维柯已经隐隐约约地向我们勾勒出了与实践知识相一致的方法论的轮廓,即对生活之流与永恒真理之间的关系予以恰当的把握。

(二)特奥多尔·菲韦格及其《论题学与法学》

在扬姆巴蒂斯塔·维柯的演讲辞《论我们时代的研究方法》发表了245年之后(1953年),特奥多尔·菲韦格受到维柯此篇演讲的思想感召和提示,撰写并出版了《论题学与法学》一书,[22]宣称法律论证本质上是论题学式的,重要的在于要考虑这种论题学性质以便理解法的本质,而且,论题学提供了一种合适的法学方法论。[23] 从此,论题学一词重新回到了人们的视野之内,并逐渐在法学和法学方法论上成为一个热词。就论题学重新在当代法学上传播而言,特奥多尔·菲韦格功不可没。

我们先来看一看特奥多尔·菲韦格个人的生平。简单来说,其经历丰富,有起有落,中年学成,一书成名。这里稍微做一个说明,相关文献记载其事迹较少,为了便于汉语读者对于特奥多尔·菲韦格本人的经历有一个较为完整的了解,笔者将所搜集的资料整理如下:

菲韦格于1907年4月30日出生于莱比锡的一位律师家庭,其父名字叫作欧根·菲韦格(Eugen Viehweg)。他早年入读莱比锡托马斯高级中学(Die Thomasschule zu Leipzig),[24]1925年毕业后,辗转在慕尼黑大学(1926年4月1日至1926年9月30日)、莱比锡大学(1926年10月1日至1927年9月30日、1932年4月1日至1935年9月30日)和柏林大学(1936年4月1日至1936年9月30日)学习法学和哲学,1930年1月1日通过第一次国家司法考试后在德累斯顿任候补司法官,1933年4月30日通过第二次国家司法考试,1934年4月30日,在莱比锡大学通过论文答辩获得博士学位,博士论文的题目(劳动法方向)为《论意向的工资无权能》(Die gewollte

---

[22] 该书于1953年初版后,分别于1963年、1965年和1969年出第2、3、4版。现在流行的德文版是菲韦格于1974年修订的第5版(Siehe Theodor Viehweg, *Topik und Jurisprudenz*, 5. Aufl., C. H. Beck'sche Verlagsbuchhandlung[Oscar Beck], München 1974. 汉译本,参见[德]特奥多尔·菲韦格:《论题学与法学》,舒国滢译,法律出版社2012年版)。

[23] See Günther Kreuzbauer, "Topics in Contemporary Legal Argumentation: Some Remarks on the Topical Nature of Legal Argumentation in the Continental Law Tradition", p. 72.

[24] Gottlieb Tesmer, Walther Müller, *Ehrentafel der Thomasschule zu Leipzig. Die Lehrer und Abiturienten der Thomasschule zu Leipzig* 1912—1932. *Im Auftrag des Thomanerbundes*, Selbstverlag, Leipzig 1934, S. 46.

Tarifunfähigkeit)。1935 年 11 月 1 日至 1939 年 12 月 15 日担任柏林大学助教,其间,1937 年至 1938 年任柏林地区法官;1939 年 12 月 15 日至 1940 年 9月 30 日入伍担任(位于波兰克拉科夫)殖民地总督署(Amt des Generalgouverneurs Krakau)工作人员;1940 年 10 月 7 日至 1942 年 2 月 18 日任(慕尼黑)德国法律科学院[Akademie für Deutsches Recht,该研究院于 1934 年由纳粹法学家、时任巴伐利亚司法部长的汉斯·米歇尔·弗朗克(Hans Michael Frank,1900~1946)筹建]秘书,师从卡尔·奥古斯特·埃姆格[Carl August Emge,1886~1970,他于 1937~1942 年接替汉斯·米歇尔·弗朗克的导师、慕尼黑大学民法教授威廉· 吉施(Wilhelm Kisch,1874~1952)担任德国法律科学院执行院长];1940 年 5 月 1 日,加入纳粹党(民族社会主义德国工人党),成为该党党员(党员号为:7. 118. 167),1945 年退党;1942 年 2 月 19 日至 1945 年 7 月 9 日在德国国防军服兵役;㉕1946 年 2 月 1 日至 1950 年 11 月 1 日在慕尼黑任"资产管理人"(Vermögensverwalter);1948 年,他与乌尔里希·克卢格(Ulrich Klug,1913~1993)、卡尔·奥古斯特·埃姆格、鲁道夫·劳恩(Rudolf Laun,1882~1975)等人一起重新筹办"国际法哲学与社会哲学协会(Internationale Vereinigung fuer Rechts-und Sozialphilosophie, IVR),1949 年 7 月 1 日,与鲁道夫·劳恩合作复办国际法哲学与社会哲学协会会刊——《法哲学与社会哲学档案》(Archiv für Rechts – und Sozialphilosophie,ARSP)杂志,担任该刊主编,直至 1967 年卸任(此外,他还担任过国际法哲学与社会哲学协会副主席和名誉主席、国际法哲学与社会哲学协会德国分会主席和名誉主席);1951 年 1 月 9 日至 1954 年 8 月 31 日在美因茨大学法与经济学院任助教;1953 年 7 月 22 日,在美因茨通过教授资格论文《论题学与法学》,㉖并获得编外讲师(Privatdozent)资格;1955 年 4 月 1

㉕ Christian Tilitzki, *Die deutsche Universitätsphilosophie in der Weimarer Republik und im Dritten Reich*, Bd. 2, Akademie-Verlag, Berlin 2002, S. 1026.

㉖ 《论题学与法学》这本教授资格论文的核心思想是特奥多尔·菲韦格于 1950 年 7 月 21 日在美因茨大学法与经济学院所做的一个学术报告《法学上的论题学与公理学》(Topik und Axiomatik in der Jurisprudenz),他或许因这份学术报告而于 1951 年 1 月 9 日谋得法与经济学院助教资格。《论题学与法学》整部书稿完成于 1952 年夏,出版于 1953 年。See "Notes to Translator's Foreword", in Theodor Viehweg, *Topics and Law*, trans. by W. Cole Durham, Jr. , Verlag Peter Lang GmbH, Frankfurt Am Main, Berlin/ Bern/ New York/ Paris/ Wien, 1993, p. 109, especially note 1 and note 2; Agnes Launhardt, *Topik und Rhetorische Rechtstheorie: Eine Untersuchung zu Rezeption Relevanz der Rechtstheorie Theodor Viehwegs*, Peter Lang GmbH, Frankfurt am Main 2010, S. 7.

日至 1959 年 7 月 9 日,担任美因茨大学法与经济学院编内讲师;1959 年 7 月 10 日至 1962 年 3 月 31 日,任美因茨大学法与经济学院编外教授(Außerplanmäßiger Professor);1962 年 4 月 1 日至 1966 年 4 月 3 日,任美因茨大学法与经济学院副教授;1966 年 4 月 4 日任美因茨大学法与经济学院法哲学与法社会学教授,至 1972 年 9 月 30 日荣退;1982 年,学生为庆祝其诞辰 75 周年专门编辑出版了一本祝寿文集,书名为《修辞法理论》(Rhetorische Rechtstheorie),一些国际上著名的学者[比如,沙伊姆·佩雷尔曼、施蒂希·约根森、乔治·卡里诺夫斯基(Georges Kalinowski,1916~2000),等等]为该文集撰文;㉗1988 年 7 月 29 日,菲韦格在美因茨的寓所逝世,享年 81 岁。㉘ 为此,国际法哲学与社会哲学协会会刊《法哲学与社会哲学档案》,于 1989 年总第 75 卷第 2 期"国际法哲学与社会哲学协会会讯"(IVR-Informationen)栏目发表了一则有关其逝世的消息,称赞他"不仅是重要的学者和模范的导师",而且也是重新组建国际法哲学与社会哲学协会及《法哲学与社会哲学档案》的"关键人物"(der entscheidenden Gestalt);㉙德国著名的法学杂志《法理论》(Rechtstheorie)于 1988 年总第 19 卷专门刊登纪念文章,对其一生的名山事业做了简短的报道,特别是对其在参与复建国际法哲学与社会哲学协会及其会刊中的贡献给予了充分的肯定。㉚

菲韦格一生著述不多,㉛尤以 1953 年 7 月 22 日在美因茨撰写并出版的教授资格论文《论题学与法学》最为有名。该书凡 10 万言(德文版 119

㉗ Siehe Ottmar Ballweg/Thomas-Michael Seibert (Hrsg.), *Rhetorische Rechtstheorie : zum 75. Geburtstag von Theodor Viehweg*, Verlag Karl Alber GmbH, Freiburg/München 1982.

㉘ Siehe Heino Garrn, "Einleitung", in Theodor Viehweg, *Rechtsphilosophie und Rhetorische Rechtstheorie. Gesammelte kleine Schriften*, hrsg. von Heino Garrn, Nomos Verlagsgesellschaft, Baden-Baden 1995, SS. 9-19; "Theodor Viehweg", in Universitätsarchiv Mainz, Best. 67, Nr. 104; "Theodor Viehweg", in Universitätsarchiv Mainz, Best. 64, Nr. 1998; "Theodor Viehweg", in Verzeichnis der Professorinnen und Professoren der Universität Mainz(1946-1973).

㉙ Werner Maihofer/Peter Koller, "Theodor Viehweg", in: *Archiv für Rechts- und Sozialphilosophie* (ARSP), Bd. 75, Nr. 2, 1989, SS. 252-256.

㉚ Waldemar Schreckenberger, "Theodor Viehweg (1907—1988)", in: *Rechtstheorie* 19 (1988), SS. 405-407.

㉛ 值得一提的还有一本菲韦格殁后文集,该文集收集了菲韦格于 1947~1983 年所写的文章和学术报告共 23 篇,于 1995 年由其学生海诺·加仑(Heino Garrn, 1939~)整理出版。Siehe Theodor Viehweg, *Rechtsphilosophie und Rhetorische Rechtstheorie. Gesammelte kleine Schriften*, hrsg. von Heino Garrn, Nomos Verlagsgesellschaft, Baden-Baden 1995, SS. 1-233.

页),篇幅不算厚重[德国人把它称为"小册子"(Büchlein)[32]],但其内容丰富,乃20世纪研究论题学之鼎作,亦属"论题学法学"(德语世界之"修辞法理论")开山之作,为所谓"美因茨学派"(Mainzer Schule)的形成奠定了基础。同时,菲韦格的著作也开启了一场旷日持久的"论题学论辩"(Die Topik-Debatte),著作甫一问世即在德国学界引起反响,论辩持续长达20年之久(从20世纪50年代直到20世纪70年代早期),[33]且迅速被译成多国文字(意大利语、西班牙语、葡萄牙语、塞尔维亚—克罗地亚语、日语、汉语,等等)刊行,有浩如烟海的评论和研究论文,至今仍属德国和欧洲许多大学法学研讨班以及国际学术会议的研讨主题之一。1993年由美国杨百翰大学法学教授W.科尔·杜尔汉(W. Cole Durham,1948~)译成英文出版,在英语世界亦越来越受到重视。[34] 可以说,这本"小册子"的影响是跨国际的和跨学科的。[35]

(三)特奥多尔·菲韦格的论题学思考方式

我们把视角重点放在菲韦格的《论题学与法学》一书对论题学思考方式的分析之上,因为通过这本书,我们大体上可以把握菲韦格思想(包括论题学法学思想)的概貌。

据菲韦格在自己著作的"导言"(Einleitung)中介绍,其写作此书,是受维柯于1708年所写的一篇教授演讲辞透现的古代思想价值的激励,追寻亚里士多德、西塞罗等人的学问足迹,试图恢复"现今几乎无人知晓的"论题学之本真面貌及其与法学之间的关系。他深感"公理——推演体系"不能提供足够的证成,而必须依靠一套作为"一种问题争论的特定程序"的可行的实践理

---

[32] Ottmar Ballweg/Thomas-Michael Seibert (Hrsg.), *Rhetorische Rechtstheorie : zum 75. Geburtstag von Theodor Viehweg*, S. 9.

[33] Siehe Agnes Launhardt, *Topik und Rhetorische Rechtstheorie: Eine Untersuchung zu Rezeption Relevanz der Rechtstheorie Theodor Viehwegs*, SS. 7, 41. 也有学者说,菲韦格的《论题学与法学》开启了战后、特别是20世纪60年代以后的德国法哲学"转向方法"(the turn to method)的先河。See James E. Herget, *Contemporary German Legal Philosophy*, University of Pennsylvania Press, Philadelphia, 1996, pp. 7-62.

[34] 其英译本,见Theodor Viehweg, *Topics and Law*, trans. by W. Cole Durham, Jr., Verlag Peter Lang GmbH, Frankfurt Am Main, Berlin/ Bern/ New York/ Paris/ Wien1993。

[35] Ottmar Ballweg/Thomas-Michael Seibert (Hrsg.), *Rhetorische Rechtstheorie : zum 75. Geburtstag von Theodor Viehweg*, S. 8f.

论来加以补充。[36] 菲韦格所理解的论题学基本上以西塞罗的同名著作为依据,[37]他指出:"论题学是由修辞学发展而来的问题思维技术。它十分详细地展开一种清晰有别于演绎—体系思维的思想构架。"[38]论题学考察的最重要之点在于确立这样一种立场:它所涉及的是以问题为取向的思考技术。[39] 这门思考技术运用的思维就是情境思维,它提示人们在面临"进退维谷的"困局(Aporia)[40]或难以消解的问题情境(die nicht zu beseitigende Problemsituation)时,应当如何应对,而不至于陷入无以拯救的地步。这要求人们把问题看作是既定的、而且常常是前导性的存在。那么,何为"问题"? 菲韦格采取亚里士多德的定义,认为当某个提问表面上看起来有不止一个答案时,就存在某个"问题"。[41] 这样一个有待认真对待的问题之存在,就蕴含着德国哲学家尼克莱·哈特曼(Nicolai Hartmann,1882~1950)于1922年12月13日在柏林康德学会(Die Kantgesellschaft Berlin)所做的学术报告《理念论与实在论的此岸》(Diesseits von Idealismus und Realismus)中所称的(与"体系思考方式"相

---

[36] Theodor Viehweg, *Topik und Jurisprudenz*, 5. Aufl., S. 13f. 汉译本,参见[德]特奥多尔·菲韦格:《论题学与法学》,舒国滢译,法律出版社2012年版,第1~3页。

[37] See Bernard E. Jacob, "Ancient Rhetoric, Modern Legal Thought, And Politics: A Review Essay on The Translation of Viehweg's 'Topics and Law'", *Northwestern University Law Review*, Summer, 1995, p. 26.

[38] Theodor Viehweg, *Topik und Jurisprudenz*, 5. Aufl., S. 14. 汉译本,参见[德]特奥多尔·菲韦格:《论题学与法学》,舒国滢译,法律出版社2012年版,第2页。

[39] Theodor Viehweg, *Topik und Jurisprudenz*, 5. Aufl., S. 31. 汉译本,参见[德]特奥多尔·菲韦格:《论题学与法学》,舒国滢译,法律出版社2012年版,第26页。

[40] 希腊文Aporia(ἀπορί),原意指"僵局""死路""困局",在哲学指"哲学困惑(状态)",在修辞学上指"置疑"(dubitation,这个拉丁词据说是波伊提乌从希腊文转译的)或"怀疑",当事人提出问题或反驳,但却不一定提供某些特定的答案。柏拉图在对话录中经常以苏格拉底的口吻使用这种提问方式(在这样的对话中,苏格拉底以巧妙的问题与批驳使对方陷入迷惑和自相矛盾,而终究承认他自身的无知),到了亚里士多德那里,Aporia成为一种哲学的辩疑方法,这种方法在他的《形而上学》的研究中起着重要的作用。他在《形而上学》第3卷第1章开头(995a24-995b)即指出:"凡愿解惑的人宜先好好地怀疑;由怀疑而发为思考,这引向问题的解答。人们若不见有'结',也无从进而解脱那'结'。但思想的困难正是问题的症结所在;我们在思想上感到不通,就像被锁链缚住了;捆结着的思想,也象缚住了的人,难再前进。所以我们应将疑难预为估量;因为欲作研究而不先提出疑难,正像要想旅行而不知向何处去的人一样。若不先作说明,各人也无从揣测自己能否在一定时间内找得所寻求的解答;问题的究竟虽则对先已研究过的人是清楚的,对于起疑的人则并不清楚。又,对于一个事例,已得闻两方面辩论的人当然就较善于辨别是非。"[古希腊]亚里士多德:《形而上学》,吴寿彭译,商务印书馆1995年版,第37页。

[41] Theodor Viehweg, *Topik und Jurisprudenz*, 5. Aufl., S. 32. 汉译本,参见[德]特奥多尔·菲韦格:《论题学与法学》,舒国滢译,法律出版社2012年版,第28页。

对的)"辩疑(困局)思考方式"(aporetische Denksweise):[42]问题总是在情境理解(contextual understanding)之内发生的,这种理解预设一种提供答案或解决办法的需求。一旦问题是根据某种默认的尝试性理解的背景来加以理解的,那么问题的解答就能够按照下面的方式来重构:它被"一种预先确定的、多少有些明确、多少有些广泛的演绎推导关联结构(Ableitungszusammenhang)当中,由此推断出答案"。[43] 假如把这个推导关联结构称作一个体系,那么也可以简单地说,旨在寻求解答的问题是归结为体系之内的。故此,菲韦格指出,辩疑(困局)思维是以某种可以适用的体系或者"融贯性语境"(coherent context)为前提条件的;寻求体系(尽管受到限制)也是问题解答的构成因素。或者如哈特曼所言,"辩疑(困局)思考方式""不怀疑体系存在,或许体系在它的思维中是潜在的确定秩序"。[44]

诚如菲韦格所分析的,我们不能否认问题和体系之间存在需要进一步澄

---

[42] Nicolai Hartmann, "Diesseits von Idealismus und Realismus", in: *Kant-Stuien*, Bd. XXIX (1924), S. 163. 早在 1921 年,尼克莱·哈特曼在他的《认识形而上学的基本特征》(*Grundzüge einer Metaphysik der Erkenntnis*)一书中就提出了"辩疑术"(Aporetik,困局法)与"理论"(Theorie)两种概念及其相互关系。在哈特曼的眼中,所谓"现象学"只是一种对于"当下所与之物"(the immediately given)的描写。在现象学之后,必须紧接着一种对于困难、问题与矛盾的系统性研究,这种系统性研究名之为"辩疑术"(困局法),其研究的对象即为"疑难"(Aporia),也就是说,与"怎么能够知道不知道"的次序相关的根本难题。只有在进行了"辩疑术"(困局法)后,所获得的对于问题的解决,才是"理论"。当然,并不是所有的"辩疑术"(困局法)都是可解的,如果解决不了的,称为"二律背反"(antinomies)。哈特曼也提出了"所与物的最大化"(the maximum of givenness)的观念来与其"批判的存有论"配合,认为只有在最大可能的所与物的条件下,才能满足一种真正的批判态度。Siehe Nicolai Hartmann, *Grundzüge einer Metaphysik der Erkenntnis*, Vereinigung wissenschaftlicher Verleger, Berlin 1921, SS. 36ff., und 6. Kapitel, SS. 61-73 (Analyse des Erkenntnisproblem). 此外,当代法国解构主义哲学家雅克·德里达(Jacques Derrida, 1930~2004)在 1993 年出版的法语著作《辩疑论》(Aporias)中也主张采取"辩疑(困局)思考"(aporetic thinking),作为其解构主义思考方式之一。See Jacques Derrida, *Aporias*, transl. by Thomas Dutoit, Stanford University Press, Stanford California, 1994, pp. 1-87; Richard Beardsworth, *Derrida & the Political*, Routledge, London/New York, 1996, pp. 31-40. 有关"疑难"(Apories)、"悖论"(Paradoxes)、"或然性难题"(Problems of Probability)、"哲学辩疑术"(Philosophical Aporetics)等概念的分析,也参见 Nicholas Rescher, *Aporetics: Rational Deliberation in the Face of Inconsistency*, University of Pittsburgh Press, Pittsburgh, 2009, pp. 1ss., 84ss., 102ss.。

[43] Theodor Viehweg, *Topik und Jurisprudenz*, 5. Aufl., S. 33f. 汉译本,参见[德]特奥多尔·菲韦格:《论题学与法学》,舒国滢译,法律出版社 2012 年版,第 28 页。

[44] Nicolai Hartmann, "Diesseits von Idealismus und Realismus", SS. 163-164.

清的实质交错关系(wesentliche Verflechtungen)。[45] 如果我们此时把考察的重心放在体系上,那么就会出现如下的图景:假设有一种极端的情形,即根本上只有一个体系 A,通过这个体系将所有的问题分成“可解的”和“不可解的”两组,那么后一组甚至会被当作纯粹的假问题而弃置一旁,此处,仅仅从另一个体系 B 所做的反证也是可能的。存在 A、B、C 等多个体系的场合,情况也相同。它们将挑选出附属于各自体系的相应问题 A'、B'、C'等,而舍弃其余问题。换言之,体系的投放引致问题的选择。反之,我们把(考察)重心放在问题上,这似乎在寻找某个有助于问题解答的体系。假如有一个唯一的体系 A 把我们的问题解释成“不可解的”(甚至当作一个纯粹的假问题),那么它就会要求另一些体系来应对该问题的解答。存在 A、B、C 等多个体系的场合,情况也是相同的。假如这些体系对于问题的解答没有帮助,那么总会要求更多的其他体系(来应对该问题),在这种场合,问题的性质根本上保持不变。换句话说,问题的投放引致体系的选择,而且通常导致体系的多元化,却不能根据某个包罗万象的体系来证明它们之间的协调性。在这一点上,(演绎推导意义上的)体系之(应用)范围是狭窄的。[46]

那么在后一种情况下,人们就会追问,问题的恒定性到底来自何处?菲韦格指出,问题显然来自先在的理解之关联结构(语境),由此人们首先并不知道这个关联结构(语境)到底是一个逻辑体系(或推导关联结构),还是别的什么东西,也不知道它能不能在根本上做整体的观察。这里,应当注意体系思维方式(Systematische Denkweise)与辩疑(困局)思维方式的区别:体系思维方式从整体(大局)出发。在这里,概念是第一位的,并保持着主导地位。此处,立足点并不是寻找(出来)的,它从一开始就是被采纳的,从这个被采纳的立足点出发,对问题加以选择。那些与该立足点不相一致的问题内容(Problemgehalte)就会遭到否定,它们会被看作是错误地提出的问题(Fragen),这里先行予以决定的不是问题本身的解答,而是解答可以展开(运行)的限度。辩疑(困局)思维方式则与此相反,它有时可能只考虑“片段性的省察”(fragmentarische Einsichten)。柏拉图在其对话录中就使用过这种思考方法,亚里士多德在其

---

[45] Theodor Viehweg, *Topik und Jurisprudenz*, 5. Aufl., S. 32. 汉译本,参见[德]特奥多尔·菲韦格:《论题学与法学》,舒国滢译,法律出版社 2012 年版,第 28 页。

[46] Theodor Viehweg, *Topik und Jurisprudenz*, 5. Aufl., S. 33. 汉译本,参见[德]特奥多尔·菲韦格:《论题学与法学》,舒国滢译,法律出版社 2012 年版,第 29 页。

著作中也予以采纳。论题学所采用的也是这种思维方法。[47]

这种思维究竟如何能够具体地进行？菲韦格指出，当人们在某个地方遇到一个问题时，可能会简单地预先采取这样的办法——尝试性地任意选择多少有些随机的观点。[48] 人们以这种方式寻求客观上适当的、丰富的前提，以便能够得出多少启发我们明白的结论。研究观察告诉我们，人们在日常生活中几乎总是在这样做。甚至在这些情形中，一个更为精确的调查表明，特定的主导性观点(论题)控制着当下的方向。但这些主导性观点并未清楚地被确定。为了做整体的考察，菲韦格把这样一个程序称为“一阶论题学”(Topik erster Stufe)。[49] 但这种程序的不确定性使人必须搞清楚，要去寻找某种支撑物，该支撑物能够极为简明地提供一个经常备用的观点汇编(目录)。这样，也就产生了论题目录(Topoikataloge)，菲韦格把使用这个论题目录的程序称为“二阶论题学”(Topik zweiter Stufe)。[50] 相对于亚里士多德的论题学(其仅勾勒出所有“仅仅可思的问题”之论题目录)和西塞罗及其后继者的论题术(他们把论题目录用作问题定位的极其实用的方法)，菲韦格所提出的“一阶论题学”和“二阶论题学”是颇有新意的，或者说，这就是所谓“菲韦格的论题学理解”(Viehwegisches Topik-Verständnis)。[51]

那么，论题学所讲的论题目录到底有哪些？实际上，对这个问题，人们的认识和理解同样显示出某种差异。在《论题学与法学》第 1～3 编中，菲韦格首先考察了亚里士多德和西塞罗的论题目录，他注意到亚里士多德和西塞罗

---

[47] Theodor Viehweg, *Topik und Jurisprudenz*, 5. Aufl., SS. 33-35. 汉译本，参见[德]特奥多尔·菲韦格：《论题学与法学》，舒国滢译，法律出版社 2012 年版，第 29～31 页。

[48] 在这个意义上，“尝试性地任意选择多少有些随机的观点”意味着某种“直觉的形式”，尝试性地依靠一般观点去获取前提和结论。Agnes Launhardt, *Topik und Rhetorische Rechtstheorie: Eine Untersuchung zu Rezeption Relevanz der Rechtstheorie Theodor Viehwegs*, S. 56.

[49] 菲韦格的“一阶论题学”在一定意义上也可以称为“搜寻一切论题”(per omnes locos tractare)的技术。Siehe Reinhold Zippelius, *Juristische Methodenlehre*, 10. Aufl., Verlag C. H. Beck, München 2006, S. 88. 汉译本，参见[德]齐佩利乌斯：《法学方法论》，金振豹译，法律出版社 2009 年版，第 128 页。

[50] Theodor Viehweg, *Topik und Jurisprudenz*, 5. Aufl., S. 35. 汉译本，参见[德]特奥多尔·菲韦格：《论题学与法学》，舒国滢译，法律出版社 2012 年版，第 31 页。也就是说，“二阶论题学”意味着依靠论题目录反思性、理性化地应用该程序。Agnes Launhardt, *Topik und Rhetorische Rechtstheorie: Eine Untersuchung zu Rezeption Relevanz der Rechtstheorie Theodor Viehwegs*, S. 56.

[51] Agnes Launhardt, *Topik und Rhetorische Rechtstheorie: Eine Untersuchung zu Rezeption Relevanz der Rechtstheorie Theodor Viehwegs*, S. 46ff.

对论题归类之着眼点、目的和对象存在区别。同时,菲韦格也考察了中世纪以来的学者所列的论题学目录,比如,中世纪的拉丁文献中的“文学论题学”(literarische Topik)、“音乐论题学”(musikalische Topik)、“历史论题学”(historische Topik),以及在绘画艺术中,也可以发觉有传统的论题宝库(Topenschatz)。[52] 1662年由笛卡尔学派的阿纳德和尼柯尔合著的《波尔-罗亚尔逻辑》(Port Royal Logic,法语 La Logique ou l'art de penser),[53]根据其对论题(loci=topoi)的定义而将它们分为“语法论题”(loci grammatici)、“逻辑论题”(loci logici)和“形而上学论题”(loci metaphysici)。[54] 16世纪意大利法学家马修斯·格里巴尔多斯·穆法所写的《论法学研究方法三卷本》第3章中,还提出了一个法学通用论题的目录,这些论题从罗马法《国法大全》中提取,按照字母先后顺序加以排列。[55] 1816年,德国牧师克里斯蒂安·奥古斯特·雷布里希特·克斯特纳(Christian August Lebrecht Kästner)写过一本书,名为《论题学抑或开题学》(Topik oder Erfindungswissenschaft),仅仅依靠早期的编纂者的工作和观点,试图“找回那些被遗漏的论题”。他总共列举出了26个论题,包括“通用论题”(allgemeige Topoi)、“语法论题”(如词源、同义语、同音异义词等)、“逻辑论题”(定义、属、种、特征、属性)、“形而上学论题”(整体、部分、原因、目的等)和“历史学论题”(证据、事例)。[56]

菲韦格指出,寻求论题目录,主要是为了适切地去把握当下有待讨论的思想。因为问题总是摆在我们面前的,即使在特定领域(如法学领域)有了反复出现的可靠观点,仍然存在一些论题被用于问题的定位,认识这些论题负有一种使命,即提供“有利于找到(论题)目录的方法”。论题以目录的形式

---

[52] Theodor Viehweg, *Topik und Jurisprudenz*, 5. Aufl., SS. 37-38. 汉译本,参见[德]特奥多尔·菲韦格:《论题学与法学》,舒国滢译,法律出版社2012年版,第34页。

[53] 该书是阿纳德和尼柯尔在巴黎近郊的波尔—罗亚尔修道院写成的,所以作者将著作以修道院的名字命名。该书分4部分,分别讨论概念、命题、推理和方法等问题,是欧洲影响较大的一部逻辑学著作。参见马玉珂主编:《西方逻辑史》,中国人民大学出版社1985年版,第259页及以下;《逻辑学辞典》编辑委员会编:《逻辑学辞典》,吉林人民出版社1983年版,第518页。

[54] Theodor Viehweg, *Topik und Jurisprudenz*, 5. Aufl., SS. 35-36. 汉译本,参见[德]特奥多尔·菲韦格:《论题学与法学》,舒国滢译,法律出版社2012年版,第32页。

[55] Theodor Viehweg, *Topik und Jurisprudenz*, 5. Aufl., S. 37. 汉译本,参见[德]特奥多尔·菲韦格:《论题学与法学》,舒国滢译,法律出版社2012年版,第33~34页。

[56] Christian August Lebrecht Kästner, *Topik oder Erfindungswissenschaft*, Paul Gotthelf Kummer, Leipzig 1816, SS. 1-194; Theodor Viehweg, *Topik und Jurisprudenz*, 5. Aufl., S. 36. 汉译本,参见[德]特奥多尔·菲韦格:《论题学与法学》,舒国滢译,法律出版社2012年版,第32~33页。

出现,这个从问题出发的关联结构具有了其特定的意义,它不是一个逻辑推演的关联结构。[57]

论题无论是作为"通用论题"出现,还是"专用论题"(besondere Topoi)出现,其功能均在于为问题争论服务。由此可以看出,论题在涉及特定问题域之处,必然具有完全特殊的意义,而特定问题域在本质上并没有失去其问题性(Problemcharakter)。在情境变更时,必须反复地为问题解答尝试寻找新的指引路径,这样,帮助介入"寻找"的论题就随时获得了其从问题出发的意义。对它们来说,以这种方式进行的归类总是重要的。因为针对每个问题,论题在并非绝对不变的理解之后也就出现了,其在功能上必须看作思想的"定向途径"和指引门径。至于这些论题是作为概念还是作为命题语句出现,则是一个纯粹的表述问题,只是不要忘记,它们在公理推演意义上的体系价值一定是微不足道的。[58]

从这个视角出发,菲韦格认为,冗长的演绎推理与论题的功能之间不相兼容,因而由此出发建构的概念结构或命题语句结构之逻辑分量总是显得很轻微。[59] 换言之,论题目录很难满足我们对体系的理解,以至于我们似乎有一种感觉,即敦促自己要立即从事那些迫切出现的演绎体系工作。我们指望一方面为了进行"链条定义"而确定一些基本概念,另一方面为了进行"链条推演"而确立核心的命题语句,或做诸如此类的工作。然而,这样做,我们就将改变论题本身的根本意图。论题对问题的定位功能就会被逐步消解,所以,菲韦格提请注意,绝对正确地进行的逻辑推演总是远离情境的(situationsfremd),而且尽管正确却未必适当。在我们所构想的体系与问题世界之间裂开了一道明显的缝隙,而问题世界并不因为所有这些体系化努力而丧失其问题性。它们两者之间复杂的关系不可以简化为逻辑(推导)的关系。这个结论表明,恒久的问题关联阻止人们按照还原与演绎的方式进行平心静气的逻辑推导。人们经常受到问题的困扰,假如我们不把问题说成是假问题,那问题就不会自动跑掉,因此我们总是不断地受命去寻找论证的前提以

---

[57] Theodor Viehweg, *Topik und Jurisprudenz*, 5. Aufl., S. 37. 汉译本,参见[德]特奥多尔·菲韦格:《论题学与法学》,舒国滢译,法律出版社 2012 年版,第 33~34 页。

[58] Theodor Viehweg, *Topik und Jurisprudenz*, 5. Aufl., S. 38. 汉译本,参见[德]特奥多尔·菲韦格:《论题学与法学》,舒国滢译,法律出版社 2012 年版,第 34~35 页。

[59] Theodor Viehweg, *Topik und Jurisprudenz*, 5. Aufl., S. 38. 汉译本,参见[德]特奥多尔·菲韦格:《论题学与法学》,舒国滢译,法律出版社 2012 年版,第 35 页。

形成“开题术”(论题学)。[60]

在菲韦格看来,论题学作为“寻找前提的程序”,绝对是有意义的,它好像是一个“前导性的媒介”(eine prologische Meditation)。作为论证的使命来看,“发现前提”(die inventio)是第一位的,“得出结论”(die conclusio)是第二位的。论题学必须首先指明,人们应如何寻找前提,而逻辑只是接受前提并应用前提。[61] 由此可见,寻找前提的方式影响结论形成的性质,反过来,结论形成的性质为寻找前提提供某种指引。故此,在考察思维方式的过程中,我们既可以基于这种思维方式,也可以基于那种思维方式来着手工作。然而,最实用的办法看起来首先在于识别有待考察的思维方式如何形成其前提,以及它们各自用什么方式来持守这种前提。因为只有通过这种方式,它们才会获得其本来的面貌,其余的事情更多地是自然发生的。体系思维方式利用相对少而固定的一套最终前提,可能会展开冗长的连锁推理;[62]论题学思维方式则从不停止寻找前提,因此,必然会满足于简短的推理。例如,类比推理的经常出现,表明缺乏完善的逻辑体系,所以借助于论题学。同样,那些被视为法律逻辑的特种论证推理,比如“相似论证”“反面论证”“举重明轻论证”等推理也来自论题学。此外,论题学还为亟待解决的问题提供一般观点和观点目录,正是因为这一点,维柯认为,没有论题学,根本不可能确定方位。假如我们站在他的角度看问题,就会发现,我们必然要更加频繁地碰到论题学。它似乎与人类本性和人类处境并非完全扞格不入,所以,如果我们试图对人类思维进行解释,那么看起来至少不能完全忽略它。[63]

可行的论题目录一旦形成,就可以如人所愿地为进一步的思维活动产生一种逻辑上的固定联系,但是,这个固定联系还远远难以达到。因为恒常的问题制约性只承认范围极为有限的演绎推导关联结构,演绎推导关联结构必

---

[60] Theodor Viehweg, *Topik und Jurisprudenz*, 5. Aufl., S. 39. 汉译本,参见[德]特奥多尔·菲韦格:《论题学与法学》,舒国滢译,法律出版社 2012 年版,第 35~36 页。

[61] Theodor Viehweg, *Topik und Jurisprudenz*, 5. Aufl., SS. 39-40. 汉译本,参见[德]特奥多尔·菲韦格:《论题学与法学》,舒国滢译,法律出版社 2012 年版,第 36~37 页。

[62] Theodor Viehweg, *Topik und Jurisprudenz*, 5. Aufl., S. 40. 汉译本,参见[德]特奥多尔·菲韦格:《论题学与法学》,舒国滢译,法律出版社 2012 年版,第 37 页。

[63] Theodor Viehweg, *Topik und Jurisprudenz*, 5. Aufl., SS. 40-41. 汉译本,参见[德]特奥多尔·菲韦格:《论题学与法学》,舒国滢译,法律出版社 2012 年版,第 37~38 页。

然由于问题的存在而可能随时被阻断。[64]

但同时,问题思维也不能完全放弃固定联系。恰恰相反,它对某些固定的东西也有一种独特的兴趣。因为如果没有人成功地做到使自已及其谈话伙伴至少在一个划定界限的领域内保持某种共同的理解,那就不可能进行任何一种实质的证明。论题和论题目录在很大程度上对于初次固定和构成一定的理解具有重要意义。它们使提问和答案得到了有序整理,并且指明了究竟什么东西值得更进一步的思考。只有这样,一种相互间的(意见)协调一致才会持续不断地进行,通行的论题(不仅专用论题,而且通用论题)才会按照这种方式很适合地显示人们每一次进行讨论的活动范围,假如人们不想失掉证明的理解(Beweisverständnis),就不允许离开这个活动范围。就这一点而言,论题和论题目录提供了一种值得期待的支撑点。[65]

菲韦格又认为,问题的把握也要求有灵活性和伸展力。我们可以看到,任何一个特定领域的非体系化的论题目录本身为此提供了某种把手。因为观点汇编是具有伸缩性(弹性)的,它能够被放大和缩小。[66] 在后一种情形下,此前被认可的观点必定或明或暗地不再被视为是可以接受的。然而,观察表明,这至少在某些领域比人们想象的要困难得多,也少见得多。一度固定的东西不情愿地遭到变动,但即使在这个时候,论题学思维本身也会找到解决办法,即采取解释的形式。这种解释旨在开辟新的理解途径(Verstandnismöglichkeiten),而又不损害以往的理解途径。做到了这一点,我们就能抓住业已形成的固定化的东西,但这种固定化的东西已经运行至新的观点之下,新的观点经常在完全另一种关联结构中形成,此时则提供了一种可能,即为以往固定化的东西赋予了一种新的说法。并非任何一种解释(阐释、评释和诠释)都实际做到了这一点,但任何一种解释均有可能做到这一

[64] Theodor Viehweg, *Topik und Jurisprudenz*, 5. Aufl., S. 41. 汉译本,参见[德]特奥多尔·菲韦格:《论题学与法学》,舒国滢译,法律出版社2012年版,第38页。

[65] Theodor Viehweg, *Topik und Jurisprudenz*, 5. Aufl., SS. 41-42. 汉译本,参见[德]特奥多尔·菲韦格:《论题学与法学》,舒国滢译,法律出版社2012年版,第38~39页。

[66] 在这里,论题学乃约束(固定化)与动态性(灵活性)之间的互动(Agnes Launhardt, *Topik und Rhetorische Rechtstheorie: Eine Untersuchung zu Rezeption Relevanz der Rechtstheorie Theodor Viehwegs*, S. 57ff.)。

点。解释是一个片段论题学(ein Stück Topik),它很适宜于上面所提及的变动。[67]

显而易见,论题学意义上的基本前提通过谈话者的接受而得以正当化。人们总是以谈话对手(论敌)的事实反击或假想反击为取向。因此,凡是各方所接受并反复接受的东西,就会被视为固定化的、无争议的,至少在这个范围内甚至会被视为显而易见的。按照这种方式,根据每个问题的不同,可以将各种前提认定为“重要的/不重要的”“允许的/不允许的”“可接受的/不可接受的”“有理的/无理的”,等等,即使它们的中间阶段,比如“几乎无理的”“还算有理的”,似乎在这里,而且唯有在这里才是有意义的。[68] 凡在争辩中通过接受而被证明的东西,就必须被肯认为前提条件。只有如此,引证亚里士多德所讲的“最负盛名的贤哲们所公认的意见”才富有意义。换言之,即使在或然性的框架内也要力争得到“真正的洞见”“普遍接受的意见”,而不是纯粹的任意。在此意义上,论辩和问题定位属于“辩证推理”的领域。[69] 显然,菲韦格在这一认识上与亚里士多德的《论题篇》中的思想,同时也与罗马法学家的论证方法以及中世纪以来流行的论题学思维不谋而合。

所以,总体上看,尽管菲韦格在《论题学与法学》一书中并没有为自己的论题学提出一套完整的论题目录,但其用大量篇幅来考察论题学与古罗马市民法的论证技术(第4章)、论题学与中世纪晚期意大利注释法学派的评注方法(第5章)、论题学与17世纪德国哲学家莱布尼茨的“组合术”(第6章)、论题学与公理学(第7章)、论题学与现代民法学者的理论(第8章),以期通过历史的实证素材和理论的比较,进一步呈现其所理解的论题学技术的面貌。

在考察论题学与古罗马市民法的论证技术时,菲韦格注意到罗马法学家在《学说汇纂》等著作中所采用的“决疑术”(Kasuistik)指出,决疑术恰恰从问题角度,也就是从疑难(困局)角度来进行思考,或者说,罗马的法学家是从问题着手,并搜寻论点的。故此,他们有必要发展一套与此相应的技术。他们无反思地以一种关联结构为前提,并不试图对这个关联结构进行明证,而是

---

[67] Theodor Viehweg, *Topik und Jurisprudenz*, 5. Aufl., S. 42. 汉译本,参见[德]特奥多尔·菲韦格:《论题学与法学》,舒国滢译,法律出版社2012年版,第39页。

[68] Theodor Viehweg, *Topik und Jurisprudenz*, 5. Aufl., SS. 42–43. 汉译本,参见[德]特奥多尔·菲韦格:《论题学与法学》,舒国滢译,法律出版社2012年版,第40页。

[69] Theodor Viehweg, *Topik und Jurisprudenz*, 5. Aufl., S. 43. 汉译本,参见[德]特奥多尔·菲韦格:《论题学与法学》,舒国滢译,法律出版社2012年版,第40页。

在这个关联结构之内运行。这是论题学的基本态度。欧几里得的《几何原本》(Elements)中数学式的、严格的体系思维方式显然是罗马法学家们完全陌生的。事实上,鼎盛时期的罗马法学家们早就回避了属于演绎体系思维的逻辑还原。在市民法上可以特别清楚地看出,固定化(Festlegungen)被尽可能地推延了,因为问题思维是畏惧固定联系的。[70] 谈到法学与哲学的关系,菲韦格指出:我们不可以从科学哲学的角度过分地苛求在法学家那里不经意碰到的诸如技艺(ars)、学科(discipina)、科学(scientia)、知识(notitia)等法学名称,因为在它们背后只有很少的理论兴趣。换言之,技术和科学或者类似的概念之间的区分,至少对罗马法学家们来说并不属于应当认真对待的问题。当人们说法学家的科学方法来源于哲学家时,这确实预设了下面的前提:从彼此双方那里可以找到相同的或至少相似的结构。在基础的层面上,这个结构一方面适用于哲学辩疑术,另一方面适用于罗马法学,因为无论哪一种场合,论题学思维方式均占主导地位。因此,不用讨论谁影响谁的问题,我们就可以断言,就这一点而言,这两个专业领域都存在大体上与亚里士多德的辩证法相一致的思考风格。在市民法的结构中似乎根本显现不出如斯多葛学派学者克吕西波的逻辑所起的作用,它显然处在一个完全不同的层面上。[71]

在《论题学与法学》第 5 章评述中世纪晚期意大利注释法学派的评注方法中,菲韦格承认,意大利方式吸收了以前的发展,以论题学思维格式为特色,长时期被当作正统的法学风格。比如,巴尔多鲁在其所写的法律意见书中,经常采用"(1)问是否(quaeritur an)……(问题之确定),(2)而且,据说(et videtur quod)……(出现的观点),(3)对待相反者(in contrarium facit)……(矛盾的观点),(4)关于问题的回答(ad solutionem questionis)……(解答);或者在绝大多数情形中使用类似的表达格式"。[72]

上述历史证明,论题学对法学有巨大的贡献。然而论题学似乎并没有让法学变成在逻辑上可以严格检验的程序,进而创造一个单义的证成关联结构

---

[70] Theodor Viehweg, *Topik und Jurisprudenz*, 5. Aufl., SS. 49, 50, 53f. 汉译本,参见[德]特奥多尔·菲韦格:《论题学与法学》,舒国滢译,法律出版社 2012 年版,第 47 页、第 49 页、第 53 页。

[71] Theodor Viehweg, *Topik und Jurisprudenz*, 5. Aufl., SS. 58, 61. 汉译本,参见[德]特奥多尔·菲韦格:《论题学与法学》,舒国滢译,法律出版社 2012 年版,第 59 页、第 62~63 页。

[72] Theodor Viehweg, *Topik und Jurisprudenz*, 5. Aufl., S. 70. 汉译本,[德]特奥多尔·菲韦格:《论题学与法学》,舒国滢译,法律出版社 2012 年版,第 70~72 页、第 74~75 页。

(Begründungszusammenhang),即一个演绎推理体系。[73] 那么,能否把近代以来数学的时代精神与流传下来的中世纪思考风格协调一致?菲韦格注意到德国17世纪著名哲学家、法学家莱布尼茨于1666年撰写的法学博士论文《论组合术》的理论努力,即将传统的开题术(论题学)本身置于算术的监控(检验)之下,而又不完全清除其基本结构,打算基于算术基础(ex Arithmeticae fundamentis)建立一门复合与移项学说,并通过它来给沉思术或逻辑开题术带来新的激励,以此将新的种子也撒播到沉思术或逻辑开题术当中。也就是说,莱布尼茨尝试着将论题学予以数学化。[74] 然而,由于日常语言的多义性,他的(理论)努力失败了。[75]

尽管如此,莱布尼茨的努力却引出了一个话题,即论题学与公理学(Axiomatik)的关系。或者说,我们应通过严格的逻辑演绎方法的公理化(科学化)来消除论题学,还是应像莱布尼茨那样保持论题学结构,同时又将它置于算术的监控之下?[76] 菲韦格对此的回答是,原则上,演绎推导的体系化并不是什么难事。然而,在实际实施的过程中,它会造成很大的困难。它最为精确的推演须遵循公理的方法,这种方法在于一方面将命题,另一方面将任何一个(哪怕是非逻辑的)领域的概念按照它们各自的(逻辑)归属关系予以整序。[77] 现在的关键则在于,我们要从所有这一切中创设一个逻辑体系Z,并将这个体系予以(逻辑)展开。在这个过程中,选择公理本身显然还清除不了论题学。因为在这里选择何种实质的原则明显是逻辑上任意的,而且,特别是,选择某种实质的原则来建构逻辑意义上的法体系时,披着日常语言外衣的逻辑推导,还根本不应看作是可以受到严格检验的,因为这些推理经常携带着潜藏不露而又变动不居的解释,即在日常的说话方式中,隐秘的论题学

---

[73] Theodor Viehweg, *Topik und Jurisprudenz*, 5. Aufl., S. 77. 汉译本,参见[德]特奥多尔·菲韦格:《论题学与法学》,舒国滢译,法律出版社2012年版,第83页。

[74] Theodor Viehweg, *Topik und Jurisprudenz*, 5. Aufl., SS. 77-78. 汉译本,参见[德]特奥多尔·菲韦格:《论题学与法学》,舒国滢译,法律出版社2012年版,第84~85页。

[75] Theodor Viehweg, *Topik und Jurisprudenz*, 5. Aufl., S. 80. 汉译本,参见[德]特奥多尔·菲韦格:《论题学与法学》,舒国滢译,法律出版社2012年版,第87页。

[76] Theodor Viehweg, *Topik und Jurisprudenz*, 5. Aufl., SS. 81-82. 汉译本,参见[德]特奥多尔·菲韦格:《论题学与法学》,舒国滢译,法律出版社2012年版,第88~89页。

[77] Theodor Viehweg, *Topik und Jurisprudenz*, 5. Aufl., S. 82. 汉译本,参见[德]特奥多尔·菲韦格:《论题学与法学》,舒国滢译,法律出版社2012年版,第89~90页。

在起作用。[78] 如果人们想要彻底清除掉这些混杂物,就必须过渡到严格的形式化,这样做,就必须将初始关系(Ausgangsrelationen)在进一步的关系中展开。但是,它对于彻底的形式化而言,只是一个必要的预备,因为最终的、最重要的步骤旨在通过计算的手段来复述这个业已描述的关系构架。在此过程中,人们需要给计算配备上一个相应的解释规则(Deutungsvorschrift),这个解释规则当然是逻辑上任意的。所以,对于纯粹的形式主义者而言,这里所说的路径尽管是可以接受的,但却是麻烦费事的。[79] 反过来说,在一个具有实质内容的体系(法体系)之开端,论题学根本不可能被清除,它在一个可以应用的计算(法的计算)之必不可少的解释规则中必然同样反复出现。[80] 真正有待去发现的法律整体构架,无论如何不是逻辑意义上的体系。毋宁说,它是这些体系的一个不确定的多元体,其范围差别很大,偶尔也免不了少许的演绎推理,其关系相互之间不可以进行严格的检验,而基于法律事实状况所要求的解释,论题学业已渗透到法体系当中,因为解释性思维(das interpretative Denken)必须以论题学的风格来运行。[81] 而且,从论题学的 4 个突破点(Einbruchsstelle,即体系的不确定的多元体、法的适用、日常语言的使用以及客观事实的解释四个角度)看,[82]逻辑意义的法体系,即一个完美无缺的证成关联结构,并没有留下来太多的东西,所留下来的东西甚至不可能近似地满足当代演绎体系的要求。凡我们目光所及之处,都会遇到论题学,而演绎体系范畴则看起来相当不合适,几乎只是作为障眼物。[83] 或许,把整个法体系的严格公理化与体系内的严格禁止解释联系起来,精确地以体系方式(或运算方式)工作的立法者之持续的介入,以使新出现的、首先是不可解决

[78] Theodor Viehweg, *Topik und Jurisprudenz*, 5. Aufl., SS. 82–83. 汉译本,参见[德]特奥多尔·菲韦格:《论题学与法学》,舒国滢译,法律出版社 2012 年版,第 90~91 页。

[79] Theodor Viehweg, *Topik und Jurisprudenz*, 5. Aufl., SS. 83–86. 汉译本,参见[德]特奥多尔·菲韦格:《论题学与法学》,舒国滢译,法律出版社 2012 年版,第 91~93 页。

[80] Theodor Viehweg, *Topik und Jurisprudenz*, 5. Aufl., SS. 86–87. 汉译本,参见[德]特奥多尔·菲韦格:《论题学与法学》,舒国滢译,法律出版社 2012 年版,第 94 页。

[81] Theodor Viehweg, *Topik und Jurisprudenz*, 5. Aufl., SS. 87–88. 汉译本,参见[德]特奥多尔·菲韦格:《论题学与法学》,舒国滢译,法律出版社 2012 年版,第 94~95 页。

[82] Theodor Viehweg, *Topik und Jurisprudenz*, 5. Aufl., SS. 88–90. 汉译本,参见[德]特奥多尔·菲韦格:《论题学与法学》,舒国滢译,法律出版社 2012 年版,第 95~97 页。

[83] Theodor Viehweg, *Topik und Jurisprudenz*, 5. Aufl., S. 91. 汉译本,参见[德]特奥多尔·菲韦格:《论题学与法学》,舒国滢译,法律出版社 2012 年版,第 98 页。

的案件能够得以解决,却又不破坏体系(或计算)的逻辑完美性,这似乎是必要的,看起来好像也有可能。不过,在这个方向上,还缺乏大规模的尝试。相反,无论在欧洲大陆还是在英美世界,下列看法仍占主导地位:公理化尚不足以来理解法律论证的结构。[84] 基于上述对论题学与公理学之关系的分析,菲韦格的结论是:我们想要建立的法律科学"并不试图在其本质上改变法律技术。所以,它把法律技术看作是一种不断地探索当下之公正合理的显象形式(Erscheinungsform):实在法来源于当下之公正合理,当下之公正合理借助于实在法持续存在。这种探索连同其全部人类特性就是该法律科学的重要研究对象。它不可能全部融化为实用法学(Jurisprudenz),而是对实用法学的一种头等安全可靠、清晰确定的支撑,这种支撑必须显示各种可能性并提供实用的帮助"。[85]

菲韦格在《论题学与法学》第 8 章中专门就其论题学法学的基本立场进行了阐释,他指出:"法学作为有助于解决疑难的技术,就在主要点上与论题学相一致。"[86]为了进一步说明这种法学相应的结构,他提出了 3 点要求:"(1)法学的总体结构只能由问题来确定。(2)法学的构成部分,它的概念和命题必须以特定的方式与问题保持关联,因此只能从问题出发来加以理解。(3)法学的概念和命题故而也只能被赋予与问题保持关联的含义。任何其他种类的涵义应当避免。"[87]为此,他找出当代民法学中的一些例子作为佐证。比如,弗里茨·冯·希佩尔(Fritz von Hippel,1897~1991)曾于1930年在自己的论著《论法律体系建构的合法性》(Zur Gesetzmäßigkeit juristischer Systembildung)中认为,私法的建立被看作一种与正义要求相一致的秩序之历史选择。它允许"法共同体的每个成员直接参与社会共同生活的相续秩序",即私法自治。在这个程度上,它为一定的专业领域回答了对公正合理之秩序的追问。"任何以私法来进行自我组织的人都必须通过这种组织实施本身来事实上回答这

[84] Theodor Viehweg, *Topik und Jurisprudenz*, 5. Aufl., SS. 91-93. 汉译本,参见[德]特奥多尔·菲韦格:《论题学与法学》,舒国滢译,法律出版社 2012 年版,第 99~100 页。

[85] Theodor Viehweg, *Topik und Jurisprudenz*, 5. Aufl., S. 93. 汉译本,[德]特奥多尔·菲韦格:《论题学与法学》,舒国滢译,法律出版社 2012 年版,第 100 页。

[86] Theodor Viehweg, *Topik und Jurisprudenz*, 5. Aufl., S. 97. 汉译本,[德]特奥多尔·菲韦格:《论题学与法学》,舒国滢译,法律出版社 2012 年版,第 104 页。

[87] Theodor Viehweg, *Topik und Jurisprudenz*, 5. Aufl., S. 97. 汉译本,[德]特奥多尔·菲韦格:《论题学与法学》,舒国滢译,法律出版社 2012 年版,第 104~105 页。

些持续性追问。”我们学科中的所有东西都将重新正确地对准其根本疑难(Grundaporie),该疑难在这里作为对公正合理秩序的追问而找到其表达形式。它意味着,我们(法学)学科促成统一的契机就存在于这个根本疑难当中;事实上,很难看出别的地方有应该从根本上可以见得到的一种合适的统一体。[88] 约瑟夫·埃塞尔于 1952 年在一篇题为《教义学法学思维与解释性法学思维中的自然法因素》(Elementi di diritto naturale nel pensiero giuridico dogmatico)的论文中,着重并令人信服地强调了,即使“在表面上看来纯属法律技术的概念”,即完全“简单的法学建筑构件”,唯有从正义问题出发才能获得其意义。[89] 奥地利格拉茨大学法学教授瓦尔特·维尔伯格(Walter Wilburg,1905~1991)于 1950 年 11 月 22 日格拉茨大学校长演讲辞“民法中的灵活体系的发展”(Entwicklung eines beweglichen Systems im bürgerlichen Recht)中提出,当代的民法受一种过于僵化的体系阻碍,因此,它必须转化成为一个灵活的体系。按照这位作者的观点,(民法)迄今为止的僵化性一方面在于民法概念经常与误导的实体想象联系在一起,另一方面在于人们必须坚持相信的许多民法原则很少是有用的,甚至起着阻碍作用。真正可以接受的结果是由一些一再反复引用的原则提供的,当人们把这些原则与正义思想联系起来,在此意义上对它们进行分类并最终对它们进行积累时,它们在适用过程中有时显得很广,有时又显得很窄。[90] 维尔伯格的观点表明,原则必然处处遭到突破、限制和修改,没有任何一个法律人会认为,这是完全新鲜的东西。假如法学把它的使命理解为,旨在不断地于无穷无尽丰富的情境中寻找当下的公平合理,那么它就必须在很大程度上保有这种可能性,即重新(灵活地)对待根本疑难。问题获得并保持了头等的地位,问题的优先性影响这里应予遵循的技术。一个阻断疑难态度的概念——命题构架(演绎推理体系)是不可行的。[91]

---

[88] Theodor Viehweg, *Topik und Jurisprudenz*, 5. Aufl., SS. 98-100. 汉译本,参见[德]特奥多尔·菲韦格:《论题学与法学》,舒国滢译,法律出版社 2012 年版,第 105~107 页。

[89] Theodor Viehweg, *Topik und Jurisprudenz*, 5. Aufl., SS. 101-102. 汉译本,参见[德]特奥多尔·菲韦格:《论题学与法学》,舒国滢译,法律出版社 2012 年版,第 108~109 页。

[90] Theodor Viehweg, *Topik und Jurisprudenz*, 5. Aufl., SS. 105-106. 汉译本,参见[德]特奥多尔·菲韦格:《论题学与法学》,舒国滢译,法律出版社 2012 年版,第 112~113 页。

[91] Theodor Viehweg, *Topik und Jurisprudenz*, 5. Aufl., SS. 109-110. 汉译本,参见[德]特奥多尔·菲韦格:《论题学与法学》,舒国滢译,法律出版社 2012 年版,第 116 页。

(四)菲韦格论题学的评论与影响:美因茨学派与哈根学派

诚如上述,菲韦格的《论题学与法学》出版后,迅速在学术界受到关注并形成影响,学界评论如潮。从1954年至1974年这20年间,直接以"论题学与法学"为题的书评和文章不计其数。

众多的评论对菲韦格的《论题学与法学》中的核心观点不乏赞同的声音。例如,1967年4月6日,赫尔穆特·科英的学生,时任法兰克福的马普欧洲法律史研究所研究人员的诺伯特·霍恩,在《新法律周刊》(Neue Jurisfische Wochenschrift,NJW)1967年副刊第14期发表的《论特奥多尔·菲韦格的论题学理论对于法学思维之统一论的意义》一文,对菲韦格的论题学理论提出了6点正面的评价:第一,论题学是科学思维的基本类型;第二,论题学是行动科学(Handlungswissenschaften)的方法;第三,论题学提供了问题思考的思维风格;第四,论题学能够促进法学体系概念和法学的统一;第五,论题学能够揭示法律(制定法)的论题结构,强化法教义学的论证;第六,论题学使以科学思维的一般条件和划界为取向的法学思维之分析成为可能。[92]

菲韦格本人于1965年6月5日在为自己的著作所写的"第三版序"中也承认,他的书出版之后,许多同时代的作者通过自己的作品赋予了论题学一种非常重要的意义。比如,沙伊姆·佩雷尔曼的"新修辞学"在论题学的道路上迈出了"非常重要的一步";墨西哥的法哲学家路易斯·里卡森斯·希切斯(Luis Recaséns Siches,1903~1977)在其两卷本的鸿篇巨制《20世纪法律思想概览》(Panorama del pensamiento jurídico en el siglo XX,Mexiko 1963)之结尾处,对当代有关论题学的研究给予了详尽而赞许的评价,甚至把重新发现的论题学纳入了他本人的合理性(razonable)学说当中;悉尼大学的法理学与国际法教授朱利尤斯·斯通(Julius Stone,1907~1985)在其《法的范围与功能》[*The Province and Function of Law*(1946)]一书之论述提示下,尤其是在他的著作《法律制度与法律人的推理》(*Legal System and Lawyer's Reasonings*)第8章中,也同意论题学的基本思想。[93]

---

[92] Norbert Horn,"Zur Bedeutung der Topiklehre Theodor Viehwegs für eine einheitliche Theorie des juristischen Denkens", in: *Neue Juristische Wochenschrift*(NJW), 1967, Heft 14, SS. 602-603, 604-608.

[93] Theodor Viehweg, *Topik und Jurisprudenz*, 5. Aufl., "Zur dritten Auflage", S. 8. 汉译本,参见[德]特奥多尔·菲韦格:《论题学与法学》(第3版序),舒国滢译,法律出版社2012年版,第2页。

当然,对于菲韦格的《论题学与法学》中的“论题学”思想也存在批评的声音与商榷的意见,不少学者们曾指出其理论和技术应用的局限性,而更多的质疑来自于那些体系论思维或公理论思维的拥护者。比如,埃尔朗根大学法哲学与公法教授莱因霍尔德·齐佩利乌斯在《新法律周刊》1967 年第 20 卷、副刊第 48 期发表的《问题法学与论题学》一文中指出,菲韦格的论题学思维作为“四处寻找前提的思维”(umherschauende, prämissensuchende Denken)只是法学的众多思考方式的一种,法学思维在方法上并不是同质化的。此外,在与论题学思维辩证作用的过程中,还有体系思维,即把判断、规范和概念相互联系起来的思维,而且,基于其与法感的一致性,可以设想的解答方案的检验,在解决法学问题上也具有一定的分量。论题学的局限(界限)在于它的工具性功能(instrumentale Funktion)。它是一门仅仅有助于揭示何种摆放的观点和问题从个案到个案能够发挥作用的技术,而不能够单独为问题的解答提供充分的证立。[94] 1966 年 4 月 21 日,卡尔·拉伦茨的学生,时任慕尼黑大学法学院讲师的乌韦·迪德里希森在《新法律周刊》第 9 卷、副刊第 16 期发表的评论《法学上的论题学思维与体系思维》中指出,菲韦格在《论题学与法学》中声称法学的总体结构不是体系性的,而只能由个别的问题来确定。其实,人们拥护论题学思维,还是拥护体系性思维,这绝不纯粹是一个法理论问题。或许,从法律实务人的角度看,论题学思考方式支配着他们的法律日常工作,然而,这可能忽略了一个事实,在我们这里,理论和实践总是相互联系在一起的,两者经常密切合作。那么,在这个意义上,法学的本质是否根据(菲韦格的)论题学概念就能充分地理解呢?应当看到,即使菲韦格引用的扬姆巴蒂斯塔·维柯的著名演讲“论我们时代的研究方法”,也没有只强调“论题学”的作用,而却试图做到“现代和古代的研究方法的融贯统一”;菲利普·赫克的利益法学尽管追求“生活研究和生活评价优先”,但仍然坚持,法秩序最终应被理解为一种体系。故此,利益法学经常持守法的体系性格。韦斯特曼的评价法学也强调,教科书式的描述推动人们去“发展和续造法体系”,只有教科书才提供一定的空间,“在大量已处理的个别问题上指出具有指导性的体系脉络”。总体来看,法学上的体系努力证明完全有超越于纯粹问题域思考的优越性,法学内部的体系思维表现在“澄清整个法秩序以此为

---

[94] Reinhold Zippelius, “Problemjurisprudenz und Topik”, in: *Neue Jurisfische Wochenschrift* (NJW), 20. Jahrgang 1967, Heft 48, S. 2233.

基础的本质的、最终也是至关重要的观点(根本价值)"。无论在民法还是在刑法上,都可以清楚地看到体系化与本质知识(Wesenserkenntnis)之间的互动。[95] 迪德里希森最后的结论是:论题学有时可以补充体系,但无论如何不可以代替体系。[96] 卡尔·拉伦茨本人在其后来修订的《法学方法论》一书中也评论道,法学家经常比如在合议庭评议中采取"论题学式"的方式进行论证,这一点可能不容置疑。然而,对裁判证立的强制要求,需要一种井然有序的思考进程,于此,任何论述(论点)获得了其应有的地位,并融入到一个特定的推理[推论,即从一项或多项已知命题(前提)得到并确认另一项命题(结论)]过程之中。因此,借助于法律上重要的观点之单纯搜集,还搞不成任何一个论题目录。假如(菲韦格的)论题学应当提供的东西就是这些,那么,对它的诉求的价值就极为有限。[97] 罗伯特·阿列克西在其著作《法律论证理论》之"导论"有关论题学的论述中赞成(菲韦格)论题学对前提之属性的观点,但不赞同论题学法学的方法,批评该理论"轻视法律、教义学和判例的重要意义,不足以深入分析论述的深层结构,不足以使讨论的概念精确化",而且,通过论题学来构想将前提用于证立个别判断的理论,也是很成问题的。[98] 慕尼黑大学民法教授克劳斯·威廉·卡纳里斯在自己的著作《法学上的体系思维与体系概念》第7章专门论述了"体系思维与论题学",指出,菲韦格断言所有的科学思维根本上是问题思维、法学依其结构是论题学式的,这本身就是一个问题,对它的回答从一开始就不是清晰的。在卡纳里斯看来,(尼克莱·哈特曼所讲的)"辩疑(困局)思考方式"并不必然导致论题学,而只导致体系的"开放性"(Offenheit des Systems)。故此,(像菲韦格的论题学那样)"以问题为取向"显然不是至关重要的,它不可能提出在科学上根本有用的区分标准。当然,论题学在法学上也可能具有意义,它在缺乏足够的制定法评价,特别是存在法律漏洞的情况下,可以用作"应急措施"(Notbehelf)。应当

---

[95] Uwe Diederichsen, "Topisches und systematisches Denken in der Jurisprudenz", in: Neue Juristische Wochenschrift(NJW), 9. Jahrgang 1966, Heft 16, SS. 697-703.

[96] Uwe Diederichsen, "Topisches und systematisches Denken in der Jurisprudenz", SS. 704-705.

[97] Karl Larenz, *Methodenlehre der Rechtswissenschaft*, 6. Aufl., S. 147. 汉译本,参见[德]卡尔·拉伦茨:《法学方法论》,陈爱娥译,商务印书馆2003年版,第26~27页。

[98] Robert Alexy, *Theorie der juristischen Argumentation: Die Theorie des rationalen Diskurses als Theorie der juristischen Begruendung*, 2. Aufl., SS. 40-42. 汉译本,参见[德]罗伯特·阿列克西:《法律论证理论》,舒国滢译,中国法制出版社2002年版,第26~28页。

这样看待论题学和法学:论题学是“正确行为之学”(Lehre vom richtigen Handeln);法学是“正确理解之(科)学”(Wissenschaft vom richtigen Verstehen)。[99] 美国休斯顿大学(The University of Houston)法律中心教授詹姆斯·艾伯特·赫尔杰特(James Elbert Herget,1934~2016)在 1996 年出版的《当代德国法哲学》(Contemporary German Legal Philosophy)第 5 章“修辞理论”中指出了菲韦格的论题学以及其他修辞理论的两种批评性意见:第一种批评性意见认为论题学并不试图论述法学在历史上所关心的许多事情,不说明法的有效性如何依赖于道德原则,不确立法的自治性,不对待历史发展的事情,也不提起任何正当的法律体系问题;第二种批评性意见认为它具有“反理性”(anti-rational)、“反科学”(anti-scientific)、“反智”(anti-intellectual)的性质,因为理性、科学的论证以某种前后一致的体系为前提,在法的正当性或正确性上若没有一个体系,那么所谓的修辞学论证就是任意的,不过是一种(说服人、赢得论辩胜利的)游戏。[100]

从学术上看,上面的各种批评性意见不一定都是令人满意的,其中肯定存在着有人对特奥多尔·菲韦格著作(尤其是理论立场与核心概念)的误读。[101] 面对学界的批评,菲韦格时隔 20 年后(1973 年夏)专门为《论题学与法学》写了第 9 章“论题学的继续发展”(Fortentwicklung der Topik),作为对其理论批评的回应。1969 年 8 月底,他在为自己的著作所写的“第四版序”中已然注意到:“合格的法学理论必须重视修辞学,这个观点现在已相当普及。因而,经过正规训练的法律人看起来更像是法律论证的专家,而法律论证则必须在一般的修辞学论证理论(有待证成的言谈理论)的框架内才弄得明白。在这一点上,比较清楚的是,公理—演绎体系不能够提供足够的证成,相反,它还必须通过一种尚待进一步研究的、‘形式论题学’(formale Topik)意

---

[99] Claus-Wilhelm Canaris, *Systemdenken und Systembegriff in der Jurisprudenz entwickelt am Beispiel des deutschen Privatrechts*, 2. Aufl., Verlag von Duncker & Humblot, Berlin 1983, SS. 136, 138, 145ff, 150ff.

[100] See James E. Herget, *Contemporary German Legal Philosophy*, University of pennsylvania press, philadelphia 1996, pp. 68-70.

[101] Agnes Launhardt, *Topik und Rhetorische Rechtstheorie: Eine Untersuchung zu Rezeption Relevanz der Rechtstheorie Theodor Viehwegs*, S. 43ff.

义上的理性论辩程序来加以补充。"[102]为此,菲韦格强调,修辞学的新的转向首先在于使所有的论证根据言谈情境(Redesituation)来加以理解。故此,有必要将"非情境思维方式"(eine nichtsituative Denkweise)与"情境思维方式"(eine situative Denkweise)区别开来,并且研究它们双方各自的特点。为了更详细地澄清这个(前后)脉络,似应运用新近符号学的表述方式,故而在一个言谈方式的语形(语符)学(Syntax)、语义学(Semantik)和语用学(Pragmatik)角度之间作出区分。[103] 在此意义上,语用学言谈情境之内运行的思维方式可以称作是"情境的",而把其对立面(不考虑言谈情境的思维方式)可以称作是"非情境的"。[104] 菲韦格指出,尽管在当代非情境思维方式受到偏爱,但在法学领域,人们正好通过特别专门的、在政治上通常经过激烈斗争的所谓"公理"及其情境关联性,去关注语符学之外的、最终属于情境的、语用学的讨论。在这一点上,人们明显地遭遇了情境性难题(die situative Problematik),所以,言谈情境的分析依然是头等任务,尤其是,当这种分析被所谓法律实证主义的孤立与限制需求(由于害怕麻烦而借助非情境思维方式)所回避时,则更是如此。[105] 对于这样的难题,作为开题术的论题学必须首先去应对,情境思维方式必须回归到上述意义的语用学基础(研究符号、言谈者和情境之间的关系)。它必须首先尝试厘清思想的生产程序,这个程序在寻求商谈的言谈情境中进行。于此,论题学或开题术作出有用的提示,论题提供具体的起点助力(Starthilfen),它们充当修辞学意义上的"寻找格式"(Suchformeln),充当开题之已被提供或承认的指导(不管这些指导是否总是被贯彻或者被拒绝)。也就是说,它们充当"一阶论题学"或"二阶论题学"之内寻找解决问题的观

[102] Theodor Viehweg, *Topik und Jurisprudenz*, 5. Aufl., "Vorwort zur vierten Auflage", S. 9. 汉译本,[德]特奥多尔·菲韦格:《论题学与法学》(第4版序),舒国滢译,法律出版社2012年版,第3页。

[103] 语形(语符)学、语义学和语用学是符号学(semiotics)或语言科学的3个分支:语形(语符)学研究的是一个系统之内、相互关联的各个语言表达式之间的关系,这些关系是从其意义及使用者之中抽象出来的;语义学研究的是这些表达式的意义及应用;语用学是对人们如何运用语言的一种经验性考察。参见[以]约瑟夫·霍尔维茨:《法律与逻辑》,陈锐译,中国政法大学出版社2015年版,第12页。

[104] Theodor Viehweg, *Topik und Jurisprudenz*, 5. Aufl., SS. 111-112. 汉译本,参见[德]特奥多尔·菲韦格:《论题学与法学》,舒国滢译,法律出版社2012年版,第117~119页。

[105] Theodor Viehweg, *Topik und Jurisprudenz*, 5. Aufl., SS. 112-115. 汉译本,参见[德]特奥多尔·菲韦格:《论题学与法学》,舒国滢译,法律出版社2012年版,第119~121页。

点之指导,充当进入商谈的可能性,充当商谈的客体,以及其他更多的东西。[106] 最后,菲韦格在对逻辑学思考、语言批判思考和伦理学思考进行论述的基础上,作出总结:当一个人言谈时,他必须能够证成自己的言谈。只有履行了言谈义务,特别是遵守了辩护与说明义务,才能保证有足够可靠的主张,在这些可靠的主张上也才能毫无争议地存在一种普遍的(知识)兴趣。只有这样,一个理性的对话才可以保持运行,这使理论和实践主张的证成最大限度地成为可能。我们可以看到,在这里,回归到言谈情境,进而回归到语用学的初始情境,容易使开题(发现)性商谈(die invenierende Verständigung)得以理解。我们在继续发展的修辞学论证理论框架内对开题术讨论的若干步骤进行了描述,这些步骤连同其他一些步骤,适宜于改变法学基础研究迄今为止的思维模式。[107]

上文述及,除了《论题学与法学》之外,菲韦格还曾写过一系列文章和学术报告,这些文章和报告于 1995 年由其学生海诺·加仑结集出版,书名为《法哲学与修辞学法理论》(*Rechtsphilosophie und Rhetorische Rechtstheorie*),主要讨论了三方面的主题领域:一是法哲学与法理论、法教义学的关系;二是近代法思维的发展;三是与决策相关的法思考的论证结构,特别是修辞学法理论。[108] 其中,他在方法论上特别论述了"教义学"(Dogmatik)与"探究学"(Zetetik)、"法教义学"与"法意识形态"、[109]法教义学和法研究中的体系难题、[110]有关法律

[106] Theodor Viehweg, *Topik und Jurisprudenz*, 5. Aufl., SS. 115-116. 汉译本,参见[德]特奥多尔·菲韦格:《论题学与法学》,舒国滢译,法律出版社 2012 年版,第 121~122 页。

[107] Theodor Viehweg, *Topik und Jurisprudenz*, 5. Aufl., S. 119. 汉译本,参见[德]特奥多尔·菲韦格:《论题学与法学》,舒国滢译,法律出版社 2012 年版,第 125~126 页。

[108] Theodor Viehweg, *Rechtsphilosophie und Rhetorische Rechtstheorie. Gesammelte kleine Schriften*, SS. 7-8; Agnes Launhardt, *Topik und Rhetorische Rechtstheorie: Eine Untersuchung zu Rezeption Relevanz der Rechtstheorie Theodor Viehwegs*, S. 163.

[109] Siehe Theodor Viehweg, *Rechtsphilosophie und Rhetorische Rechtstheorie. Gesammelte kleine Schriften*, SS. 87-91.

[110] Theodor Viehweg, *Rechtsphilosophie und Rhetorische Rechtstheorie. Gesammelte kleine Schriften*, SS. 97-106.

推理的若干考量、[111]近代法律论证的模式、[112]莱布尼茨《组合术》中的法律例案、[113]耶林的法教义学与法探究学、[114]实证主义论证对于法学的意义、[115](马克思-列宁理论框架的)历史哲学法教义学和"法原则教义学"(Die Rechtsgrundsatz-Dogmatik)等。[116] 在后期有关修辞学法理论的研究中,菲韦格强调修辞学与符号学的关联分析、修辞学法理论的步骤(符号学的还原、论题学与语用学、运算逻辑与交往责任)、修辞法学与(汉斯·凯尔森的)纯粹法学的关系(在菲韦格看来,修辞法学乃纯粹法学的补充)、法律论证的反修辞学检验与修辞学检验等。[117]

诚如上述,菲韦格乃"美因茨学派"理论的开创人及重要代表。[118] 除他之外,这个学派的代表人物还有其学生奥特马尔·巴尔韦格(Ottmar Ballweg,1928~)以及巴尔韦格的学生卡塔琳娜·索博塔(Katharina Sobota,全名为Katharina Gräfin von Schlieffen,1956~)。

奥特马尔·巴尔韦格 1928 年 3 月 11 日生于德国巴登—维腾堡州曼海姆以南约 20 公里的霍肯海姆(Hockenheim),1959 年在瑞士的巴塞尔大学法学院获得"两法博士"(doctor juris utriusque),1968 年通过美因茨大学教授资格论文,担任该校法哲学与法社会学讲师,1973 年获聘教授,直到 1993 年荣退。他于 1970 年出版了《法律科学与法学》(*Rechtswissenschaft und Jurisprudenz*)

---

[111] Theodor Viehweg, *Rechtsphilosophie und Rhetorische Rechtstheorie. Gesammelte kleine Schriften*, SS. 107-115.

[112] Theodor Viehweg, *Rechtsphilosophie und Rhetorische Rechtstheorie. Gesammelte kleine Schriften*, SS. 127-136.

[113] Theodor Viehweg, *Rechtsphilosophie und Rhetorische Rechtstheorie. Gesammelte kleine Schriften*, SS. 137-143.

[114] Theodor Viehweg, *Rechtsphilosophie und Rhetorische Rechtstheorie. Gesammelte kleine Schriften*, SS. 153-158.

[115] Theodor Viehweg, *Rechtsphilosophie und Rhetorische Rechtstheorie. Gesammelte kleine Schriften*, SS. 159-165.

[116] Theodor Viehweg, *Rechtsphilosophie und Rhetorische Rechtstheorie. Gesammelte kleine Schriften*, SS. 176-184.

[117] Theodor Viehweg, *Rechtsphilosophie und Rhetorische Rechtstheorie. Gesammelte kleine Schriften*, SS. 194ff, 210ff, 214ff, 218ff.; Agnes Launhardt, *Topik und Rhetorische Rechtstheorie: Eine Untersuchung zu Rezeption Relevanz der Rechtstheorie Theodor Viehwegs*, SS. 163, 175ff.

[118] 也有人认为,美因茨学派除了菲韦格、奥特马尔·巴尔韦格之外,还有彼得·施奈德(Peter Schneider)和沃尔夫冈·加斯特(Wofgang Gast)等人。See James E. Herget, *Contemporary German Legal Philosophy*, University of Pennsylvania Press, Philadelphia 1996, p. 62.

一书,开宗明义地提出:法律科学(理论法学)的对象是法学(实践法学),而法律科学与法学的关系本身又是法哲学的对象。换言之,法学有关“证成”(其论证方法是修辞学式的,在意见性思考领域运作),法律科学旨在“证实”,法哲学取向“证立”。这样,法哲学不仅要追问法律科学与法学的前提条件,而且也必须追问它们本身的基础。[119] 据此,他从时代要求、哲学要求、科学要求、实践要求、教学要求以及组织要求等角度对自己的理论立场进行了考察,同时分析了法律科学与法学的前提条件、科学的标准(对象领域的限缩、可公度性、语言的限缩、科学的符号体系、限定的模式与理论)、科学的行为理论(系统论、行为要素、或然性、组合术、游戏论)、控制论以及法学的控制论模式。在他看来,为了分析法学本身的功能与结构,必须运用控制论模式,控制论分析可以扩大至包括信息论和传播理论分析,在这个过程中,尤其在检验调整社会问题的司法系统时,则离不开“法教义学”这个要素,它是“不受质疑的观点组织,以在法律评价领域产生可裁判性”。故此,在法实践学中应运用“观点思维”或“慎思思维”,此类思维不涉及认知,而只有达成理解的功能,它们与科学的语言之间展现出不同的符号学结构。[120] 2009 年,巴尔韦格与卡塔琳娜·索博塔主编了《分析修辞学:修辞学、法与哲学》(Analytische Rhetorik: Rhetorik, Recht und Philosophie),勾勒了一种所谓“分析修辞学”的法修辞学纲要。这个纲要包括“整体论”(Holistik/Holotaktik)、“语音学”(Phronetik)和“符号学”(Semiotik)三部分。其中,“整体论”又包括 Teleotaktik(O—S)、Axiotaktik(O—Z)和 Ontotaktik(O—O);“语音学”包括 Agontik(S—S)、Ergontik(S—O)和 Pithaneutik(S—Z);“符号学”包括“语用学”(Pragmatik, Z—S)、“语义学”(Semantik, Z—O)和“语形学”(Syntaktik, Z—Z)。[121] 正因为巴尔韦格在法哲学上引进和运用了许多崭新的理论和方法,发展了由菲韦格开创的法论题学/法修辞学方向,因此他被称为

---

[119] Ottmar Ballweg, *Rechtswissenschaft und Jurisprudenz*, Helbing&Lichtenhahn, Basel 1970, SS. 7-8, 10.

[120] Ottmar Ballweg, *Rechtswissenschaft und Jurisprudenz*, SS. 7-19, 20-45, 46-122; Ottmar Ballweg, "Rhetorische Funktionen von Meinungen", in Thomas Schirren/Gert Ueding (Hrsg.), *Topik und Rhetorik: Ein interdisziplinäres Symposium*, Max Niemeyer Verlag, Tübingen 2000, S. 577; Agnes Launhardt, *Topik und Rhetorische Rechtstheorie: Eine Untersuchung zu Rezeption Relevanz der Rechtstheorie Theodor Viehwegs*, SS. 199-202.

[121] Ottmar Ballweg/Katharina Gräfin von Schlieffen (Hrsg.), *Analytische Rhetorik: Rhetorik, Recht und Philosophie*, Peter Lang, Frankfurt am Main 2009, SS. 1-222.

“20世纪后半叶德国法哲学最有原创性的思想者之一”。

卡塔琳娜·索博塔1956年4月4日出生于德国的工业城市杜塞尔多夫,先后在波恩大学和美因茨大学学习法学、社会学、政治学和哲学,1980年和1984年分别通过第一次和第二次国家司法考试,后跟随奥特马尔·巴尔韦格做学术助手,1989年通过博士论文《实事求是:法律人的修辞艺术》(Sachlichkeit,Rhetorische Kunst der Juristen)答辩,获得博士学位。1991~1993年,她承担一项发展“修辞震波图”(Rhetorisches Seismogramm)方法的经验研究计划,随后赴耶拿大学担任公法与法哲学教授罗尔夫·格罗施纳(Rolf Gröschner,1947~)的学术助手,1995年通过教授资格论文《法治国原则》(Das Prinzip Rechtsstaat),1997年后受聘担任哈根电视大学(Die FernUniversität in Hagen)专设的“公法、法修辞学与法哲学”(Lehrstuhl für Öffentliches Recht, juristische Rhetorik und Rechtsphilosophie)教席的教授,并兼任学校法律信息管理研究所(Forschungsinstituts für rechtliches Informationsmanagement)和康塔里尼调解研究所(Contarini-Instituts für Mediation)的所长、《国际法符号学杂志》(International Journal for the Semiotics of Law,IJSL)的编委。她自2003年后主编了《法与修辞学丛书》(Reihe Recht und Rhetorik),个人出版著作多部,发表论文多篇,主要有《实事求是:法律人的修辞艺术》、《法治国原则:宪法与行政法视角》(Das Prinzip Rechtsstaat. Verfassungs - und verwaltungsrechtliche Aspekte. Tübingen 1997)、《修辞学:没有内容的形式?》(Rhetorik:Form ohne Inhalt? In:ARSP,1989)、《修辞震波图:法学中的一种新方法》(Rhetorisches Seismogramm - eine neue Methode in der Rechtswissenschaft, in:Juristenzeitung,1992)《论法学思考的论题——庄严秩序》(Zur topisch-pathetischen Ordnung juristischen Denkens. Resultate empirischer Rhetorikforschung, in:Die Sprache des Rechts,2005)、《修辞法理论》(Rhetorische Rechtstheorie)、《法律人如何证立——法学的修辞学论证模式纲要》(Wie Juristen begründen-Entwurf eines rhetorischen Argumentation-smodells für die Rechtswissenschaft, in:Juristenzeitung,2011)等,从法修辞学视角在法律裁决之发现与证立的“确立—阐释—区分”(Herstellung-Darstellung-Differenz)的研究上作出了令人瞩目的贡献。[122]

---

[122] Agnes Launhardt, *Topik und Rhetorische Rechtstheorie*: *Eine Untersuchung zu Rezeption Relevanz der Rechtstheorie Theodor Viehwegs*, SS. 209-218.

不仅如此,卡塔琳娜·索博塔所在的哈根电视大学"公法、法修辞学与法哲学"教席,通过一系列电视课程将法修辞学的理论和技术传播给大众,在很大程度上普及了法修辞学的知识,扩大了其在普通受众中的知识影响力。正是利用这个传媒平台,哈根电视大学吸引了一批有志于法修辞学教学与研究的年轻学者,其中包括罗伊斯·约翰斯顿(Lewis Johnston,1977~)、克里斯蒂安·尼尔豪韦(Christian Nierhauve)、埃里克·威廉·施泰因豪尔(Eric Wilhelm Steinhauer,1971~)、燕妮·诺尔汀(Jenny Nolting)等人,他们在"法律的风格与辞格"、"法律调解"(调解法学)、"修辞学三段论在法学上的应用"、"法律图书馆学"、"图书馆法"、"法律信息能力"、"语言哲学与理论哲学"(真理论)等方面的研究上均具有一定的水准。显然,由于卡塔琳娜·索博塔等人的共同努力,哈根电视大学已经成为德国法修辞学的一个学术重镇,人们甚至可以说,在哈根电视大学实际上存在一个以中青年学者为主的新的学术共同体,即法修辞学的所谓"哈根学派"(Hagener Schule)。当然,这个学派不过是美因茨学派之学术薪火相传的延续和余脉。

三、其他学者的法修辞学与法论题学著作

从上文的叙述中,我们可以看到,由于沙伊姆·佩雷尔曼和特奥多尔·菲韦格的著作被持续关注、讨论并翻译成多国文字,自 20 世纪 70 年代以来,法修辞学与法论题学在法学领域渐成气候,成为一种学术思潮。它们构成了各个国际学术研讨会的主题,各种不同文字的法修辞学与法论题学著作相继出版,相关的论文在法理论、法哲学、修辞学、语言学、逻辑学和法律论证的期刊杂志上陆续发表,其文献资料汗牛充栋,无以计数(特别是在法语世界的法理论和法哲学界更是如此)。[123] 法学研究的"修辞学进路"(the rhetorical approach)甚至在当代其他一些有影响力的法学思潮[比如,"批判法学研究运动"(the critical legal Studies movement)和"法律与文学运动"(the law and literature movement)以及美国言语交流学界]中得到回响,它们相互诉求、相互促动,共同构成了当代法学版图中的重要力量。

---

[123] See Eveline T. Feteris, *Fundamentals of Legal Argumentation: A Survey of Theories on the Justification of Judicial Decisions*, Second Edition, p. 70.

限于篇幅和文献收集的不足,这里无法将佩雷尔曼和菲韦格之后的法修辞学与法论题学整体进展做一个全景式的描述,而仅基于本章的主题,将一些较为有名的德国著作者及其相关作品做一简述(其他汗牛充栋的文献只有等待他人去整理研究了)。

(一)沃尔夫冈·加斯特的"法修辞学"

沃尔夫冈·加斯特(Wofgang Gast,1940~)是当代德国一位从事劳动法基础与法哲学研究的法学者,平生所学重在知识论和修辞学,曾经被认为是法修辞学美因茨学派的成员。[124]

加斯特于1940年5月17日出生在纽伦堡,中学毕业后在自己的家乡纽伦堡埃尔朗根大学学习法律,1968年获得"两法"博士学位,曾多年从事劳动法专业律师业务,担任专业出版社总编辑和社长。1977年他在曼海姆大学获得哲学与法学教授资格(讲师),1981年开始在该校担任编制外教授(apl. Professor),目前在海德堡从事自由政治评论撰稿人,兼任德国作家协会(Verband deutscher Schriftsteller,VS)会员。其先后出版多种著作,包括《法的认识与权力结构:制度性现实的元理论》(Rechtserkenntnis und Gewaltstrukturen:Metatheorie der institutionellen Wirklichkeit)、《劳动合同与公司领导:劳动关系中两方面的劳务规定》(Arbeitsvertrag und Direktion. Zweiseitige Leistungsbestimmung im Arbeitsverhaltnis)、《法的理解——有关法的再思考》(Rechtsverständnis—Nachdenken über das Recht.:Ein Lehrbuch)、《作为合同法的劳动法》(Arbeitsrecht als Vertragsrecht)、《法律没啥:313条格言》(Recht hat keiner. 313 Aphorismen)、《劳动法2000问:企业需要什么法?》(Arbeitsrecht 2000:Welches Recht brauchen Unternehmen?)。[125]

加斯特平生所著最具学术影响力的作品就是1988年出版的《法修辞学》

---

[124] 有关沃尔夫冈·加斯特系美因茨学派成员这一说法,主要参见 James E. Herget, *Contemporary German Legal Philosophy*, p. 62。不过,这一说法有待商榷,确实,沃尔夫冈·加斯特在1982年为庆祝特奥多尔·菲韦格诞辰75周年专门编辑出版的祝寿文集《修辞法理论》中撰写过"法律作为论证法"一文[Wofgang Gast,"Recht als ius argumentandi", in: Ottmar Ballweg/Thomas-Michael Seibert(Hrsg.), *Rhetorische Rechtstheorie: zum 75. Geburtstag von Theodor Viehweg*, Verlag Karl Alber GmbH, Freiburg/München 1982, SS. 297-320.],对菲韦格的论题学思想顺便做了一些分析,但从加斯特《法修辞学》一书的整体思想看,他似乎并未沿着菲韦格的学术路子思考,看不出他与美因茨学派之间有学缘上的关系。

[125] Siehe Wofgang Gast, *Juristische Rhetorik*, 4. Aufl., C. F. Müller Verlag, Heidelberg 2006, S. IV.

(Juristische Rhetorik)。该书是一本有关法修辞学之教科书性质的著作,它一经出版即在法律实务界有了相当规模的读者,先后经补充修订,至 2006 年 10 月和 2015 年 9 月分别印行了第 4 版和第 5 版。

加斯特在该书的前言中指出:法修辞学把"法的寻找"(Rechtssuche)和"法的发现"[Rechts(er)findung]描述为现存的法律活动中经受规整的交往。它指出法律人如何把一个可经验的冲突转化成案件以及如何在语言游戏中利用所承担的角色作出决定的"法律技艺"(lege artis)。其中可以使用的所有方法和技巧都属于修辞学的道具(rhetorischer Fundus)。因此,在所有对法律人的方法论中,法修辞学是最为完备的。而且,它同时具有最密切的现实关联。[126]

加斯特的《法修辞学》在结构上包括一个导论和 6 个部分。在导论中,加斯特主要论述了法与修辞学的关系。他认为修辞学与法律之间是一个奖牌的两面,它们必然在实践上相互遭际。修辞是产生认同的技术,法修辞学是产生实际发挥作用的法的技术。在此情形下,修辞学需要有在现行法中与其工具相适应的联结点,法修辞者就是要把某种法律期待(Rechtserwartung)表述出来,并为此寻求"执掌大权"的审判机构的认同,比如,在民事诉讼中,当事人的代理人(律师)要努力得到法官的赞同,他们之间要达成一致,表达出他们的"共识"(同感,Gleichsinn)。因此,修辞者要乐意去寻找和发现什么东西是可以(通过修辞)形成的。[127]

在该书的第一部分,加斯特讨论的主要是一些修辞的基本理论:什么结构奠定了修辞行为的基础?它是怎样加入法律行为之中的?[128] 为此,他重点谈了 6 个问题:①进入认同的途径——涵摄;②罗马人广场上的涵摄和初审法院的涵摄;③修辞前提;④论证;⑤有效理由;⑥修辞情境。在他看来,修辞的意义和目的在于获得一个人(或多个人)对观点的支持,在法律适用的情形中在于得到法律。因此,观察一项修辞活动(修辞者与接受者的行为互动)应当从修辞涵摄(rhetorische Subsumtion)的基本模式出发,它包括 6 个要素,即推动修辞涵摄尝试的修辞者、采纳修辞者提出的有效意见的接受者、有待涵摄的特殊主张、有待采纳的普遍前提(修辞前提)、(修辞者利用相应的修辞工

---

[126] Wofgang Gast, *Juristische Rhetorik*, 4. Aufl., S. VII.

[127] Wofgang Gast, *Juristische Rhetorik*, 4. Aufl., SS. 1-2, 4, 7, 11.

[128] Wofgang Gast, *Juristische Rhetorik*, 4. Aufl., S. 17.

具进行论证的)涵摄程序,以及修辞者应当重视的涉及外在条件和影响的修辞情境。[129] 在这个过程中,意见的形成(Gestalt von Meinungen)是至关重要的,由此必须分清楚什么是一个人认为正确或不正确(争议)的"主张"(Thesen),什么是修辞者说服接受者并使之认同的"前提"[Prämisse,即毫无争议的意见或"纯粹有效"(Die pure Gültigkeit)的命题],[130]修辞者必须为一个争议的意见(主张)找到一种(有效的)支持性理由,由此应当借助"司法三段论"(der Justizsyllogismus)来推动修辞涵摄程序,寻求一个接受者最终毫无异议的观点(前提)储存之所[在此意义上,"主张"乃"前提挑选的标准"(die These als Maßstab für die Prämissenwahl),而被挑选的前提则可能是多种多样的,如"具有内容或不具有内容的前提""实质性前提与操作性前提""形式无涉的前提与形式化的前提""描述性前提与评价性前提""概念作为整体性前提""法教义学作为操作性前提的特殊情形",等等]。[131] 当然,修辞者不可能仅仅出现在真空里,他必须受制于一定的条件[修辞情境或事实语境(Tatsachen-Kontext)]来从事修辞活动,如什么诱因促使其活动?谁在当下偶然的"语言游戏"中担当角色?当遇到事情时,什么样的礼俗是通行的?人们相互期待什么?什么是"得体的"?什么是"必须尊重的"?这些都是修辞者使其意见得到认同的客观(或主体间)因素,它们系一定的地点、时点共同作用于表演一定角色的修辞者之(事实的、实用的)条件的总和。[132] 在法律修辞中,修辞者面对法庭既是谈判者和调解人,又是当事人的代理人,他必须了解自己的修辞活动的特殊情境,即了解来自其职业任务的情境因素(谈判的情境、调解的情境、法庭程序的情境)、法官工作的情境因素(法官的客观工作条件,比如时间压力,以及法官的主观工作条件,如好胜心、世界观、道德心、价值判断)以及"实事求是"的情境因素(法律修辞者必须紧扣事实、停留于事实、符合实际地处理问题、客观地陈述问题与答案)。[133]

该书第二部分主要研究的是"案例史中的修辞"(Rhetorik in Fall-Geschichten)。在加斯特看来,修辞学的历史并没有留下多少古代文献研究

---

[129] Wofgang Gast, *Juristische Rhetorik*, 4. Aufl., SS. 18-20.

[130] Wofgang Gast, *Juristische Rhetorik*, 4. Aufl., SS. 21-24, 47ff.

[131] Wofgang Gast, *Juristische Rhetorik*, 4. Aufl., SS. 25-27, 49-50.

[132] Wofgang Gast, *Juristische Rhetorik*, 4. Aufl., SS. 27-28, 169ff.

[133] Wofgang Gast, *Juristische Rhetorik*, 4. Aufl., SS. 169-187.

集,而仅有一些不同文化和时代针对认同的修辞交往的案例(例子)择录,修辞作为持续性的实践反映在历史的(个案)事实之中。[134] 故此,他并没有像有的修辞学者那样写一部从修辞学起源到 21 世纪发展的完整的修辞学史,而仅仅是选取了一些令人瞩目的个案例子[古希腊神话中阿伽门农与阿喀琉斯的争执、"伤眼报复"案、古典时期罗马人的个案裁判、西塞罗为塞克图斯·罗斯克乌斯(Sextus Roscius)辩护案、德国 Tells Geschoss 案,等等]来说明修辞学的个案解答图式(das rhetorische Fall-Lösungsschema)。比如,在"伤眼报复"案中,一个被伤害的眼睛值多少钱?可否实行"以眼还眼"[甚至"以魂还魂"(Seele um Seele)]这样的(古代)"反坐法"(Ius talionis)?在怎么"还"(um)的问题上就有多种赔偿(报复)原则,需要通过修辞方法[比如,通过"争点论"、罗马时期盛行的修辞论证的五大步骤或法则(开题、布局、表述或风格、记忆、表达或传达)或近代的"理性法则"]来寻求最佳的解答方案。[135]

第三部分讨论的主题是"法律解释——一个修辞学的基本装配"。加斯特指出,法律解释是修辞工作,是从法律文本中引出实际必要的法律内容的论证活动。[136] 其目标在于把握立法者在法律中的客观意思(意志),把法律从作为一段语言的(法律规定的)内容转化为可以精确化的(法律规定的)内容。[137] 而法律文本是一个相当复杂的构成体,需要借助传统解释方法中的"四规准"(Der Vierer-Kanon,包括语法解释、逻辑/体系解释、历史/发生学解释、目的论解释)的眼镜来加以观察,即按照"词义"(Wortsinn)、"(体系或逻辑)关联"(Zusammenhang)、"历史"(Geschichte)以及"规范目的"(Normzweck)予以解释。在此方面,应当重视传统的解释方法和固有的语言理论。就语法解释而言,首先,知道词义性质是如何构成的;其次,注意词义的理解(以概念阐释、以定义阐释、以描述阐释、定义的转换);再次,寻找词义(通过抽象来定义、定向于较抽象的表达、限制定义、定向于最狭义的表达、多义的释明、不明词义的结构化、使几乎空无内容的词义能够得以解释、特别的词义与一般的词义、统一的词语使用与分歧的词语使用);最后,注意词语本义的界限(如为何某物是"决定性的")。就体系解释而言,同样要搞清楚体系或逻辑的关联

[134] Wofgang Gast, *Juristische Rhetorik*, 4. Aufl., SS. 17, 188.

[135] Wofgang Gast, *Juristische Rhetorik*, 4. Aufl., SS. 188, 194ff, 199-202, 203ff, 217ff.

[136] Wofgang Gast, *Juristische Rhetorik*, 4. Aufl., S. 237.

[137] Wofgang Gast, *Juristische Rhetorik*, 4. Aufl., S. 239ff.

是如何构成的,并寻找这个关联。就历史解释而言,要明白法律的谱系(die Genealogie des Gesetzes)是如何利用的(原始文本的用处、回溯文本的来历、动摇的权威),了解法律诞生的故事情节(Biografie des Gesetzes)。就目的论解释而言,需要澄清法律的书写根据(Schriftgrund)和理性根据(Vernunftgrund),细化目的论解释的程序。[138] 当然,除了上述内容之外,必要时也应当通过诠释学上的“前理解”来进行诠释文本,最终达到被解释的(法律)文本得以理解。[139] 在诠释学结果与宣布的结果之间存在“知识”漏洞(缝隙)时,法官就处于“决断论”的处境(dezisionistisch),此时他有权依照(修辞的)技艺规则(Regeln der Kunst)或法庭实践的游戏规则进行解释和决断,利用修辞工作对自己的法律理解予以证立,运用支持和反对某个符合解释规准得出的结果之论据来进行争论。[140] 不过,在此情形下,法官/修辞者需要注意“法律的效果历史”“规范情境的变更”“来自规范领域的经验论据”“权威(论据)的补贴”“填补性的利益衡量”“正义的保留”“符合宪法的解释”,等等,通过这种填补(手段)来对其结果予以强化和支持。[141]

第四部分到第六部分,加斯特重点论述了传统的三种修辞学[逻辑论证(Logos)、情感论证(Pathos)、人格论证(Ethos)修辞]的各种技巧。其中,第四部分讨论了“修辞学上的逻辑论证工具”。这一部分的内容主要是逻辑知识与技术在修辞学上的应用,含有以下8个方面:①论证的结构,包括“修辞的基本架构[布局(dispositio)]”[在古典修辞学上有5个要素构成,即开场白(prooemium)——为题目做准备、陈述事实(narration)、证明(probation)、反驳(refutatio)、结论(peroratio)]、[142]“规范性证明的若干公式”、“反驳的若干技术”、“回应反驳”;[143]②正确定义学说(定义的建筑术、从常规定义到事实陈

[138] Wofgang Gast, *Juristische Rhetorik*, 4. Aufl., SS. 266-298.

[139] Wofgang Gast, *Juristische Rhetorik*, 4. Aufl., SS. 244f, 246, 248-251.

[140] Wofgang Gast, *Juristische Rhetorik*, 4. Aufl., S. 260f.

[141] Wofgang Gast, *Juristische Rhetorik*, 4. Aufl., SS. 262-266.

[142] Wofgang Gast, *Juristische Rhetorik*, 4. Aufl., SS. 314-315, 316ff. 西塞罗在《论公共演讲的理论》中指出,演讲/修辞在布局上包括6个部分:开场白(prooemium /introduction)、陈述事实(narratio/statement of facts)、划分(division)、证明(probatio/proof)、反驳(refutatio/refutation)、结论(peroratio/conclusion)。参见[古罗马]西塞罗:《西塞罗全集·修辞学卷》,王晓朝译,人民出版社2007年版,第4页。

[143] Wofgang Gast, *Juristische Rhetorik*, 4. Aufl., SS. 320-326.

述、定义的风格修辞变量);[144]③逻辑最小值(逻辑的基本规则、三段论法的基本特征、三段论的格与式、针对矛盾的若干辅助手段、命题演算、循环推论、逻辑检验的例子、逻辑对法有什么贡献);[145]④逻辑的边缘推论形式(反面推理、类比推理、反面推理与类比推理之间的竞争、当然论证、归谬论证);[146]⑤理性化的形式/结构化的裁决方式[目的论手段(目的论扩张、目的论限缩)、(利益)衡量(数据罗列、数据权重、天平之间的比较、推导结论)];[147]⑥提问[问题的结构、提问技术(开放的问题与封闭的问题、诱导性的问题与绕弯子的问题、直接的问题与间接的问题、诱骗性的问题)、修辞助产术(die rhetorische Hebammenkunst)——苏格拉底式的提问];[148]⑦作为方法的概念,以"平等"为例[法的平等、平等概念的语形学、平等路线上的平衡行为(反对不平等行为、正义的硬度)、平等的修辞图式];[149]⑧"良心"作为修辞格("例子 1:医生的良心""例子 2:出版人的良心""修辞学角度论述的良心""良心的修辞图式")。[150]

加斯特在第五部分论述了"修辞学上的情感论证工具"。他指出,法律活动以理智和理性进行工作(修辞的逻辑论证),但也不尽然,它同样也可能运用"情感论证"来开展作业。"情感论证"构成了修辞论证活动的情感维度(其修辞手段主要是演讲者的表情、手势、声调、发音、肢体语言和形象)。[151]加斯特重点分析了所谓"逻辑情感论证的辞格"(Figuren des logischen Pathos),[152]通过转义达到理解的"隐喻"[隐喻的形成及其在法律上的应用(法律文本中的隐喻、裁判理由中的隐喻),基于"隐喻术的形式规准"(方法论上的隐喻、隐喻作为范式,等等),其他一些比喻,如提喻、转喻、代喻、声喻、迂喻(迂回法)],[153](运用自然法、事物的本性,或基于价值世界所进行的)本体论

---

[144] Wofgang Gast, *Juristische Rhetorik*, 4. Aufl., SS. 314, 327–338.

[145] Wofgang Gast, *Juristische Rhetorik*, 4. Aufl., SS. 314, 338–372.

[146] Wofgang Gast, *Juristische Rhetorik*, 4. Aufl., SS. 314, 372–380.

[147] Wofgang Gast, *Juristische Rhetorik*, 4. Aufl., SS. 314, 380–384.

[148] Wofgang Gast, *Juristische Rhetorik*, 4. Aufl., SS. 314, 385–395.

[149] Wofgang Gast, *Juristische Rhetorik*, 4. Aufl., SS. 314, 395–404.

[150] Wofgang Gast, *Juristische Rhetorik*, 4. Aufl., SS. 314, 404–409.

[151] Wofgang Gast, *Juristische Rhetorik*, 4. Aufl., SS. 410–411.

[152] Wofgang Gast, *Juristische Rhetorik*, 4. Aufl., SS. 414–416.

[153] Wofgang Gast, *Juristische Rhetorik*, 4. Aufl., SS. 416–424.

上的表面证立,语句——语词与语音辞格在法学专业语言上的应用,[154]以及从法学书籍中辑录的一些智辩技巧[争辩术(Eristik)],比如诋毁、歪曲、排斥、曲解、肢解、夸张、错误的普遍化、分散注意力、人身攻击、包装敌对形象,等等。[155]

加斯特在《法修辞学》这本书的最后一个部分(第六部分)论述了"修辞者的人格"(Das Ethos des Rhetors)。修辞者的人格论证是修辞学上的三大组成部分(证明根据)之一,亚里士多德的修辞学甚至把它看作最为重要的修辞学技艺。他认为,修辞学必须一方面是理性论证的(诉诸 Logos),另一方面在本质上又是伦理的(ethical)。修辞者是否成功地得到认同,既取决于逻辑论证和情感论证技巧的修饰性使用,也取决于修辞者的人格,而逻辑论证和情感论证技巧本身并不蕴含品德(伦理)方面,它们是价值中立的、纯粹的(修辞)作业手段。故此,必须在逻辑论证和人格论证、技术和明智(实践智慧)之间建构一种关系:逻辑论证必须服务于人格(品德),人格(品德)是论证的灵魂,但人格(品德)又必须主要通过逻辑论证的清晰表达来揭示和证实。逻辑论证是修辞学技艺的核心,人格(品德)是最有说服力的证明来源。[156] 不过,人格不是事先在内容上加以界定的,它诉诸某种经验,演讲者只要成功地做到让其听众分享了他的信念(Gesinnung),他就肯定达到了目标。总之,修辞总是与现实的情境捆绑在一起,与一定的环境相统一的,所以,它离不开修辞参与者的伦理(品德)水平。[157] 法律人必须从古典修辞学中学会人格论证的技艺,在法修辞学领域提高自己的品格能力和水平。

从上述内容可以看出,加斯特的"法修辞学"绝非佩雷尔曼和菲韦格之论证理论意义上的修辞学研究,而更像是一本指导法律人(特别是律师)在职业工作中如何利用修辞技艺进行法庭(专业)辩论的实用手册或训练教材,其中不乏有关修辞学知识和技巧的细化阐释和实用操作讲解,但这种阐释和讲解不可能达到佩雷尔曼和菲韦格学说之同样的理论高度和学术影响力。故

---

[154] Wofgang Gast, *Juristische Rhetorik*, 4. Aufl., SS. 411, 424-458.

[155] Wofgang Gast, *Juristische Rhetorik*, 4. Aufl., SS. 459-465. 相关的"非形式"/实质逻辑谬误,参见[美]鲁格罗·亚狄瑟:《法律的逻辑》,唐欣伟译,台北,商周出版社 2005 年版,第 186 页及以下。

[156] Wofgang Gast, *Juristische Rhetorik*, 4. Aufl., S. 466.; Eugene Garver, *Aristotle's Rhetoric: An Art of Character*, University of Chicago Press, Chicago, 1994, p. 77s.

[157] Wofgang Gast, *Juristische Rhetorik*, 4. Aufl., SS. 466-468.

此,至少在法学方法论层面,这种“法修辞学”尚难以对当代法教义学理论本身的精致化作出真正实质的贡献。

(二)弗里特约夫·哈弗特及其《法修辞学》

无独有偶,与沃尔夫冈·加斯特同时代的另一位德国法学家比他早 10 年撰写并出版了一部有关法修辞学的同名著作,这个人就是弗里特约夫·哈弗特(Fritjof Haft,1940~)。

弗里特约夫·哈弗特于 1940 年 9 月 18 日出生在柏林,1960 年前后在慕尼黑大学法学院学习法学,并参加了该校学生社团组织——伊萨利亚社团(Corps Isaria,该社团于 1821 年 7 月 13 日在兰茨胡特大学成立),成为社团成员,1968 年在吉森大学获得法学博士学位,论文题目涉及“法律中的控制论系统”(die kybernetischen Systeme im Recht)。他于 1980 年在慕尼黑大学法学院获得教授资格(讲师),1982 年担任图宾根大学刑法、刑事诉讼法、法哲学、法理论与法信息学讲席教授,于 2005 年荣退。他兼任德国调解协会(Die Deutschen Gesellschaft für Mediation)理事会成员,图宾根大学谈判学讲席创立人,1998 年参与开发哈根电视大学传媒远程学习课程,任哈根电视大学传媒远程教育考试委员会委员,从 2000 年起,担任由他组建的“Normfall 有限公司”(开发为法律人服务的企业软件,地点在慕尼黑)之执行官,在德国 IT 行业有一定的名声。

哈弗特迄今出版或发表的专业作品(著作或论文)有 70 多篇(部),主要有:《法律学习导论》(Einführung in das juristische Lernen)、《刑法上的责任论》(Der Schulddialog: Prolegomena zu e. pragmat. Schuldlehre im Strafrecht)、《法信息学导论》(Einfuhrung in die Rechtsinformatik)、《刑法总论》(Strafrecht. Allgemeiner Teil)、《刑法特论》(Strafrecht. Besonderer Teil)、《谈判与调解:法律纠纷的替代性措施》(Verhandlung und Mediation: Die Alternative zum Rechtsstreit),等等。此处,我们感兴趣的是他于 1978 年出版的《法修辞学》,该书于 1990 年出第 4 版,至 2009 年印行第 8 版。

哈弗特的《法修辞学》并不算厚重,仅有 210 多页,内容包括一个导论以及总论和分论等三个部分。

在导论部分,哈弗特主要讨论法修辞学概念及其与古典修辞学的区别。他开宗明义地指出,法修辞学当今受到排斥,原因在于一种描述性、批判性的法理论取代了它的位置,而这种法理论在错误的时间、以错误的方式,仅仅把制定法作为自己错误的研究对象,它仅仅追问规范的适用与解释,像19世纪法律实证主义一样进行法学的概念解释,孜孜不倦地把制定法与法官裁判之间的关系问题化。总之,法学理论的批判——描述性格占据了主导地位。在这种情况下,就有必要重新思考法的本质,找到一种解决社会冲突之混乱的方法,这种方法就是修辞学方法。[158] 该方法必须在两方面具有作用:第一,它必须适合"法的最初的个案关联性"(die ursprüngliche Fall-bezogenheit des Rechts),必须通过整序所有相关的论点、权重、评价、衡量以及裁决,原原本本地按照适当的方式来很好地处理社会冲突;第二,它必须适合制定法及对制定法之必要的尊重(对制定法进行补充和完善的教义学原理)这些"既存的实在"(die vorhandene Realität),考虑既存的(限定)条件。故此,欲满足这两项要求的法修辞学不可以仅仅限于自由的个案处理,它还必须说明人们如何运用法律和教义学原理。在此意义上,它也会触及传统的法学方法论。但两者有重要的区别:传统的方法论把(作为一定的人,即"立法者"的文献表述之)法律当作其用力劳神的出发点,在其中起巨大作用的乃是主观——历史的方法,其典型的提问方式是,立法者到底是怎么认为的。相反,法修辞学只是把法律当作一段语言运用,法律的作者则退到了幕后。通过这种方式,它就能够将语言的考察结果代替文献——诠释学的考量。这样,法修辞学就可以确定为对案件和法条进行语言把握的方法,它通过与传统的法学方法论联合就可以做到与制定法相一致的符合实际的个案裁决。在这里,它把规范与事实产生一致的过程,看作一种只不过进行有方法论意识的语言应用之修辞过程。[159]

在哈弗特看来,现代法修辞学与古典修辞学的区别在于:古典修辞学的产生主要在于讨论基本的法的问题(自然法问题),比如人类秩序与自然存在之间的统一问题、正义与善的标准问题,它是研究纯粹正确的言辞(演讲)的实践与理论——善于言辞的技艺(ars bene dicendi)。这门融自然禀赋(ingenium)与纯熟技艺(ars)于一体的艺术以"传授(docere)理智""愉悦(delectare)感觉""振奋(movere)心情"的意图进行训练。因为言辞的对象是公众、语言和事实,相应地,这门技艺可以区分为"面向公众的辞格"(die

---

[158] Siehe Fritjof Haft, *Juristische Rhetorik*, 4. Aufl., Verlag Karl Alber GmbH, Freiburg/München 1990, SS. 9-11.

[159] Fritjof Haft, *Juristische Rhetorik*, 4. Aufl., SS. 13-15.

Redefiguren der Publikumszugewandtheit)、"语言上的辞格"(die sprachlichen Redefiguren,即偏离正常的语词用法和句子结构,以便达到某种特定的效果)和"辩证法上的论题辞格"[die topischen Redefiguren der Dialektik,即要求进行"问题识别"(intellectio,知觉)、"论点发现"(inventio,开题)和"思路引导"(dispositio,布局)]。尽管古典修辞学之传统技艺至今仍得到人们的认同,但此中已存在区别。在现代符号学上已经出现了"语用学"(研究符号与符号使用者之间的关系)、"语义学"(研究符号与其意义之间的关系)和"语形学"(研究多个符号之间的关系)的分离。辩证法今天不仅在马克思主义哲学中起主导作用,而且它作为说服的技艺,也显现在当代语言哲学的根本主题之中,即语言的运用不只是限于信息的交流,而更是一种引起某事发生的行为,所以,人们必须要留心这种行为以及它的前提和效果。⑯⓪

哈弗特提出的另一个问题是,古典修辞学如何实施了其技艺(计划),后来又从其安排(布局)中制定了哪些执行方案?这个问题历史学家们可能感兴趣,但对于我们今天所关心的主题而言则完全无关紧要。一个经过更新的法修辞学对于当代的法学具有重要的意义。面对一个变得越来越复杂的世界之无以把控的难题,新的修辞学之使命在于寻找现世的人类理解这个世界的语言技术,这个技术允许对价值立场(Wertpositionen)理性地加以建构,而且相互间可以得到理解。在这方面,哪怕只有(争吵的)噪声值(Störgrößen)可以被分析,那么也可以这样做,因为未来可以避免这种噪声或者至少可以控制噪音值。法学家在这个过程中具有至关重要的作用,不是因为他们理解不了什么事物,对一切只能善于言辞(演讲),而是因为其传统使命在于通过言语整序和掌控世界,而不是通过混乱使所有的事情受到威胁。在当今时代,所有领域的法都变得越来越复杂,不可一览无余,那就存在了一种危险,即人们容易忽视法律上的"真正的技艺"(l'art pour l'art,技艺的技艺)这个原初的、真正的使命。在此情形下,法修辞学允许不限于自由的演讲,不限于口头的辩论,而且,它也强调作品书写(在修辞学上)有一个等级地位。[161]

接下来,在总论部分,哈弗特谈了 7 个方面的问题,即法律上的结构思维、结构与学习过程、定义(法律概念展开论)、涵摄(法律概念应用论)、论证活动、论证技术、法律上的思维谬误。

---

[160] Fritjof Haft, *Juristische Rhetorik*, 4. Aufl. , SS. 15-18.

[161] Fritjof Haft, *Juristische Rhetorik*, 4. Aufl. , SS. 18, 20-24.

哈弗特首先论述了“法律上的结构思维”。在他看来,结构在法律中扮演着中心的角色,面对社会冲突之乱局的法律人,可以先通过把这种乱局结构化来对它进行掌控。在此,他可以用一种试探性的粗略结构,如果合适,再把它精细化,直至得出一个借助“结构思维”(Strukturdenken)不能继续再得到的具体的要害之点。由此就要进行“论证思维”(das Argumentdenken)。[162] 哈弗特指出,结构形成可以按照两种方式进行——从事实出发和从概念出发。第一种方式原则上是正确的,因为我们的概念是依据事情(nach Dingen)构成的,但它很快会导致自身存在的难题,即语言思考会单向度地迷失在时间上,不能够掌控复杂的结构。由此我们就会开始第二种方式,即从概念出发,将初始高度抽象的概念分解为多个具体的概念,这个程序可以多次不断重复,形成概念的金字塔。但这种方式也会碰到界限,因为概念不可能脱离对象来进行操作。每个概念的基础可能永远只是一个总计的个案经验(eine aufsummierte Fallerfahrung),这种经验由所有的个案总和构成的,其中既可能肯定概念,也可能否定概念。所以,人们必须处理个案思维与概念思维之间的特殊关系。这样,结构形成就在于确定要素,决定这些要素之间的关系,找到通过词汇掌控整体的记忆——学习技术。最后一点特别重要,因为它产生对法律结构之最大可能的简单性要求。[163] 比如,在刑法教义学上,可以运用图形的方式来展示无法用词语表达的因素以及事实与规范关系的各种结构(故意与过失划界的裁判标准、胁迫的粗略结构、犯罪目的与手段的关系结构、犯罪边缘情形确定的结构、事实结构、事实确认的下层结构、分层的概念结构,等等),以便能够清晰地找到教义学讨论的工作方案。[164]

与此相应,有意识的结构思维可以减轻法律学习的负担。在学习中,如果一个人读书是为了短期的应用,那么他感兴趣的首先是事实、个别的论点和细节;若一个人读书是为了长期的学习收获,那么他感兴趣的主要是基本思想、整体成果以及宏大的脉络。在第一种情况下,人们带着问题结构(Fragestruktur)去接触文本;在第二种情况下,人们带着探询结构(Probestruktur)去接触文本,并在阅读的过程中将探询结构转化为记忆结构(Markstruktur)。通过上述方式,就可以形成一套阅读法律文本、获取文本信

---

[162] Fritjof Haft, *Juristische Rhetorik*, 4. Aufl., S. 25.

[163] Fritjof Haft, *Juristische Rhetorik*, 4. Aufl., SS. 26–27.

[164] Fritjof Haft, *Juristische Rhetorik*, 4. Aufl., SS. 27–46.

息的方法。[165]

谈到法律概念展开的方法,哈弗特指出,古典逻辑的定义理论有“唯名论”定义和“唯实论”定义之别。前者按照一个名来对客体“命名”;后者通过“属加种差”的定义来确定一个客体的存在。通常从一般概念出发,描述属和种差(种形成之差,artbildende Unterschiede),逐步地将这个概念具体化,比如,依照这个程序,就可以把“入室窃财”(Einbruch)定义为“盗窃”(Diebstahl),“入室窃财”是“种”,“盗窃”是“入室窃财”最近的“属”。但上述定义理论受到了现代定义理论的批评,后者区分了“明确定义”(explizite Definitionen)和“蕴含定义”(implizite Definitionen)。明确定义是将一个已知的、通常表述较长的“定义项”(Definien)与一个新的、通常表述较短的“被定义项”(Definiendum)等同的程序,有时又被称为“纯粹缩写等式”(bloßen Abkürzungsgleichungen)定义,在逻辑学或数学上通常用“=”或“D*f*”表达,[166]比如,犯罪未遂(被定义项)=行为人已直接着手实现构成要件而未发生行为人所预期的结果(定义项)。[167] 蕴含定义是通过“公理”(durch Axiome)的定义,或称“起始断言”(Startbehauptungen)的定义。公理是未经证明的基本断言,基于这种断言,所有进一步的命题作为定理通过应用特定的规则推导出来。这种方法在形式逻辑中起着中心的作用,但在非运算的体系中,人们也可以按照相应的方式“准公理地”运用这种方法,即确定法秩序的大前提(最高基本命题)这种经常从事的尝试,不过是努力隐含的界定法的基本概念。故此,蕴含定义是通过这种方式进行的:对于概念而言,公理的效力是预先设定的。[168] 而日常语言哲学则又不同意“明确定义”和“蕴含定义”,代之以“运用定义”(Gebrauchsdefinitionen/definition in use),它关注“通常的语言运用”,描述人们能否正确地应用词语。此外,还有其他定义理论,不可尽数。比如,通过抽象定义、归类定义、非真正定义、符号说明、概念建构、概念分解、语形学定义、语义学定义、综合定义、分析定义、词典定义、不一而足。[169] 无论如何,在法律活动中,应该发展出一种实用的概念展开方法,其内容包括:

---

[165] Fritjof Haft, *Juristische Rhetorik*, 4. Aufl., SS. 46–48, 51–60.

[166] Fritjof Haft, *Juristische Rhetorik*, 4. Aufl., SS. 63–65.

[167] Siehe § 22 StGB. 汉译本,参见《德国刑法典》,徐久生、庄敬华译,中国方正出版社 2004 年版,第 10~11 页。

[168] Fritjof Haft, *Juristische Rhetorik*, 4. Aufl., SS. 64–66.

[169] Fritjof Haft, *Juristische Rhetorik*, 4. Aufl., S. 68.

①语言游戏的确定(断定概念应当展开的语境);②寻找常态情形(总计概念认为毫无问题的所有情形);③将可以区分的因素(常态情形的特征)编排进任何一个序列(努力做,但并非无限度的完美要求);④形成一个将所有的因素统一起来的悦耳动听的语句(不考虑属加种差)。[170]

至于涵摄(法律概念应用论),哈弗特介绍了古典逻辑中的概念、判断和推理的学说,尤其是亚里士多德的"三段论",以及近现代理论对古典逻辑的批评。[171] 他认为,法律逻辑对于法律实践(实务)而言总是古典逻辑,即与词和现实世界联结在一起的逻辑,从这种逻辑上容易产生一种特别的危险——本体论上的概念联想(ontologische Begriffsassoziationen),导致所谓的"包含四词项的三段论"(Begriffsvervierfachung/ quaternio terminorum)的逻辑谬误。[172] 正确的方法在于补充法律概念展开的理论,使之成为法律概念应用的理论,这时我们重新想起概念依照事情来形成。但是,经验总是与事情打交道,导致一种在言说者的前理解中存在的概念应用,于是出现了诠释学循环的难题,其中,规范与生活事实必须"相互一致",目光在法律与案件之间"往返流转"。这一现象应当引出实践的后果,凭借"比较个案技术"(Die Vergleichsfalltechnik)或"极端个案技术"(Die Extremfalltechnik),以类比方式来观察法律的展开以及用句子中的语言表达来展开案件的因素,按照较大程度的个案相似性标准,做到个案与法律之间的相互一致,以此对疑难案件作出裁决。故此,在新的法律概念应用论中,古典的涵摄图式剩不下多少东西,取而代之的是一种新的程序,它展开概念,同时让法律与案件达到"相互一致"。[173] 总之,在哈弗特看来,新的涵摄过程是一个复杂的概念相一致的过程(Begriffsangleichung),在这个过程中,演绎推理、归纳推理和类比推理同时

---

[170] Fritjof Haft, *Juristische Rhetorik*, 4. Aufl., SS. 69-75.

[171] Fritjof Haft, *Juristische Rhetorik*, 4. Aufl., SS. 75-78.

[172] Fritjof Haft, *Juristische Rhetorik*, 4. Aufl., SS. 79-82, 135. 这里需要再解释一下,"包含四词项的三段论"之所以是逻辑谬误,乃在于其推论无效,因为直言三段论只包含三个必要的词项(term):比如,大前提——所有的鱼有鳍;小前提——所有的金鱼是鱼;结论——所有的金鱼有鳍。这个三段论中有三个词项——金鱼、鱼、鳍,故推理有效。下面这个所谓的三段论推理无效:大前提——所有的鱼有鳍;小前提——所有的金鱼是鱼;结论——所有的人有鳍。因为这个三段论中出现了四个词项,即"金鱼"、"鱼"、"鳍"和"人",而大小前提不足以联结四个不同的词项,它们不能把"鳍"和"人"联系起来,而要建立这种联系,一个词项必须是大小前提共有的。有关"包含四词项的三段论"以及其他形式(逻辑)谬误和非形式谬误,参见[美]鲁格罗·亚狄瑟:《法律的逻辑》,唐欣伟译,台北,商周出版社2005年版,第185页及以下。

[173] Fritjof Haft, *Juristische Rhetorik*, 4. Aufl., SS. 87-93.

得到了应用。规范概念以演绎方式向个案方向延展;个案概念以归纳方式向规范方向展开;上述两者越过平衡情形以类比方式达到"相互一致",必须以精致化的平衡个案技术来处理其中的难点。[174]

随着法律的结构思维之结束而出现的就是包含风格—描述难题的论证思维。于是,论证就达到了法律活动的顶点,论证意味着与他人或与自己的争论没有争论,精神的"论证/论辩"是不可能的。[175] 在哈弗特看来,法学家的论证争论或论证的对象有两方面:一是事实;二是词语。进一步讲,有关事实,法学家应当争论,有关词语,他习惯去争论;事实是先在的,而人对词语是自由的;事实经常不适合于规划,词语能够改得合体;事实可能令人不舒服,词语可能令人舒服。另外,事实只能在词语中把握(理解),这个过程从来不可能通过价值无涉来达到成功;事实描述与评价分开是根本不可能的,任何描述同时也是评价,通过遴选、删去、选词、造句等。在此,概念和词语有助于案件事实的论辩,有关词语的争论最终也是有关事实的争论。[176] 比如,当我们说某个犯罪行为是案件事实,那么,首先,要说这个"犯罪行为"仅仅是法院所查明的行为;其次,从实施行为的方向出发来确定犯罪行为概念,再次,应从刑法的法益概念出发来界定犯罪行为概念;最后,应通过法后果的权重来勾勒犯罪行为概念。这个过程涉及价值概念对争议案件的"往返流转"的论证(论辩)。[177] 其中包括两种模式:①线性论证,即在结构上支持个人意见,跳过反面论点而形成分层的论点序列(论证计划链条)的论证,它可以采取演绎推理的方式,也可以采取归纳推理和类比推理的方式。在法律涵摄中,可以同时展现出这三种推理方式。[178] ②辩证(对话)论证,即采取辩证法(论辩术),通过证明和克服矛盾来探究、引出真理的论证,其基本结构(论证计划)分为对话(Dialog)结构和对话比较(Dialog-Vergleich)结构。前者是论证参与者[比如,庭审活动中的双方当事人(当事人A和当事人B)或律师]应遵循的论证(对话)方式,基本采取"A—B"的对话图式,即品鉴(Gutachten)模式[在对话中,人们可以通过感受(品鉴)对话者对问题的回答,发现真理];

---

[174] Fritjof Haft, *Juristische Rhetorik*, 4. Aufl., SS. 153-154.

[175] Fritjof Haft, *Juristische Rhetorik*, 4. Aufl., SS. 93, 95.

[176] Fritjof Haft, *Juristische Rhetorik*, 4. Aufl., SS. 95-96.

[177] Fritjof Haft, *Juristische Rhetorik*, 4. Aufl., SS. 99-101.

[178] Fritjof Haft, *Juristische Rhetorik*, 4. Aufl., SS. 102-105.

后者是论证的中立观察者(如庭审活动中的法官,记为 C)应遵循的论证(对话)方式,采取 C 对"A—B"的对话图式,即判断(比较)模式(在判断中,人们可以通过比较对话者对问题的回答,发现真理)。[179] 哈弗特指出,论证又可以分为三个原则上可能的基本类型,即"理性论证"(die rationale Argumentation,基础是事实,手段是案件事实统计,目标是理智)、"伦理论证"(die ethische Argumentation,基础是价值,手段是概念、原则和规范,目标是良心)和"可靠论证"(die plausible Argumentation,基础是前判断,手段是经验语句、总括判断、箴言,目标是感觉)。他认为,这三种论证类型都是必要的。如上所述,事实和价值是相互一起发挥作用的,事实构成了一切价值的出发点,价值开启了相互比较事实的可能性,而前判断最终有助于简化程序。不过,三种论证类型也可能被滥用,故此,它们的意识形成乃是具体的论证技术得到检验(控制)性应用的前提条件。[180]

论证涉及的论点很多,论证技术或策略各不相同。根据作者或言说者所处理的对象(事项、听众或读者、语言)不同,可以把论证技术区分为"论题学技术"、"语用学技术"和"修辞学(语义学、语形学)技术",[181]它们所用的辞格不同,应严格加以界定:①论题学技术(辞格)所针对的是"事项"(Sach),在法学家那里,这个事项就是规范与个案。要达到规范与个案的"相互一致",应先将规范通过演绎推理/概念思维下降,然后将个案通过归纳推理/个案思维上升,两者逐渐达到一致。[182] ②语用学技术(辞格)所针对的是"听众"或"读者",即通过语言的运用来使"听众"或"读者"产生兴趣的技术/辞格,在此方面,古代修辞学家特别注意以下几点,如唤醒(das Aufrütteln)、简明承诺(das Versprechen der Kürze)、谦逊(die Bescheidenheit)、听任(die Anheimstellung)、谦让(das Zugeständnis)、召唤(den Anruf),等等。这些方面对于法学家的法庭演讲或书面写作仍然是有意义的。[183] ③修辞学技术(辞格)所处理的是语言辞格,可以分为语形学辞格和语义学辞格。前者是偏离通常的造句的技术,它与语言打交道,但不扩大词语信息的内容,其辞格有首词重复

[179] Fritjof Haft, *Juristische Rhetorik*, 4. Aufl., SS. 106-108.

[180] Fritjof Haft, *Juristische Rhetorik*, 4. Aufl., SS. 111-112.

[181] Fritjof Haft, *Juristische Rhetorik*, 4. Aufl., S. 115.

[182] Fritjof Haft, *Juristische Rhetorik*, 4. Aufl., S. 117ff.

[183] Fritjof Haft, *Juristische Rhetorik*, 4. Aufl., S. 119ff.

(Anapher,比如,“谁来数名字? 谁来数面孔?”)、同语重复(Doppelung,比如,“从来没有,从来没有……”)、叠句(Refrain,比如,“布鲁图斯确实说过……”)、重申词(Bekräftigung,比如,“正义,是的,正义……”)等;[184]后者是围绕词语的含义作业的技术,其辞格有夸张(Hyperbel,比如,“我能把来自地球的军队碾得粉碎”)、转喻(Metonym,比如,“她撩开面纱”)、反语(Litotes,比如,“他没有觉悟”)、老套用语(der veraltete Ausdruck)、新造词(Neubildung)、外来语(Fremwort)、自相矛盾句(Paradoxon,比如,“少好像是多”)、改头换面(Paraphrase,比如,“第一联邦总理”)、曲讽(Stilbruch,比如,“资本主义的狗屎堆”)、文字游戏(Wortspiel)、对偶/对仗(Antithese,比如,“传布道德是轻松的,证立道德是沉重的”)、惊奇句(Überraschung,比如,“认识自我是伪装的第一条道路”)、顿呼(Apostrophe,即把不在场的当做在场的招呼,把不是生物的当作生物招呼,比如,“同胞们,外国人,罗马人,听着……”)、比拟不当(Stilblüte,比如,“金犊盛开,正是时节”)、隐喻(Metapher,比如,“狮子阿喀琉斯”)等。[185]

在总论的第七部分,哈弗特主要论述了“法律上的思维谬误”(Denkfehler im Recht)。他指出,法律裁决很少与演绎语句打交道,它在通常情况下使用“归纳语句”(induktive Sätze)或“经验语句”(Erfahrungssätze),其效力具有一定的(或高度的)或然性。这样的语句一旦其或然性效力并不是特别大,而其缺陷又通过预判来比较,就会出现谬误。比如,“被告耽误时间了,因此,他必定开车很快”,这个语句作为(全称的)经验语句就不具有高度的盖然性,那么推论就是错的。而且,法律的确信行为(juristisches Bekenntnisakt)与自然科学的认知行为不同,它涉及一个“是与否的裁决”(Ja-Nein-Entscheidung),人们要么信之,要么不信。故此,当证据不足以支持确信的形成时,法官可以按照“遇有疑义时应有利于被告”的原则(Grundsatz in dubio pro reo,“无罪推定”或“疑罪从无”的原则)对被告人做无罪宣判。[186]

经验语句的谬误经常触及不被允许的语言运用的逻辑谬误(如上文提及的“包含四词项的三段论”谬误),因为它违反了正确的逻辑法则。在许多情况下,唯一的难题在于,在口语化的破烂底下存在逻辑缺口,它必然导致语言

[184] Fritjof Haft, *Juristische Rhetorik*, 4. Aufl., SS. 124-125.

[185] Fritjof Haft, *Juristische Rhetorik*, 4. Aufl., SS. 124, 126-129.

[186] Fritjof Haft, *Juristische Rhetorik*, 4. Aufl., SS. 133-134.

构成体的坍塌,但修辞学家应当找到揭示和避免这种谬误的方案。[187] 哈弗特指出,我们可以运用符号学的概念形成,把法律上的思维谬误分为三组:①语形学谬误(Syntaktische Fehler),它是一种在精确的演算中的推导/演算谬误。在古典逻辑中,该谬误来自对无效的推理形式的利用[比如,大前提——遗嘱处分是法律行为(SaM),小前提——合同是法律行为(PaM),结论——遗嘱处分是合同(SaP)],在现代逻辑中,同样的谬误来自对特定逻辑关系[比如,蕴含关系或"当——则"关系(包括"仅当——则"关系、"总当——则"关系、"总且仅当——则"关系)、析取关系,等等]的误用(比如,把"仅当——则"关系、"总当——则"关系说成是"总且仅当——则"关系,就是错的)。[188] 此外,推导/演算谬误也可能因误用现代命题运算中的逻辑钩号和括号,而形成的一种所谓"括号谬误"(Klammerfehler),比如,"安东或弗利茨和保拉到场"这个句子,可以写成"(安东或弗利茨)和保拉到场",也可以写成"安东或(弗利茨和保拉)到场",如果搞不清楚特定陈述所涉及的是多种可能情形的哪一种,就会出现关系谬误。[189] 在实践中占主导地位的谬误,也是最难对付的一类(语形学)谬误,是前提或公理形成中的谬误。其中又可以分为两组:一是"前提缺乏"(Prämissenmangel),比如,"身体虐待可受处罚""A对B吐了唾沫""A因身体虐待可受处罚",那么,这个结论存在谬误,因为从"身体虐待"突然跳到"吐唾沫",结论中存在一种翻滚(ein saltus in concludendo),缺乏中间环节;[190]二是"前提矛盾"(Prämissenwiderspruch),比如,法院证明说某个被告人是危险的,同时又不是危险的,这就取消了真与假的可区别性,导致了逻辑谬误。[191] ②语义学谬误(Semantische Fehler),它是因为没有任何一个法律表述有清晰确定的含义,所以人们经常在概念运用于新的疑难案件上跳跃,造成的谬误。[192] 第一个可能的谬误是"对基本的构成要件形成误判",比

[187] Fritjof Haft, *Juristische Rhetorik*, 4. Aufl., SS. 135–136.

[188] Fritjof Haft, *Juristische Rhetorik*, 4. Aufl., SS. 137–139.

[189] Fritjof Haft, *Juristische Rhetorik*, 4. Aufl., S. 140.

[190] Fritjof Haft, *Juristische Rhetorik*, 4. Aufl., SS. 140–143.

[191] Fritjof Haft, *Juristische Rhetorik*, 4. Aufl., SS. 143–144.

[192] 英美法上有一种说法——疑难案件生恶法(hard cases make bad law)。该说法最早见诸1837年的一项有关子女抚养权诉讼的法官判决中(Hodgens v. Hodgens)。有关的讨论,参见[英]尼尔·麦考密克:《修辞与法治——一种法律推理理论》,程朝阳、孙光宁译,北京大学出版社2014年版,第66页及以下。

如,德国联邦法院曾经把主动发放宣传提高性刺激工具的广告认定为《德国刑法典》第 185 条的"侮辱"(Beleidigung),对此有人赞同,也有人不赞同,这完全取决于个人的个案感受,没有人能够说他对此完全掌握着正确的答案。此时,当一个仅仅贯彻了自己的看法的法官断言说自己的判决完全是从法律中推导出来的,那么这个判决就可能不一定正确。此外,"包含四词项的三段论"谬误也是法律概念的不可避免的多义性(歧义)可能造成的一个语义学谬误。[193] ③语用学谬误(Pragmatische Fehler),它来自人们使用符号(名称)的样式和方式,即当人们使用错误的符号(名称)时,就会出现这种谬误。比如,一个法官因疏忽大意,未将自己的活页法律汇编换到最新的位置,而判决一个被告犯有"破坏婚姻罪"(Ehebruch),而相关的法律规定(《德国刑法典》第 172 条有关"破坏婚姻"的规定)已经被废止,这就构成了语用学谬误。另外,"循环论证"(petitio principii)和"前提冗余"[Prämissenredundanz,比如,有人需要用 10 页的篇幅来说明一幅被盗的画作是《德国刑法典》第 242 条有关盗窃条款意义的"物"(Sache)]也属于这一类谬误。[194]

哈弗特的《法修辞学》的"分论"重点选取了法修辞学的若干特殊应用情形,其中包括:①适合于课堂训练的涵摄(技术)。哈弗特在这里向法科学生介绍了涵摄的一些古典方法(古典的法学方法论,如语法解释、历史解释、目的论解释),并结合疑难问题以德国刑法条文作为例子加以阐释。[195] ②法学讨论。哈弗特以图表的方式详细描述了法学讨论的结构、发言(顺序)与题目(顺序)的关系、好的讨论与坏的讨论的图式比较、论证与表达(声音表达、情感表达、肢体语言、陈述技术)的关系。[196] ③德国联邦法院判决的评论。哈弗特选取了联邦法院刑事判决书(BGH 15,155)作为例子,比较详细的讨论了法院所运用的一些法修辞学技术,尤其是对判决书中的 33 处用语[比如,(语义的)"内容、射程和特别内涵""法适用的统一""合法律性原则""法律上的怀疑",等等]进行了评述。[197]

概言之,哈弗特的《法修辞学》与加斯特的同名著作一样,属于法修辞学

---

[193] Fritjof Haft, *Juristische Rhetorik*, 4. Aufl., SS. 145–148.

[194] Fritjof Haft, *Juristische Rhetorik*, 4. Aufl., SS. 148–151.

[195] Fritjof Haft, *Juristische Rhetorik*, 4. Aufl., SS. 153–161.

[196] Fritjof Haft, *Juristische Rhetorik*, 4. Aufl., SS. 162–176.

[197] Fritjof Haft, *Juristische Rhetorik*, 4. Aufl., SS. 176–190.

的实用训练教材,是适合法律人(尤其是初学法学的学生)研习法修辞学技术(也包括部分的逻辑学知识)的普及读物。但我们看到,该书也不乏一些较为细致的前沿的修辞学技术(尤其是结合现代符号学理论)的讨论,这些讨论回应了特奥多尔·菲韦格晚年对于“形式论题学”与现代方法论(符号学、语用学等)结合的理论期许。未来的研究者或许可以将它们提升至法学方法论的基础研究层面,开放出一般方法论所应具有的理论价值和法律实践的价值,而这些正是当代法学知识之可能转型所迫切需要的。

(三)格尔哈德·施特鲁克的“论题学法学”

谈到法修辞学与法论题学思潮,我们可能还需要提及格尔哈德·施特鲁克(Gerhard Struck,1944~2015)以及他的相关著作。

据格尔哈德·施特鲁克本人记述,他于1944年出生在波美拉尼亚腹地(Hinterpommern,位于欧洲东北部)的范格尔(Fanger)的一户农民家庭,1947年搬至法兰克福郊区生活,在那里读完小学,1964年在莱布尼茨中学(Das Leibniz-Gymnasium)毕业后,进入法兰克福大学学习法学,后转入慕尼黑大学,1966年重返法兰克福大学学习,1969年春通过第二次国家司法考试后,注册读国民经济学专业。[198] 1970年在法兰克福大学法学院民法、商法与国际私法教授、时任法兰克福大学校长的鲁道夫·维特荷尔特(Rudolf Wiethölter,1929~)指导下,完成了有关法学方法论的博士论文《论题学法学:法学著作中的论点与论题研究》(Topische Jurisprudenz. Argument und Gemeinplatz in der juristischen Arbeit: Studie),并于1971年5月19日通过了论文口试而获得博士学位。1977年1月1日获得教授资格,自1978年4月1日起,开始担任汉堡大学法学院民法和劳动法教授,2010年3月31日荣退,2015年在汉堡去世,享年71岁。为此,德国《法社会学杂志》(Zeitschrift für Rechtssoziologie)2015年总第35卷、副刊第1期专门发讣告以示哀悼。[199]

---

[198] Siehe Gerhard Struck, “Lebenslauf”, in: ders., *Topische Jurisprudenz. Argument und Gemeinplatz in der juristischen Arbeit: Studie*, Athenräum Verlag GmbH, Frankfurt am Main 1971, Anhang.

[199] Siehe Thomas-Michael Seibert, “Nachruf auf Gerhard Struck(1944—2015)”, in: *Zeitschrift für Rechtssoziologie*, Bd. 35, Heft 1, 2015, SS. 167-170.

施特鲁克一生著述,除博士论文《论题学法学:法学著作中的论点与论题研究》之外,还有两本书值得一提,即 1977 年 1 月 1 日出版的教授资格论文《论法律论证理论》(Zur Theorie juristischer Argumentation)和 2011 年 4 月 6 日出版的专业口袋书《法社会学:原理与结构》(Rechtssoziologie: Grundlagen und Strukturen)。

限于篇幅,此处重点评述施特鲁克所著博士论文《论题学法学:法学著作中的论点与论题研究》的核心思想。该书是在特奥多尔·菲韦格的《论题学与法学》第 4 版(1969 年)出版之后,德国 20 年的"论题学论辩"行将结束以及"美因茨学派"已有雏形之际写成的,明确以"论题学法学"为题,有追踪理论热点的意味,也可能更受论题学这个主题的吸引,理论雄心不可谓不显著,客观上对于 20 世纪 70 年代以后"法律论题学问题"的学问兴趣起到了"拯救和强化"的作用。[200]

从篇幅上看,施特鲁克的这篇博士论文不算厚重,仅有 118 页,其引用文献不多,只列出了不到 8 种。比如,克劳斯·威廉·卡纳里斯的《法学上的体系思维与体系概念》(1969 年版)、约瑟夫·埃塞尔的《法官私法续造中的原则与规范》(1964 年版)、诺伯特·霍恩的文章《论特奥多尔·菲韦格的论题学理论对于法学思维之统一论的意义》(1967 年)、马丁·克里勒的《法律获取理论》(1968 年版)、卡尔·拉伦茨的《论题学与法学》(1969 年版)、特奥多尔·菲韦格的《论题学与法学》(1965 年版),等等。

《论题学法学:法学著作中的论点与论题研究》包括一个简短的"导论"和 8 章:①方法论的方法。②论题——语言运用。③论题目录。④关于论题的结构。⑤在法学上,论题的预设可以避免什么样的谬误?⑥论法律人与门外汉的关系。⑦详论问题解答技术。⑧论题学与前理解。

施特鲁克指出,他的这本书的(研究)对象是法学方法(Die Methode der Jurisprudenz)。[201] 当一个人提出一种方法论的方法时,其中必然包含着某种先行行为(Vorgriff),如果缺乏方法,那么就可能无法真正理解研究的对象。这

[200] See Jerzy Stelmach, Bartosz Brożek, *Methods of Legal Reasoning*, Springer, Dordrecht, 2006, p. 138. 汉译本,参见[波兰]耶日·司泰尔马赫、巴尔托什·布罗热克:《法律推理的方法》,孙海涛、孙江潮译,中国方正出版社 2014 年版,第 143 页。

[201] Gerhard Struck, *Topische Jurisprudenz. Argument und Gemeinplatz in der juristischen Arbeit: Studie*, Athenräum Verlag GmbH, Frankfurt am Main 1971, S. 2.

正是为什么要求用法学方法来保证大多数公正的结果,使良好、公正的裁决可以通过方法来加以检验(监督)。这样,首先需要研究方法论迄今为止的发展(尤其是方法变迁的)历史和社会根源,尝试按照过往的历史发展和社会秩序的背景比较各种不同的方法预设,由此找出分析所需要的可能正确的标准并作出适当的判断。[202]

施特鲁克注意到,当代德国法学方法论上的激烈争论,出现了许多概念对子(das Begriffspaar),比如,论题—体系、问题定向—教义学式、制定法—法官法、类型学—个案思维、法的本性—事物的本性、论辩—良知、逻辑学—诠释学、涵摄—阐释,还有一组一组出现的,如逻辑—演绎—法则—科学、评价—归纳—论辩—实践,等等。其实,这些概念对子并非相互排斥,而是相互需求的。[203] 因为法律科学既可以是观察实践并从中获取标准,也可以是素材的整序、概念把握和分类,形成规范和判决,所以,一方面,法学理论和法律实践之间的对立,可以通过法学理论家和法律实务家共同协作进行宏大的法典评注而得以克服;另一方面,理论是任何实践的必不可少的组成部分,一旦实践不能还原为技艺性的活动,那么就会提出正义问题,所有投身论辩的论述就成了实践。当论辩的参与者得出某个结论,而这个结论又是权威拥有作为先前的考量的,那么,这就是一种现实的改变,即一部分实践(活动)。[204] 可以看出,(在实践中所使用的)真正语言(die genuine Sprache)与法律的技艺语言(juristische Kunstsprache)相对,才是论题学法学的载体,而传统的法学却不幸地让自己形成了一种要求有法典评注知识的专业语言。然而,论题学家们必须明白,法律像众多论题一样应是通行的语词用法(Wortformeln,成语),即交流所不可替代的手段。法律就是其中的一个论题,而且是一个极其重要的论题。[205] 施特鲁克相信,论题学比体系和教义能更好、更正确地复述法学方法,法律实务也必定是以论题学方式进行的,在所有以论题学——体系论方式将对立对子(Gegensatzpaar)进行结构化表述的场合,论题学必然进入前台。故此,他的这本著作尝试着从一定数量的内容分析的文献中提出论题学法学作业和体系性法学作业区分的标准,根据手头获得的资料编制出一个论题目

[202] Gerhard Struck, *Topische Jurisprudenz*, S. 3.
[203] Gerhard Struck, *Topische Jurisprudenz*, S. 4.
[204] Gerhard Struck, *Topische Jurisprudenz*, SS. 5-6.
[205] Gerhard Struck, *Topische Jurisprudenz*, S. 7.

录并做好观察。按照他的设想,这个论题目录本质上只能采纳法学著作中明确列出的“标准论点”(Standardargumente),必须主要以语言运用(文献作者主观所认为的东西)为取向,把作者的自我理解作为出发点。[206] 施特鲁克宣称,他的这本书并不打算帮助理解(现实的)社会事件,特别是变化的行为之作用。尽管警察、监狱和法院执法者是法学(研究)中的支配性因素,但其著作中的论题学法学只与词语(问题)打交道,它把论题、词语和难题放在(比权力、社会行为或社会事件)优先的位置。[207]

有关“论题”(Topos/Topoi)这个概念,施特鲁克注意到了当时学界极不统一的应用现象。比如,德国哲学家、社会学家、法兰克福学派的主要代表人物特奥多尔·阿多诺(Theodor Wiesengrund Adorno,1903～1969)谈到过“下降的意见论题”(Topos herabgesunkenen Meinung),法兰克福学派的另一位代表人物于尔根·哈贝马斯论述过“公共领域论题”(Topos Öffenlichkeit)的前史,阿多诺的学生、汉诺威大学的社会学教授奥斯卡·奈格特(Oskar Negt,1934—)讨论过“社会论题学”(soziale Topik),而德裔美国政治哲学、法哲学家厄里克·弗格林(Eric Voegelin,1901～1985)在一次讲座中开场即言道,“法哲学是一个论题,也就是说,公共演讲的一个对象”。[208] 在法学文献中,人们可以看到论题的含义在“观点”(Gesichtspunkte)和“标准论点”之间摆动,也有人用“Gemeinplatz”(通用论题)或“Redensart”(成语)来指称“论题”。还有其他一些用法,比如,有人可能把论题与“一般条款”“法官法”相提并论。当然,这些用法都需要辨析,但总体上看,施特鲁克倾向于把论题看作“标准论点”。[209]

施特鲁克在这本书中所作出的一项引人注目的工作,是他从历史上的制定法和法学家们的法学著作中采撷了 64 个论题,并编排成了“论题目录”。我们把这 64 个论题简列如下:①后法应废止前法(Lex posterior derogat legi priori);②特别法应废止一般法(Lex specialis derogat legi generali);③例外必须严格(狭义)解释(Ausnahmen müssen eng ausgelegt werden);[210]④既判之事

[206] Gerhard Struck, *Topische Jurisprudenz*, SS. 8, 10-11.

[207] Gerhard Struck, *Topische Jurisprudenz*, S. 13.

[208] Gerhard Struck, *Topische Jurisprudenz*, S. 14.

[209] Gerhard Struck, *Topische Jurisprudenz*, SS. 14, 18-20.

[210] Gerhard Struck, *Topische Jurisprudenz*, S. 20.

应被视为真理(Res iudicata pro veritate accipitur);⑤裁判官不处理琐屑之事(De minimis non curat praetor);⑥不得超越诉讼请求(Ne ultra petita);⑦兼听则明(Et audiatur altera pars);⑧禁止法官审理自己的案件(Das Verbot des Richter in eigener Sache);⑨遇有疑问时应有利于被告("无罪推定"或"疑罪从无");[211]⑩一次等于无(Einmal ist keinmal,只发生一次的事,就等于没发生过);⑪总是可能且通常事先存在的疑问不能具有决定性意义,当法官的确信达到符合实际生活的要求的确实程度时,它才必定满足;⑫不当得利返还请求;⑬损害补偿(Kompensation);[212]⑭按等份遇有疑问(Im Zweifel zu gleichen Teilen);⑮地位相同者,抽签作为最后分割(财物)的办法;⑯任何人均不得向他人转让不属于其自己的权利(Nemo plus iuris transferre potest quam ipso haberet);[213]⑰禁止订立对第三人施加负担的合同(Das Verbot des Vertrages zu Lasten Dritter);⑱享有利益者也要承担不利(Wer begünstigt, benachteiligt auch);⑲意外事件的损失归所有人承担(Casum sentit dominus);⑳诱因原则(Veranlassungsprinzip);㉑优先(Priorität);[214]㉒平等(Gleichheit);㉓有过错者必须对后果负责(Wer Schuld hat, muß für die Folgen einstehen);[215]㉔与有过错(《德国民法典》第254条的法思想);㉕沉默不造成约束(Schweigen verpflichtet zu nichts);㉖私人自治(Privatautonomie);㉗凡人均应推定为善人(Quisquis praesumitur bonus);[216]㉘任何人不得使自己与之前的行为相矛盾(Venire contra factum proprium);[217]㉙法律为警觉者而写(Jura scripta vigilantibus);㉚不期望者也有意图(Auch wer nicht will, will. 或者更正确地说,重要的是意图,而不是期望);㉛阻止或促成条件的成就(《德国民法典》第162条的法思想);㉜法律需要制裁(Recht braucht Sanktionen);[218]㉝(滥用职权的)刁难是禁止的(Schikane ist verboten);㉞打击手段的客观有害性

---

[211] Gerhard Struck, *Topische Jurisprudenz*, S. 21.

[212] Gerhard Struck, *Topische Jurisprudenz*, S. 22.

[213] Gerhard Struck, *Topische Jurisprudenz*, S. 23.

[214] Gerhard Struck, *Topische Jurisprudenz*, S. 24.

[215] Gerhard Struck, *Topische Jurisprudenz*, S. 25.

[216] 施特鲁克所列的第27个论题与上面第9个论题有关,两个论题构成一个完整的拉丁文表述,即:Quisquis praesumitur bonus; et semper in dubiis pro reo respondendum(凡人均应推定为善人;遇有疑问时,应作有利于被告之答复)。

[217] Gerhard Struck, *Topische Jurisprudenz*, S. 26.

[218] Gerhard Struck, *Topische Jurisprudenz*, S. 27.

(Sachwidrigkeit eines Kampfmittels);[219] ㉟任何平权者不许最终排除另一个平权者(Kein Gleichberechtigter darf einen anderen Gleichberechtigten endgültig ausschalten);㊱标准(Standards);㊲交易保护(Verkehrsschutz);㊳正当性优先(Favor legitimitatis);㊴信赖应受保护(Vertrauen verdient Schutz);[220] ㊵法律不需要向不法让步(Das Recht braucht dem Unrecht nicht zu weichen);㊶妥当性(Angemessenheit);㊷比例性(Verhältnismäßigkeit);㊸最佳顾及手段诫命(Das Gebot des schonendsten Mittels);[221] ㊹必要的就是允许的(Das Notwendige ist erlaubt);㊺恰当的行为是准许的(Opportunes Handeln ist erlaubt);㊻在有特别硬性规定的地方,例外是允许的(Ausnahmen sind bei besonderen Härten erlaubt);㊼只有规定下来的才是法律上相关的(Rechtlich relevant ist nur Bestimmtes);㊽可行性(Praktikabilität);[222] ㊾数额计算(Pauschalierung);㊿事实上不能(Tatsächliche Unmöglichkeit);[223] 51任意是禁止的(Willkür ist verboten);52(权利的)丧失(Verwirkung);53不可指望的东西不要去渴望(Unzumutbares darf nicht verlangt werden);54不可承受的东西不合法(Unerträgliches ist nicht rechtens);[224] 55不允许有漫无边际的请求(Es dürfen nicht uferlose Ansprüche entstehen);56滥用的风险(Mißbrauchsgefahr);57目的(Zweck);58利益(Interesse);59公共利益(Öffentliches Interesse);60社会保护(Sozialer Schutz);61国民经济利益(Volkswirtschaftliches Interesse);62秩序原则(Ordnungsprinzip);63法的安定性(Rechtssicherheit);64证明过程中可以简化程序(Bei Evidenz kann das Verfahren abgekürzt werden)。[225]

谈到"论题的结构",施特鲁克指出,论题并不限于法学的某个分支,而是普遍有效的,他所选的64个论题在法学著作中也是通常的。故此,论题首先具有普遍性,有些论题甚至在法律之外的事项上也是有效的。比如,"兼听则明"论题同样适用于自然科学,(《德国民法典》第162条的)"阻止或促成条

[219] Gerhard Struck, *Topische Jurisprudenz*, S. 28.

[220] Gerhard Struck, *Topische Jurisprudenz*, S. 29.

[221] Gerhard Struck, *Topische Jurisprudenz*, S. 30.

[222] Gerhard Struck, *Topische Jurisprudenz*, S. 31.

[223] Gerhard Struck, *Topische Jurisprudenz*, S. 32.

[224] Gerhard Struck, *Topische Jurisprudenz*, S. 33.

[225] Gerhard Struck, *Topische Jurisprudenz*, S. 34.

件的成就”论题对于工业企业设计其产品也能起到作用。[226] 同时,论题也是有说服力的、理性的、适当的,这一点在抽象程度较高的论题(如妥当性、比例性)中表现得尤为明显。[227] 而且,大量的事例表明,论题在历史的过程中具有执行的能力(Durchsetzungsvermögen),它们能够通过普遍原则渗透进构成要件特征的封闭圆圈,能够跳过由规范的等级和地位而形成的栅栏,此外,论题还有一种趋势,即拓展判决受到检验(监控)的范围。[228] 故此,从论题学角度看,法不是一个封闭的规范体系,而首先是一个裁判管辖权分配的体系(ein System von Kompetenzaufteilungen für Entscheidungen)。论题学的重点在于为难题化的生活事务之参与者告述某种行为指引:人们越广泛地普遍意识到法的最终描述是更富有成果的,那么,论题就会更强地跨越法学上所有传统的边界划分。[229] 当然,论题也具有模糊性(Vagheit)或不可预见性,即具有疑难(困局)结构(aporetische Struktur)。比如,经常会出现这样的情况:同一个案件,从不同的方面既能确定有效,也能确定无效。其实,这种现象不仅在法学上存在,自然科学上也有类似结构的论题,所以,在自然科学上遇到疑难问题时,同样要做到“兼听则明”。[230] 人们有一种看法,似乎存在一个论题的层级(Hierarchie der Topoi),其实,论题以下面这种方式相互渗入,即它们经常通过其他的考量而得以加强,更正确地说,它们处在相互协调一致的关系之中,比如,可以根据抽象论题确认一个具体论题。它们之间允许通过有倾向性的概念形成来相互渗入。在这个过程中,必须考虑到论题的实际可用性(Praktische Brauchbarkeit),在问题思维的关键词下,应扩大论题的适用情形(个案)。[231]

施特鲁克基于论题学视角(der topische Ansatz),分析了当时德国法学上应予以避免的谬误(缺点)现象。比如,某些法学家把教义学与实践(实务)分离开来,把逻辑与可行性、法律与法政策对立起来。[232] 还有“概念实在论”(Begriffsrealismus),德国联邦宪法法院(Das Bundesverfassungsgericht)曾违反

[226] Gerhard Struck, *Topische Jurisprudenz*, SS. 35-37.
[227] Gerhard Struck, *Topische Jurisprudenz*, SS. 38-39.
[228] Gerhard Struck, *Topische Jurisprudenz*, SS. 40-45.
[229] Gerhard Struck, *Topische Jurisprudenz*, S. 46.
[230] Gerhard Struck, *Topische Jurisprudenz*, SS. 47, 49, 54.
[231] Gerhard Struck, *Topische Jurisprudenz*, SS. 55, 56, 58-63.
[232] Gerhard Struck, *Topische Jurisprudenz*, SS. 64-65.

《德国基本法》(Grundgesetz für die Bundesrepublik Deutschland, GG)第116条第2款的规定,[233]在一起虚假继承的事件中,判决某个"私人"(Privatmann)是"德国人"(Deutscher)。[234] 施特鲁克指出,在现实生活中存在法律人与门外汉的关系问题。在德国,有一个根深蒂固的观念,即《德国民法典》是深深打上德国法学家烙印的精神作品,它绝不是"大众之书"(Volksbuch)。[235] 但这一点本质上适合司法和法学家群体,大多数德国公民却把程序视为"深深的、幽暗的口袋"。这就需要借助论题学来促成法律人与门外汉之间的双向交流。尽管论题学绝非包治百病的灵丹妙药,但在论题学上可以提供指导正确方向的因素。比如,在日常语言的运用上,在法律人与门外汉之间双向对流的理解上,在司法的透明度上,在"概念之网"(Begriffsnetz)的理解上,均离不开论题学的反思。[236]

说到底,在施特鲁克看来,论题学作为"一门普遍的论证技艺"(eine allgemeine Argumentationskunst),与正确提出问题和解决问题有关。这就需要进一步研究"问题解答技术"(Problemlösungstechnik)。[237] 在此方面,论题总是具有双重功能。一方面,它们是指导方向的观点,可以提供更详尽、更精细的问题讨论;另一方面,它们是一些用来刻画排除其他可能性之意义领域的字眼(Vokabeln)。所以,当人们大规模地同抽象打交道时,那么可以说,论题就统一起来成了一种启迪学、诠释学的组成部分。[238] 在讨论中,我们可以期待根据论题来逐步进行:首先,我们必须研究(与实在有关的)事实命题的正确性,研究当时流行的论点之事实内容;其次,讨论可能是没有止境的,似乎不存在决断(Dezisionen),这个时候,关键是要限缩裁决的游戏空间,以便能够基于可行性和类似的理由作出一个碰运气的裁决(eine aleatorische

---

[233] 1949年5月24日生效的《德国基本法》(GG)第116条有两款,内容规定如下:"一、除法律另有规定外,本基本法所称德国人,系指具有德国国籍之人,或于1937年12月31日以后,以难民或被放逐者而具有德国血统之资格,或以其配偶或后裔之资格准许进入前德国领土之人。二、前德国国民1933年1月30日至1945年5月8日,因政治、种族或宗教理由,被剥夺国籍者及其后裔,得申请恢复其国籍。此等人如1945年5月8日以后在德国设有住所并未表示相反意思者,视为未丧失其国籍。"Siehe §116 GG.

[234] Gerhard Struck, *Topische Jurisprudenz*, S. 67.

[235] Gerhard Struck, *Topische Jurisprudenz*, S. 71.

[236] Gerhard Struck, *Topische Jurisprudenz*, SS. 71-75.

[237] Gerhard Struck, *Topische Jurisprudenz*, S. 76.

[238] Gerhard Struck, *Topische Jurisprudenz*, S. 78.

Entscheidung);最后,诉诸权威和传统可能适合于终结争论,施特鲁克只是提请注意,判例不是论点(论题),而只是这样一种想法,即当人们处在疑问时,可以理性地按照一个先前的判决来进行判决。[239] 在此过程中,要利用语言运用的讨论和论题的精细化考量来影响法学家群体。[240] 特别是,当遇到决断(没有理由的裁决)情形时,利用法感和掷骰子裁判仍然需要根据民主制度上的辩论之后表决作为决断论的行为,或者按照技艺规则来评估(机会的)概率(或然性)。[241] 此外,在论题学法学中,还有其他一些难题,比如,权威(如判例、通说)能否看作是一个标准论点,[242]以及事实和法律上的评价问题,[243]这些问题均需要从论题学角度来重新审视,通过建立论证规则来加以解决。

整体上看,尽管施特鲁克把自己的著作标榜为"论题学法学",并把(研究)对象定位于法学方法,但客观地说,《论题学法学:法学著作中的论点与论题研究》这本书与上述其他作者(沙伊姆·佩雷尔曼、特奥多尔·菲韦格、沃尔夫冈·加斯特、弗里特约夫·哈弗特)的著作内容相比较,无论是在核心思想观点和立场的提炼方面,还是在技术的实用性和可操作性方面,均缺乏相对系统、明晰的说明和阐释,其在论题学知识和方法上的增量贡献并不十分突出,施特鲁克本人较为散漫的论述风格(如在问题讨论中比较随意切换主题、游离主题,整个著作的结构安排缺乏主线和前后的呼应),反而在一定程度上消解、弱化了论题学知识与方法的效用,使自亚里士多德一脉下延的论题学技术,到了施特鲁克这里出现了某种无因由的"突变"或"跳跃"。也就是说,施特鲁克所论述的论题学似乎是与历史上流传下来的论题学看似没有多大关联的一种论题学(我们也可以通过施特鲁克的这本书很少论述或引证亚里士多德、西塞罗以及中世纪有关"法律论题学"的著作看出这一点),其中自说自话的成分较重。

罗伯特·阿列克西在《法律论证理论》一书的导论中曾用专门一节的篇幅讨论"论题学法学",其中对施特鲁克的观点有 5 点评论看起来比较中肯:①施特鲁克企图以批判的眼光将 64 个论题编排在一起,不过,在他那里,也

[239] Gerhard Struck, *Topische Jurisprudenz*, S. 79.
[240] Gerhard Struck, *Topische Jurisprudenz*, S. 84ff.
[241] Gerhard Struck, *Topische Jurisprudenz*, SS. 87-89.
[242] Gerhard Struck, *Topische Jurisprudenz*, SS. 89-93.
[243] Gerhard Struck, *Topische Jurisprudenz*, SS. 93-99.

存在一些互不相容的论题,如"后法应废止前法""不可指望的东西不要去渴望""目的"等,这种编排工作的启迪价值必须受到怀疑。[244] ②论题学对前提之属性的观点,强调既不能从被证明是所谓真理的语句(命题)出发,也不能从绝对专断的语句(命题)出发,而应当从所谓 endoxa[从"或然性的"、"意见性的"、"普遍接受的"或"有可能根据的"语句(命题)]出发,这也许是对的,但也可能造成误会,甚至是太一般化,部分可能还是错的。说它太一般化,是因为它不能够足以在法律证立过程中有待引证的各种不同的大前提之间作出区分。施特鲁克说:"法律就是其中的一个论题,而且是一个极其重要的论题。"这个命题并不适合来说明预设有效的法律规范在法律论辩中所起的作用。[245] ③(施特鲁克的)论题学还有一个弱点,它不可能使法律论证与由制度化推动的法教义学(die institutionell betriebene juristische Dogmatik)联系起来,也不可能使之与判例的语境联系在一起。而一个适格的法律论证理论则必须既包含法教义学理论,又包含判例适用的理论。[246] ④(施特鲁克的)论题学主要以标准论点的表面结构为取向,也是颇成问题的。根据施特鲁克所提出的诸如"目的""不可指望的东西不要去渴望""不可承受的东西不合法"这样的论题,我们几乎不知怎么办。因为,如果有人想要深入分析比如"不可承受的东西不合法"这种论题之应用的深层结构,那么,他就会发现这些标准绝不能径直适用于某些更为特定的规范性语句。但确切地说,这些语句却至关重要,因为当就什么是"不可承受的东西"发生争执时,根据"不可承受的东西不合法"这种语句最后根本无法再着手工作。如果通过对普遍性层次做进一步的表达来把这个争论进行到底,那么就有点离题了。[247] ⑤通过论题学来构想将前提用于证立个别判断的理论,也是很成问题的。施特鲁克提

---

[244] Robert Alexy, *Theorie der juristischen Argumentation: Die Theorie des rationalen Diskurses als Theorie der juristischen Begruendung*, 2. Aufl., S. 40. 汉译本,参见[德]罗伯特・阿列克西:《法律论证理论》,舒国滢译,中国法制出版社 2002 年版,第 26 页。

[245] Robert Alexy, *Theorie der juristischen Argumentation: Die Theorie des rationalen Diskurses als Theorie der juristischen Begruendung*, 2. Aufl., SS. 40-41. 汉译本,参见[德]罗伯特・阿列克西:《法律论证理论》,舒国滢译,中国法制出版社 2002 年版,第 26~27 页。

[246] Robert Alexy, *Theorie der juristischen Argumentation: Die Theorie des rationalen Diskurses als Theorie der juristischen Begruendung*, 2. Aufl., S. 41. 汉译本,参见[德]罗伯特・阿列克西:《法律论证理论》,舒国滢译,中国法制出版社 2002 年版,第 27 页。

[247] Robert Alexy, *Theorie der juristischen Argumentation: Die Theorie des rationalen Diskurses als Theorie der juristischen Begruendung*, 2. Aufl., SS. 41-42. 汉译本,参见[德]罗伯特・阿列克西:《法律论证理论》,舒国滢译,中国法制出版社 2002 年版,第 27~28 页。

出了“尊重一切观点”(Beachtung aller Gesichtspunkte)[248]这个有效规则,却并没有说明哪一种观点是决定性的,他甚至也不能断定,什么观点在根本上是较为合适的。任何一个事实上达成的共识都应当看作是正确性的可靠保证吗?所以,这一点是不可能有效的,因为后面的讨论可以暴露出前面所达成的共识之缺陷。这就至少要求在讨论中必须遵守一定的规则,它们可以称为“理性的(论证)规则”[施特鲁克已经提到若干个这样的规则(参见上文)]。但(施特鲁克所提出的)这些规则并不充分,因为它们根本就没有涉及有关法律(制定法)、教义学和判例的作用。[249]

对于阿列克西所提出的问题,施特鲁克的理论本身解决不了(而且,根据施特鲁克的履历,我们也可以看到,他在20世纪80年代之后直至2015年去世的学术也没有再把注意力放在论题学法学方面,而是转向了法社会学研究和教学),即使特奥多尔·菲韦格的论题学法学也解决不了这些问题。特奥多尔·菲韦格提出的“二阶论题学”以及“形式论题学”的设想肯定是值得期待的,但他本人生前其实并没有完成这个理论和技术建构的理想。美因茨学派的后期代表人物奥特马尔·巴尔韦格、卡塔琳娜·索博塔等人所发展的论题学(修辞学)技术是否管用,也不好说,至少他们的理论还没有完全走出(德国)国门,这证明了一点,他们的理论话语与世界上其他国家(特别是英美国家)学者的话语是不对接的,在知识与方法的基本方面没有回应学者们的普遍关切。法学在知识和方法上的转型呼唤尤其是针对实践难题的更有解释力和论证力的理论。

---

[248] Gerhard Struck, *Topische Jurisprudenz*, S. 7.

[249] Robert Alexy, *Theorie der juristischen Argumentation; Die Theorie des rationalen Diskurses als Theorie der juristischen Begruendung*, 2. Aufl., SS. 42-43. 汉译本,参见[德]罗伯特·阿列克西:《法律论证理论》,舒国滢译,中国法制出版社2002年版,第28~29页。

国家与法治研究　第2卷(2019)
第80～110页

对等:第四种价值关系的可能性*

[美]张美露** 著　于　婷*** 译

某些比较是艰难的。谁更有创造力,莫扎特还是米开朗琪罗?莫扎特在创造力的某些方面更好,而米开朗琪罗则是在创造力的另一些方面更好;然而,如果没有进一步的限定(tout court),谁更有创造力并不明显。或者来比较两个完全不同的职业,例如审计和跳伞;或者来比较两项周末娱乐活动,在博物馆度过一个下午和去森林徒步旅

* 感谢 Jonathan Adler, John Broome, KitFine, Christopher Gowans, the late Jean Hampton, Gil Harman, Derek Parfit, Steven Schiffer, Sigru'n Svavarsdo'ttir, Larry Temkin,以及两位匿名编辑为我这篇文章的初稿提供了具体、有帮助的评价。同样感谢 Robert Audi, Peter Baumann, the late Isaiah Berlin, Martin Davies, John Doris, Tim Endicott, Simon Evnine, Stephen Grover, George Harris, Kinch Hoekstra, Thomas Hurka, Lewis Kornhauser, Michael Levin, Jerrold Levinson, Seana Shiffrin, Walter Sinnott-Armstrong, and Bernard Williams 以及哥伦比亚大学、纽约城市大学研究中心、美国哲学协会东部分会会议中的观众,尤其是我的评论人 Richard Warner,他们为我的初稿或与初稿相关的问题提供了一般性的讨论。这里要特别感激 Parfit,他所提供的一般性批评与鼓励是我未敢期待过的(on a par with what one should dare not hope for)。

本文原题目为"The Possibility of Parity",其中 parity 是指一种独立于"更好""更差""一样好"的第四种价值关系。考虑到中文语境下没有准确表达这种特殊价值关系的对应译词,在与张美露教授讨论后,将题目改为"对等:第四种价值关系的可能性",以避免传统中文语境下"对等"与"一样好"互用导致的混淆。张美露教授进一步解释,抽象而言,发现第四种价值关系有点类似发现第四个维度——时间。如此比照能够帮助我们更好地理解对等之重要性。——译者注

** 张美露,牛津大学法理学讲座教授。
*** 于婷,中国政法大学法学理论专业2018级硕士研究生。

行;或者来比较两种道德要求,遵守承诺的义务和避免造成不必要痛苦的要求。在许多类似的情形中,尽管我们对于哪些考量因素与比较相关可以达成一致,但我们似乎也只能说,就某些考量因素而言,一个选项更好,就另一些考量因素而言,另一个选项更好。但通盘考量(all things considered)后,对于两个选项间如何比较却没有一个为真(true)的答案。比较困境是普遍存在的。正如许多哲学家所认为的那样,如果比较项之间的可比较性确实是作出正当选择(justified choice)的必要因素,那么总体来说,我们可以合理地认为,比较困境是道德困境和最难处理的实践冲突类型的根源所在。

通常而言,哲学家们对这些比较困境有如下三种回应。第一种回应,认知论者(epistemicist)坚持认为,尽管通盘考量后,确定两个比较项间的比较关系非常艰难,甚至是不可能的,但两者中必定有一个更好或者双方一样好。① 第二种回应,不可比较论者(incomparabilists)则坚持认为,即使是全知的上帝,也不能在考虑了所有相关因素后,得到一个为真的比较结果——困境之困恰恰在于比较项之间无法比较,两者中既没有哪一个更好,也没有一样好。② 最近,第三种回应被提了出来,通盘考量后,比较项间的比较关系是不确定的(indeterminate),即两者中是否有一个更好,或者双方是否一样好是不

① See, e. g., Donald Regan, "Value, Comparability, and Choice", in Ruth Chang, ed., *Incommensurability, Incomparability and Practical Reason*, Cambridge, Mass, Harvard University Press, 1997.

② See, e. g., Joseph Raz, *The Morality of Freedom*, Oxford, Clarendon, 1986, chap. 13; Elizabeth Anderson, "Practical Reason and Incommensurable Goods", in Chang, ed., Icommensurability Incompalobility and Proicticou Reovson p. 90; Elijah Millgram, "Incommensurability and Practical Reasoning" in Chang, ed., p. 151; Regan, "Value, Comparability, and Choice," pp. 129-30; James Griffin, Well-Being, Oxford, Oxford University Press, 1986, p. 79; Steven Lukes, "Comparing the Incomparable: Trade-offs and Sacrifices", in Chang, ed., p. 184, among others. 一些哲学家从与选择相关的考量因素之间未化解的冲突这一角度理解不可比较,并且主张当比较比较项间不可比较时,传统三分式关系并没有被排除,而是每一种都可以被接受。See, e. g., Isaac Levi, Hard Choices, Cambridge, Cambridge University Press, 1986. See also Daniel Bonavac and T. K. Seung, "Plural Values and Indeterminate Rankings", Ethics 102(1992): 799-813. 她们认为,一个比较比较项既可以比另一个比较比较项更好,也可以比其更差,还可以与其一样好。以及参见 cf. Amartya Sen, *On Ethics and Economics*, Oxford, Blackwell, 1987, pp. 65-68. 他提出这样一种可能性:一个比较比较项可以比另一个更好,另一个也可以比它更好。我认为有一种方法可以将这一关于不可比较的观点瓦解成当下更流行的观点,但是处理有关不可比较的不同观点将会使我们太偏离主题。

确定的。[③] 因此这种观点认为,这种不确定是因为“更好”“更差”“一样好”是模糊的(vague)。比较困境是在应用某一比较关系后产生的边缘情形(borderline cases)。综上所述,在比较困境中,认知论者认为,两个比较项中,要么“有一个更好”为真,要么“双方一样好”为真;不可比较论者认为,两个比较项中,“有一个更好”为假(false),“双方一样好”也为假;语义不确定论者(semantic indeterminists)认为,两个比较项中,无论是“有一个更好”,还是“双方一样好”,都既不为真也不为假。

这三种回应的共同点是一个几乎被公认为真理的简单命题:如果两个比较项 A 和 B 之间在评价上可比较(evaluatively comparable),那么,A 要么比 B 差,要么比 B 好,要么与 B 一样好。我把这个命题称为“三分法命题”(trichotomy thesis)。[④] 根据这一命题,可比较性的概念空间由三分式关系(the trichotomy of relations)——“更好”“更差”“一样好”覆盖(span)。如果这三种关系全部不成立,那么比较项之间就不可比较。认知论者对三分法命题的预设体现在他们的这一预设:由于比较困境中的比较项是可比较的,一个比较项要么比另一个更好,要么更差,要么与其一样好。不可比较论者对三分法命题的预设体现在他们的这一预设:如果比较项之间不存在任一种三分式关系,那么比较项之间就是不可比较的。语义不确定论者对三分法命题的预设体现在他们的这一预设:比较中的任何不确定都是基于应用“更好”“更差”“一样好”而产生的不确定。这一命题的部分吸引力在于,其井然有序地同化了评价性比较(evaluative comparision)与非评价性比较,而后者的比较是按照(比较项所承载的)某种属性在数量上更多、更少或者相等来进行的。如果美的比较(确实)等同于长度的比较,那么,两个事物在美这方面是可比较的,当且仅当一个事物在美这方面要么比另一个事物更好,要么更差,要么与其一样好。

在这篇文章中,我主张有好的理由质疑三分法命题为真。我认为即使两

---

③ See John Broome, “Is Incommensurability Vagueness?”, in Chang, ed., Icommensurability Incompalobility and Proicticou Reovson pp. 67 – 89 (reprinted in his Ethics out of Economics, Cambridge, Cambridge University Press, 1999).

④ 这一命题当然也可以用两种关系——“更好(或更差)”和“一样好”,或是一种关系——“至少一样好”来陈述,这三种陈述在意义上是相同的。与最近的哲学著作做法相同,我用三分法来陈述这一命题。这样做的一个优势是,对“更好”与“更差”的区分允许我们考虑到比较项间比较的顺序。

个比较项之间不存在任何一种三分式关系,它们在评价上依旧可比较。我尤其想表明,在评价性可比较性(evaluative comparability)这一直觉观念的概念空间中,存在第四种可比较价值关系,当"更好""更差""一样好"全部不成立时,这种价值关系可能成立。我将这种关系称为"对等"(on a par)。[5] 如果的确存在第四种关系,那么三分式关系的不成立并不会导致不可比较。即使A既不比B好,也不比B差,也不与B一样好,它们可能依旧是可比较的——它们可能对等。我将论证,至少在某些比较困境中,认知论者、不可比较论者、语义不确定论者都犯了错误——在比较中,我们拥有的是对等(parity),而非无知、不可比较或是不确定。然而,这三种观点都可以被视为有部分正确之处。认知论者正确之处在于,她们认为比较项之间是可比较的;但错误之处在于,她们主张一方要么比另一方更好,要么更差,要么与其一样好。不可比较论者的正确之处在于,她们认为一方既不比另一方更好,也不比其更差,也不与其一样好;但错误之处在于,她们认为这会导致不可比较。语义不确定论者的正确之处在于,她们怀疑所涉及的失败并非是比较的失败;但错误之处在于,她们认为这种失败是应用比较关系谓词(comparative predicate)而引起的不确定。

现在可能有人认为任何对第四种关系的论证无论如何都会走向失败,因为当我们说两件事物不可比较时,所表达的含义就是,两者中既没有哪一个

---

⑤ Derek Parfit 已经提出比较可以是"粗略的",因此可能存在一种粗略的平等关系,它与传统三分式关系中任何一种关系的逻辑结构都不同。See, e. g., Derek Parfit, *Reasons and Persons*, Oxford, Oxford University Press, 1984, p. 431, 以及其即将发表的作品。然而在某种重要的意义上, Parfit 并不反对三分式关系,他认为,在任何可比较的比较项之间,必然存在某一种三分式关系。Parfit 对三分法命题所做的重要而有趣的曲解是,通常的关系"更好""更差""一样好"可以被"粗略化"。正如我所理解的,在这种观念下,存在六种比较关系:"精确地更好""精确地更差""精确地一样好""粗略地更好""粗略地更差""粗略地一样好",在任何一对可比较的比较项之间,"精确三分式关系"或"粗略三分式关系"中只有一种关系可以成立。正如 Parfit 所认为的,反对三分法的观念是基于这一事实:"更好"和"更差"具有足够大的空间来容纳精确解释与粗略解释,"同样好"意味着"精确地一样好",因此"粗略地一样好"在某种意义上是一种新的关系。parfit 的粗略可比较观与我这里所辩护的更为激进的观点之间的核心区别是:Parfit 认为两个特定比较比较项间可比较性的概念空间被三种(精确的或粗略的)关系覆盖,而我认为由四种关系覆盖。其他持有"粗略相等"观点的人有 Griffin, Well-Being, pp. 80-81, 96- 98, 104; Thomas Hurka, *Perfectionism*, Oxford, Oxford University Press, 1993; George Harris, "Value Vagueness, Zones of Incomparability, and Tragedy", *American Philosophical Quarterly* 38 (2001): 155-176, 但是我认为她们每一个人脑海中都有一个不同的观念。在我的一篇未发表的草稿"Parity"中,我对我所认为的第四种关系进行了阐述,并且探索了它与不同粗略相等观念相关联的方式。

更好,也没有一样好。如果不可比较只是被约定性地定义(stipulatively defined)为三分法的失败,那么三分法命题在不重要的意义上是正确的,而我的论证努力——三分法的失败并不会导致不可比较——将不能在定义上取得成功。如果在主张三分法的失败会导致不可比较的三分法论者(trichotomists)与主张对等关系是可能的四分法论者(tetrachotomist)之间存在真正的分歧,而非单纯的语词分歧,那么必定还存在某种并非由三分法界定的可比较观念,借此观念真正的分歧被得以理解。

我相信,存在一个评价性可比较性的直觉观念为对等的论证提供了概念基础。为了解释这何以可能,首先来想象一场二分法论者与三分法论者关于不可比较的争论。二分法论者将不可比较界定为两类关系——“更好”与“更差”(全部)不成立;三分法论者则将不可比较界定为三类关系——“更好”“更差”“一样好”(全部)不成立。如果这两个派别仅仅是为词语“可比较”提供一个单纯的约定性定义,那么他们之间其实没有实质的分歧,每一个派别都可以按照自己的意愿使用“可比较”这个词汇。但是依据直觉,两个派别之间存在真正的分歧。根据“可比较”完美的直觉观念,二分法论者犯了一个错误,他们忽视了第三种关系——“一样好”的可能性。当“更好”“更差”都不能成立时,“一样好”仍可能成立。鉴于我们认为二分法论者对于可比较的事物之间可能存在哪种关系作出了错误的判断,我们所诉诸的可比较观念,不能仅仅通过约定二分式关系、三分式关系、甚至是四分式关系中的某一类关系成立来界定。正如二分法论者与三分法论者对于“可比较”这一直觉观念存在实质性分歧一样,四分法论者同样可以加入进来与三分法论者争论,是否可能存在被忽略了的第四种关系,当三分法失败时,它仍可以成立。

根据这一可比较性的直觉观念,如果共同覆盖可比较性的概念空间的多种关系中的某一种关系成立——无论是哪一种——比较项之间就是可比较的;如果覆盖概念空间中的关系都不成立,那么比较项之间就是不可比较的。这一直觉观念并不要求,覆盖其概念空间的关系需要被限定在二分式关系、或者三分式关系,甚至是四分式关系中的某一类。究竟是哪些关系覆盖了可比较性的概念空间,正是哲学家们可以争议的实质问题。

可比较性的直觉观念可以用不同方式阐明。一种方式是诉诸消极价值关系和积极价值关系的区分。两个比较项之间存在的积极价值关系描述了比较项间相关联的方式,消极价值关系描述了比较项间不相关联的方式。例如,“更好”“差多了”“至少一样好”是积极关系。“没有更差”“没有更好”“不一样好”“无法比较”是消极关系。根据这种解释,如果比较项间存在积极关系,那么它们在评价上就是可比较的;如果比较项间仅仅存在消极关系,那么它们在评价上就是不可比较的。可比较观念并不要求,比较项间存在积极关系时,“更好”“更差”“一样好”中必然有一种关系成立。对于积极关系成立时,何种类型的积极关系必然成立这个问题,可比较性直觉观念的立场是中立的。那么,三分法论者与四分法论者之间的分歧就可以理解为,对于积极关系成立时,何种类型的积极关系必然成立这一问题的实质分歧。三分法论者认为,如果比较项间存在积极关系,那么“更好“更差”“一样好”中必然有一种关系成立;然而对等关系的支持者并不同意这一观点,她们坚持认为,除了三分式关系,比较项间可比较性的概念空间还包含第四种关系。

可比较性的直觉观念可以通过评价差异(evaluative difference)这一观念来解释。如果比较项可比较,那么它们之间就存在评价差异;如果不可比较,那么它们之间就不存在评价差异。在某种意义上,当两个比较项一样好时,我们也可以说,它们之间不存在评价差异;但是比较项不可比较时的“无评价差异”具有另外一个不同的含义,该含义排除了存在任何差异的可能性,甚至排除了零差异(我们提到数字为零时,其中的“数字”更多地指涉评价差异,而不是仅仅指涉量级)。⑥ 关于评价差异这个观念可以展开更多的讨论,但就当前的论证目的而言,将这个观念确立为阐明可比较直觉观念的可能基础,已经足够。那么我们现在可以这样描述四分法论者与三分法论者之间的分歧:四分法论者认为,即使一个比较项既不比另一个更好,也不比其更差,也不与其一样好,它们之间仍存在评价差异;三分法论者不赞同这一观点,他们认为,如果两个比较项间存在评价差异,那么其中一个要么比另一个更好,要么更差,要么与其一样好。两个立场之间的实质性分歧是,当三分法失败时,比较项间是否还可能存在评价差异。

---

⑥ 这里要对“无评价差异”“甚至没有零差异”的两种意思做进一步区分,这与我对不可比较(incomparable)与无法比较(noncomparable)的区分相对应。在进一步的意义上,莫扎特协奏曲与数字5在听觉之美这一方面不存在评价差异,这是因为听觉之美并不适用于数字。数字5与莫扎特协奏曲在听觉之美这方面是无法比较的(noncomparable)。然而不可比较的比较项之间缺少评价差异却不是由此种应用性失败引起的。

因此,即使依据三分法赋予可比较一个约定性的定义,仍存在另一个可比较观念,那些认为三分式关系不成立时还存在对等关系的人,与那些认为三分式关系不成立时只能导致不可比较的人,对此观念存在实质分歧。我猜测,在任何情形下,许多三分法论者试图为不可比较提供的并非是约定性定义,而是预设了存在可比较直觉观念的、可争议的实质性定义。鉴于三分主义者的意图,他们其实已经认可了为论证对等提供概念基础的可比较观念。

支持对等可能性的论证是一场淘汰式论证,共分为三个阶段。第一阶段,我们将论证,有一些比较项之间确实不存在"更好""更差""一样好"这三种关系。这涉及为三分法论者认为可必然推导出不可比较的论证——"三种关系全部不成立"——做辩护与补充。第二阶段,我们将论证,在非由三分式关系相关联的比较项中,至少有一些仍然是可以比较的。如果前两阶段的论证是正确的,那么在可比较观念中,除了有时成立的传统三分式关系,还存在第四种价值关系。但这些论证面临以下质疑:它们可能利用了比较关系"更好""更差""一样好"的模糊性。的确,正如我们将看到的,这些论证看起来与诡辩论证(sorites arguments)令人生疑的相似。如果它们确实利用了这些比较关系的模糊性,那么所争议的情形将不再是第四种价值关系的范例,而是传统三分式关系中某一种关系的边缘情形。而"对等",将仅仅是"更好""更差""一样好"中某一种关系边缘情形的一个代称。因此,第三阶段,我们将论证这种质疑是没有依据的,令我们感兴趣的困境并非三分式关系中某一种关系的边缘情形。现在所留给我们的,既不是不可比较,也不是三分式比较中的边缘情形,而是相当确定的、以第四种价值关系为依据的比较。

尽管这里的策略是为对等的可能性提供支持,但本文的论证只提供了一半的支持,其他文章中相关论述所提供的另一半支持,⑦在于解释第四种关系的内涵以及说明它能承担何种哲学任务。我们论证对等可能性的目标,并非是打败怀疑论者(skeptics);我们的目标是,通过质疑"三分法命题为真"这个广为传播却未经反思的预设,为积极地辩护对等铺平道路。

在开始主要论证之前,我们应该提到,对等之可能性与当下有关比较和理性选择思考相关的几个要点。最明显的一点是,对于在直觉的意义上理解不可比较,并依据此理解支持不可比较的许多现存论证而言,对等对其构成

⑦ See my "parity".

了一个潜在的致命打击。如果两个比较项间可比较性的概念空间由四种关系而非三种关系覆盖，那么任何仅仅说明三分式关系不能成立的论证均不足以确立不可比较。论证第四种关系存在就是这样一种论证——反对按照三分法论者的构想确立不可比较。

对不可比较论证的毁灭性打击反过来对实践理性（practical reason）产生了重要而复杂的影响。许多哲学家认为，在两个比较项间是否能作出正当选择取决于它们是否可比较，这在我看来是正确的；如果比较项间不可比较，实践理性便不能确定，所以至少有一个比较项是正当的。⑧ 对等可能性表明，许多推定的不可比较情形，可能恰恰是对等的情形，假设对于正当选择可能性的通常观点是正确的，那么许多貌似无法作出正当选择的情形，事实上是在实践理性（指引）范围之内的。当然，如何可能在两个具有对等关系的比较项间作出正当选择还有待进一步论证，但至少正当选择原则上不是完全被排除的。因此，我们为原本似乎在实践理性范围之外的选择情形赢得了实践理性的支持。

也许最令人惊讶的是，对等可能性表明了，标准决策和理性选择理论的基本预设是错误的：偏好 X 而非 Y，偏好 Y 而非 X，以及对两者保持中立，并不能覆盖一个人面对选项时选择态度的概念空间。换句话说，有时被某些理论家所支持的“偏序命令”（partial orderings）往往会缩小理性行动者面对选项时选择态度的范围。如果不依赖三分法命题的预设，偏好的合理性如何能够被标准的效用函数充分地塑造（modeled）是不清晰的。因此，由主流社会科学家所支持的作出理性选择的方法，起码需要重新审查。

还需提前予以说明的是，在本文中，我将自始至终地假定，所有评价性比较都是在某个（些）或另一个（些）评价性面向推进的，我将其称为“涵盖式比

---

⑧ 许多思想家将这一关于实践正当性（practical justification）的观点与后果论（事态是终极重要之全部）或目的论（善是终极重要之全部）相联系。See, e. g. , Tim Scanlon, *What We Owe to Each Other* , Cambridge, Mass. , Harvard University Press, 1998, pp. 31-32; John Broome, “Incommensurable Values”, In Roger Crisp and Brad Hooker, ed. , *Well-Being and Morality*, Oxford, Oxford University Press, 2000, pp. 31-32. 然而，选项间的比较不一定是相对促进最好事态而言的，比较也可以不考虑随之而来的事态，愉悦地关注不同选项所尊重的价值。相似地，选项间也可以依据其对某种义务或责任的遵守，或对某种行为标准的满足而进行比较。

较基准”(covering consideration)。* 因此,不能笼统地(simpliciter)认为莫扎特比米开朗琪罗更好,只能在某个(些)面向或另一个(些)面向更好。正如所有非评价性比较——更多、更少、一样多——是相对于某一个涵盖式比较基准而言的,如长度,所有评价性比较也都必须是相对于某一个涵盖式比较基准而言的,如美丽、自利或哲学才能。没有参照涵盖式比较基准的比较是不完整的。笼统地说莫扎特比米开朗琪罗更好,并不能告诉我们,他是在象棋方面、拼写方面还是创造力方面更好。⑨ 换句话说,所有(二元)价值关系都是严格的三方结构——X 在 V 方面比 Y 更好。由于在每个例子中明确地指出涵盖式比较基准会显得有点累赘,因此我们将省略这一指涉,但是合理的涵盖式比较基准总是隐含其中的。

可能有人认为,涵盖式比较基准的假定恰恰预设了比较困境中有争议的地方,因为比较困境中,似乎没有能够整合所有有影响力的相关考量因素(all the relevant considerations in play)的涵盖式比较基准。但是,总有一个涵盖式比较基准的假定应该以一种不那么激进的方式解读,一个涵盖式比较基准可能仅仅是一个约定的考量因素(stipulated consideration),它只是所有与比较相关的考量因素的集合或清单。比如,在两种职业之间做选择时,存在不同的相关考量因素,如薪水与福利、工作是否有趣、是否能结识领域内相关人才、是否能给家庭生活留一些时间,等等。如果确实没有能够进一步结合这些考量因素的单一考量因素,我们可以简单地约定一个,比如职业优势(goodness as a career),而这仅仅是一个包含不同相关考量因素的清单。⑩ 正是基于这一约定的考量因素,才会认为警卫这个特定的职业不如哲学家好。

---

* 译者注:经过与张美露教授讨论,“covering consideration”被意译为“涵盖式比较基准”;对这一概念的理解需要注意两点。首先,涵盖式比较基准必须是实质的考虑因素,而非是“范畴概念”(“catogory concept”)。例如,“价值”这个词本身是一个“范畴概念”,而在“价值”这一范畴概念中则集合了不同类别的实质价值。涵盖式比较基准指涉的便是实质价值;其次,涵盖式比较基准必须能够“涵盖”到被比较的比较项,即被比较的比较项能够落入涵盖式比较基准这一联合谓词的应用域。例如,“可口”能够涵盖到“煎蛋”与“沙拉”这两个比较项,却无法涵盖到“数字 4”与“煎蛋”,“数字 4”作为一个数学用语并不能落入到“可口”的应用域。

⑨ See Ruth Chang, *Making Comparisons Count*, Dissertations in Ethics, New York, Routledge, 2002, chap. 1. 这里为涵盖式比较基准之必要性做了辩护。

⑩ 有论证主张,能够将其他价值整合起来的价值比人们所认为的要多。See Ruth Chang, “Putting Together Morality and Well - Being”, in M. Betzler and P. Baumann, ed., *Practical Conflicts*, Cambridge, Cambridge University Press, in press.

因此，“全面的”（overall）和“通盘考量”只是某个涵盖式比较基准的占位符（placeholders），而该涵盖式比较基准可能只是包含了所有待考量因素的清单。涵盖式比较基准之必要性对于我们（当前）论证目的之意义，仅仅是为了确保在特定的论证中，每一个重要的比较的推进，都是基于包含着相关面向的同一清单，也就是基于同一个涵盖式比较基准的。⑪

一、微小提升论证

存在某些比较困境，在其中任何标准的三分式关系都不成立（在 V 方面）。为了考察这何以正确，我们将从现有的、为不可比较最有力的辩护开始，我将其称为“微小提升论证”（the small-improvement argument）。

这一论证由罗纳德·德·苏沙引入，之后为约瑟夫·拉兹和沃尔特·辛诺特-阿姆斯特朗所应用，它的一般形式如下：如果（1）A 既不比 B 差，也不比 B 好（在 V 方面），（2）A+比 A 好（在 V 方面），（3）A+并不比 B 好，那么（4）A 和 B 之间就不存在任何标准的三分式关系（在 V 方面）。⑫ 假设三分法命题为真，那么 A 和 B 就是不可比较的。微小提升论证主张，在两个谁也不比谁好的比较项中挑选其一进行微小的提升，并不必然导致被提升的比较项更好。如果三分法命题为真，根据（1），A 和 B 必定一样好或不可比较；根据（2）和（3），它们不可能一样好；因此它们是不可比较的。

不可比较论者通过诉诸特定例子，并将其原理一般化应用到其他类似例子来为自己的论证做辩护。假设你正面临着一个有关特定职业的选择，做公司法务还是做哲学家。填写出两个职业的细节，以便于尽可能使这一点看起

---

⑪ 对涵盖式比较基准以及其中各面向的讨论，不应该被理解为已经预设了所涉及的考量因素的客观性。即使如大多数决定理论学家所认为的，两个比较项之间的比较所带来的结果仅仅是对某一物的偏好胜于另一物，我们依然可以按照思考和谈论评价性比较的传统方式，预设比较的推进需要基于涵盖式比较基准。至于这些考量因素最终意味着什么，是另外一个问题，我们的论证对此保持中立。

⑫ See Ronald de Sousa，“The Good and the True”，*Mind* 83（1974）：534–51. 她从态度——偏爱与中立——的角度提供了该论证的主观主义版本。Raz 提出的论证版本由态度转换到了理性判断（p. 325 ff），Walter Sinnott-Armstrong 在他的 *Moral Dilemmas*（Oxford，Blackwell，1988），p. 67 ff 中，将这一论证适用到对道德要求强度的比较上。Parfit［他引用了与 Ronald Dworkin 和 Sen（p. 431）的对话］和 Griffin 使用该论证为粗略可比较性（*Well-Being*，p. 81）。

来是合理的。就职业优势而言,两个职业中没有哪个是更好的。现在我们稍微提升法务职业,使其就职业优势而言,稍微比原来更好一些,比如,我们可以提升它的某一相关方面,例如薪水之优势,这会必然导致,被提升的法务职业(最初的法务职业附加 1000 美元)就职业优势而言比哲学家更好吗?似乎并非如此。如果法务职业确实没有变得比哲学家更好,那么这两个职业之间便不存在任何一种三分式关系。⑬

以上为微小提升论证所作出的特定辩护面临一个简单但有力的反驳,就我所知,不可比较论者中还没有人能够充分地回应。我们如何能确定,我们在这些情形中的判断是正确的?⑭ 这种怀疑主义并非常见的笛卡尔式怀疑主义,而是确实关涉在这些特定情形中作出正确判断的特殊困难。微小提升论证最能合理支持的比较项之间存在非常大的评价差异——这些比较项承载了涵盖式比较基准中非常不同的面向。一般而言,搞清楚评价差异非常大的比较项如何进行比较并非易事。也许在这些比较困境中,我们所能理性判断的,只能是我们并不能确定哪种关系成立。

然而,并非所有的比较困境都可以合理地被重新解释为无知情形。假设你必须决定对你而言咖啡和茶哪一个口味更好。咖啡醇厚、强烈,有些刺激,茶温和、清香,能舒缓心情。你当然有可能理性地断定,一杯苏门答腊金牌咖啡既不比珍珠茉莉茶好,也不比它差,尽管一杯稍微更香郁的茉莉比之前那杯尝起来更好,但它并不会比咖啡尝起来更好。在这个情形中,可以合理地认为,你了解与饮品比较相关的所有因素,并且对于哪一杯饮品味道更好,你拥有第一人称视角的权威(first-person authority)。你对于它们口味比

---

⑬ 可能有人会认为,对法务职业提薪 1000 美元可能不会使其就职业优势而言更好,但可能会使其就更具体的涵盖式比较基准——比如法律职业之优势——更好,因此在以上论证的前提中,涵盖式比较基准发生了变化(这一反驳由 Stephen Schiffer 和 Richard Warner 提出)。但在范围更小的涵盖式比较基准下,我们依旧可以适用微小提升论证。比如,对比从事公共利益的法律相关职业与从事公司法的法律相关职业,并使以下这一点看起来尽可能合理:两个职业谁也不比谁更好。如果为从事公共利益的法律相关职业提薪 1000 美元,我们依旧不能断定,被提升的公共利益法律相关职业比公司法律职业更好。

⑭ See Donald Regan, "Authority and Value: Reflections on Raz' Morality of Freedom", *Southern California Law Review* 62 (1989): 995-1095 (向 Raz 提出认知性反驳); Christopher Gowans, *Innocence Lost*, New York, Oxford University Press, 1994, pp. 54-55 (向 Sinnott-Armstrong 提出认知性反驳).

较的判断,为它们对你而言的口味比较提供了为真的答案。⑮ 怀疑论者可以基于何种理由主张此类判断是错误的呢?如果你了解与判断相关的一切因素,怀疑论者将不得不坚持主张,一杯饮品对你而言味道是否更好,在原则上是不可知的。但在上述情形中,我们当然知道哪杯饮品对我们而言味道更好。⑯

如果微小提升论证应用于以上例子是成功的,为什么不能应用于所有比较困境呢?我们很自然的会认为可比较的结构在所有比较困境中是一致的。但怀疑论者可能会争辩,存在原则性的理由将不同的比较困境区分开来。在一些情形中,我们对自己的判断拥有第一人称视角的权威,因此我们的判断是相对确定的。在此类情形中,怀疑论者可能会妥协,承认微小提升论证是成功的。但在大多数比较困境中,实际上在所有让人感兴趣的比较困境中,我们对自己的判断没有这样的权威。两种不同的职业选择哪一种更好?两种不同的人生道路哪一种更有利促进我的幸福?两种分配方案哪一种更公正?对此,(怀疑论者会主张)他们对咖啡/茶情形的妥协与以下观点并不冲突:在所有标准的、让人感兴趣的比较困境中,三分式关系依然成立。当然,从另一个角度看,怀疑论者的妥协使我们的论证占有优势,因为它使我们得出需要的结论,即在某些比较项之间,不存在任何三分式关系,并且使我们可以开启下一步的论证。

然而,为了让我们的论证能充分、广泛地适用于让人感兴趣的比较困境

---

⑮ 我在这里所表明的不应当被理解为在暗示以下这一点:我们对于哪杯饮品味道更好的判断永远不会出错。有时候味道、热度、痛感的变化可能不易被察觉,例如,尽管有时候在增加一细粒糖、一焦耳热能、一微瓦电流的前提下,该物确实更甜、更热、更能带来痛感,但是我们却判断甜度、热度、痛感未发生变化。在此类情境下,关于物体味道(热度、痛感)为真的答案在我们的区分能力范围之外。然而,就我们所举的例子而言,在味道方面存在确定的、易察觉的区别——咖啡醇厚,有些刺激,而茶清香,能舒缓心情——我们判断两者中谁也不比谁的味道更好。当前的论证仅需要一个有限的主张——我们对于味道的判断享有第一人称视角权威。有些学者提出方案处理了不易察觉的区别对理性行动造成的困扰。See, e. g., Warren Quinn, "The Puzzle of the Self-Torturer", in Warren Quimn, ed., *Morality and Action*, Cambridge, Cambridge University Press, 1993, chap. 10.

⑯ Jeff McMahan 向我指出,我们可能不能确定我们对味道的判断是正确的,因为当我们要开始品茶的时候,我们会发现对于咖啡的记忆正在消退。我们可能对这类简单的味道判断缺乏第一人称视角权威,因为我们不能同时在"心理味觉"(mental palate)上尝到两种味道,只能依靠可能会出错的记忆。不管尝多少次咖啡和茶,这一点可能都不会变(McMahan 提到他在现实生活中喝威士忌时就有这种体验)。为避免这一反驳,我们可以把例子换成判断更喜欢哪条裙子。右手边是蓝裙子,左手边是红裙子,两者能同时呈现在视野范围内。

中,我们仍需处理非第一人称视角权威情形中的认知性反驳(epistemic objection)。正如将要表明的,我们有理由认为,即使是在这类情形之下,认知性反驳也并不像它看起来那样有吸引力。我们来考虑以下情形的现象学:假设你是哲学任命委员会的成员,你的任务是比较艾耶和贝亚谁更适合你所在系的空缺教席。意识到预测艾耶和贝亚将来潜在的价值很困难,你和其他委员会成员同意,你们必须依据他们目前为止的作品,来确定哪一位展现了最好的哲学才能。现在假设你和其他成员已经对两位候选者作了充分的调查,你们已经详细地审查、讨论、争论了他们的作品,细究了来自世界各地经过深思熟虑的意见,仔细剖析了推荐信等。当然经过认真冷静的审慎考虑,你和你在理性上尊重其判断的同事有可能断定,艾耶的哲学才能既不比贝亚好,也不比贝亚差。你们并非不确定,谁目前为止有更好的成绩;相反,就眼前的目的而言,你们所拥有的信息是完整的,并且你们评估这些信息也相当谨慎,这一切都提供了积极的证据表明,艾耶与贝亚谁也不比谁更好。在此情形中,谁也不比谁更好这一判断(的确定性)有最低限度的保障。

认知论者必然会坚持这类情形中的现象学存在错误(in error),尽管看起来艾耶似乎既不比贝亚差,也不比贝亚好,但实际上总有一个更好或者两者一样好。认知论者将这类情形中有关判断的错误理论(error theory)归属于我们。但是现象学和错误理论之间存在紧张关系,作出此类判断的体系性越强,就越没有理由认为错误理论是正确的。我们可以合理地认为,体系性强的判断很常见。⑰

更进一步,认知论者并没有解释,我们在认为没有哪一个比较项是更好时,是在哪里犯了错误。也许我们在不同的情形下犯了不同的实质性错误,毕竟,比较困境很难,我们可能会以不同的方式犯错。但该如何解释我们的观点在体系上(systematically)是错误的?或许我们犯的错误是哲学性的(也许我们对于这类判断的证明是错误的)——由于没有方法证明哪一个更好,似乎便没有哪一个是更好的。但我们已经注意到,现象学已经表明,有积极的证据支持没有哪一个更好这一信念,而非仅仅是缺少证据表明哪一个更好。如果不能充分地解释为何我们所犯的推定的错误是体系性的,那么我们就应该接受这一可能性,即我们根本没有犯错。

⑰ 我这里所称的常见的判断,除了出于实用需要作出某个选择之判断,还指在抽象意义层面作出或可能被作出的判断。

即使以上对认知性反驳的回应并不具备说服力,但依旧值得指出,我们可以换一种方式呈现微小提升论证,来避免任何特定的怀疑论担忧。这一论证的抽象版本之所以能够避免特定的担忧,是因为它所依赖的并不是特定的直觉(某个特定的微小提升(a given small improvement)是否能够对某些比较项的比较关系造成影响),而是抽象的直觉[某些类型的微小提升(certain sorts of small improvements)是否能够造成此类影响]。

考虑能够呈现比较困境的、属于同类别的、具有评价差异的比较项对时,即使某人丝毫不熟悉特定的比较项对,对于属于同一类别的比较项对的比较关系,她也能得出一些正确的结论。比如说,一个对绘画有热情的外行,可能对绘画根本不熟悉,但他可以被充分地告知关于绘画的特质,从而认为,对其中一幅画在美这方面进行微小的提升,可能并不会使其变得比另一幅画更好或者更差。或者考虑职业时,我们可以合理地认为,根据职业的性质,对某一职业某些方面的提升,比如薪水涨了 1 美元,并不能使其变得比另一个职业更好或者更差。总体来说,我们可以合理地认为,至少对于某一种类的一些比较项,进行一些微小的提升,如增加 1 美元、一阵令人愉悦的兴奋感等,并不能使一个比较项从更差变为更好。

如果这一直觉是对的,那么我们就能得出结论,有时三分式关系不能成立。为了说明这一点,选取任意一对具有评价差异的比较项,至少对于某一对(X,Y),我们可以通过不断地为 X 增加或减少美元(或令人愉快的兴奋感)从而创造一个 X 系列比较项的连续统一体(a continuum of X-items)。如果我们增加足够多的美元,我们可以得到一个比 Y 好的 X+;如果我们减少足够多的美元,我们可以得到一个比 Y 差的 X-。[18] 现在根据我们的抽象直觉,增加 1 美元,增加一阵令人愉悦的兴奋感等,并不会使其中一个比较项变得比另外一个与其评价差异非常大的比较项更好或者更差。因此,在连续统

[18] 这一论证不排除这一可能性:并非对于所有(X、Y),都会有一个比 Y 好的 X+,或一个比 Y 差的 X-。有人可能会认为,X 背后的价值域与 Y 的差异很大,以至于一系列特定类型的微小提升并不能使任何 X 比较项比 Y 比较项更好,一系列特定类型的微小削弱也不能使 X 比较项更差。然而经过反思后,这类情境很难找到,因为通常的例子在面临"名—实"(nomible-notable)式比较时,往往站不住脚,比如,比较某一类事物的极差版本与极优版本。想要就这一点进一步探讨,See Laurence Tribe,"Policy Science: Analysis or Ideology?",*Philosophy & Public Affairs* 2 (1972): 66-110;James Griffin,"Are There Incommensurable Values?" *Philosophy & Public Affairs* 7 (1977): 39-59. 无论如何,抽象版本的论证仅仅依赖于弱的预设,即存在一些并非以上述方式不连续的比较项。

一体中的 X+和 X-之间,必然存在一个 X^* 既不比 Y 好,也不比 Y 差。那么 X^* 和 Y 之间是什么关系?假设三分式关系中总有一种能够成立,那么,由于 X^* 既不比 Y 好,也不比 Y 差,两者只能一样好。然而根据我们的直觉,1 美元并不能对比较关系产生影响,两者是不可能一样好的。因为(如果两者一样好),当我们给 X^* 增加 50 美分,我们将会得到一个比 Y 好的比较项,如果我们给 X^* 减少 50 美分,我们将会得到一个比 Y 差的比较项。X^* +50 美分和 X^* -50 美分之间的差异是 1 美元,因此,X^* 和 Y 不可能一样好。所以,我们必须拒绝三分式关系中总有一种能成立这一预设。X^* 既不比 Y 差,也不比 Y 好,两者也不一样好。

然而对于抽象版本的论证存在一种担忧,它似乎拥有诡辩的形式并且依赖了一种类似诡辩的预设——1 美元本身不会影响"更好"或"更差"的正确适用。如果它是诡辩论证,那它就不会比那个古老的论证——认为头上有巨大数量头发的人是个秃子——好到哪里去。我并不认为这一论证是诡辩论证,但我将留到第三部分去证明这一点。

暂时搁置有关模糊性的讨论,我们可以在第一阶段得出以下结论:(在某些比较项之间)三分式关系有时并不能成立。对于这一类比较项,"一方比另一方更好"为假,"一方比另一方更差"为假,"两者一样好"也为假,正是在这一意义上,预设三分法命题为真的不可比较论者认为自己完成了论证任务。但正如我们所注意到的那样,基于不可比较论者所感兴趣的是从直觉的层面说明不可比较——比较项间可能存在的、覆盖(可比较)概念空间的价值关系事实上并不能成立——他们在这里便结束论证是草率的。正如我们现在以及将要表明的那样,依据三分法不能成立这个事实便得出比较项间不可比较的结论,是错误的,至少某些比较项依旧可以比较。

二、连锁论证

在论证的第二阶段,我们将要证明,至少在某些情形中,即使三分法不成立,比较项间依旧是可比较的。第一阶段的论证依赖于这一直觉:对于某些特定类型的比较项(如非常不同的职业,对其中一个比较项进行某些类型的微小提升),比如说增加 1 美元,并不能使其变得比另一个比较项更差或者更好。第二阶段的论证,我称其为“线性连锁论证”(unidimensional chaining argument,或简称为连锁论证),依赖于一个相关直觉:在特定的情形中,对某一比较项的、与比较相关的某单一面向进行多次提升或削弱,并不会导致不可比较。如果两个论证都能成功,我们将断定,一些比较项之间存在第四种价值关系。

思考我们关于莫扎特和米开朗琪罗的例子。现在假定微小提升论证适用于该例子,他们谁也不比谁更有创造力,也不拥有相同的创造力。现在来看米开朗琪罗,他以特定的方式承载着某些价值或创造力中的某些面向。如果我们稍微削弱米开朗琪罗所承载的创造力中的某一面向,我们将得到一个仅仅在一个面向稍微差一些,但在其他所有面向都与米开朗琪罗相同的比较项。以这种方式我们可以创造出一个雕塑家的连续统一体,米开朗琪罗是始端,吴天分(Talentlessi),一个很糟糕的雕塑家是末端。在这一连续统一体中,每一个相连续的比较项在创造力所包含的某单一面向上,都比其前续比较项稍微差一点,而在所有其他面向上完全相同。我们将主张,在连续统一体中,任何两个相连续的比较项都由微小的线性差距(small unidimensional difference)所连接,也就是说,它们以相同的方式承载着涵盖式比较基准中所有相同的面向,除了每一比较项相对于其相邻比较项,在某单一面向上发生了微小的评价性变化。这并不是说,基于涵盖式比较基准,处于连续统一体下位的比较项总是比它的上位比较项差。依据一个比较项相对另一个比较项呈微小线性减弱这一事实,不能断定该比较项总体上更差了,反而,基于涵盖式比较基准,它可能更好了。依据亚里士多德“好的东西太多可能反而会带来负面效果”,评价性考量因素可能是“有机整体”(organic unities),有机整体中的不同面向之间可能会相互影响,因此,即使对某一比较项的某一面向进行了微小地削弱,它在总体上也会更好。例如,一段人生与另一段人生的所有面向完全相同,除了前者拥有更多的快乐,但它可能并不是更好的生活,因为太多的快乐可能会导致失衡,造就最好生活的,可能是不同种善的有机结合。[19] 无论连续统一体中的比较项如何与另一个比较项比较,有一点是显而易见的,非常糟糕的雕塑家吴天分,可以和伟大的音乐家莫扎特作比

⑲ See also Hurka, chap. 7. 尽管米开朗琪罗与吴天分可比较这一点是显而易见的,但连续统一体中各比较项之间的可比较性对于论证的推进并非是严格必要的。但我们马上能看到,我们可以合理地认为,连续统一体中,存在微小线性差距的各比较项之间是可比较的。

较,吴天分是更差的那一方。

现在我们开始引入一个关键的直觉。我们首先介绍它的一般形式,然后再对其进行限制。这一直觉是,在两个评价差异非常大的比较项之间,一个微小的线性差距并不会使之前可比较的比较项变得不可比较。换句话说,如果两个比较项所承载的、由涵盖式比较基准涵盖的面向之间存在很大的差异,且在某一比较项的某一面向未发生微小变化时,两者是可比较的,那么,微小变化并不会导致两者不可比较。一个微小的线性差距似乎没有足够的影响力可使两个比较项从可比较变为不可比较。我将这一直觉称为"微小线性差距原则"(small unidimensional difference principle)。根据这一原则,如果莫扎特和吴天分是可比较的,那么他和"吴天分⁺"也是可比较的,因为,吴天分和"吴天分⁺"之间的区别是一个线性差距,而根据假设,这样的差异并不会使得两个原先可比较的、评价差异很大的比较项变得不可比较。而且,如果莫扎特和"吴天分⁺"可比较,再次应用这个原则,将断定他和"吴天分⁺⁺"也可以比较,等等。由此,和莫扎特的可比较在由微小线性差距连接而成的连续统一体中得以被维持。因此我们能够得出结论,莫扎特和米开朗琪罗是可比较的。依据假设,莫扎特与米开朗琪罗谁也不比谁更有创造力,也不拥有相同的创造力,但是两者似乎是可以比较的。

普遍性的论证如下:至少对于某些评价差异非常大,且不存在任何三分式关系的比较项对(X,Y),存在以 X 为始端、以 Xn 为末端的由线性差距连接而成的连续统一体,而 Xn 很明显可和 Y 比较。根据微小线性差距原则,一个微小的线性差距并不能使之前可比较的比较项变得不可比较,因此,通过连续地应用这一原则,我们知道,如果 Xn 可以和 Y 作比较,那么 X 也可以和 Y 作比较,因为,X 和 Xn 之间的差异是由一系列的微小线性差距连接而成的。并且根据这一原则,一个微小的线性差距并不能导致不可比较,因此,X 和 Y 可以比较,并且根据推定,两者之间不存在任何三分式关系,这就是连锁论证。

值得注意的是,连锁论证并不预设可比较是可传递的。[20] 该论证主张,A 和 B 可比较,对 B 进行微小线性削弱或提升得到 C,由此得出结论,A 和 C 是可以比较的。但这一论证并不依赖以下更强的主张:由于 A 和 B 是可比较

---

[20] 感谢 Larry Temkin 和 RichardWarner 对这一点的讨论。

的,B 和 C 是可比较的,那么 A 和 C 就是可比较的。事实上,如果我们诉诸于可比较具有传递性这一具有分歧的预设,我们就可以直接根据莫扎特和吴天分可比较,以及吴天分和米开朗琪罗可比较这一事实,断定莫扎特和米开朗琪罗可比较。然而,我们论证的关键是以下预设:至少在某些情形中,即使我们对评价差异非常大的两个比较项中的一个比较项进行了微小的线性改动,那么它们之间的可比较依旧可以维持。

现在这一论证的关键之处不仅仅依赖于微小线性差距原则,更依赖于我们所称的“存在主张”(existential claim),这一主张声称,至少在某些情形中,存在以 X 为始端、以 Xn 为末端的由线性差距连接而成的连续统一体,而 Xn 很明显和 X 可比较,也和 Y 可比较。我们该如何辩护这些主张?

微小线性差距原则在直觉上有着很深的吸引力。我们很难相信,对于两个评价差异很大但根据推定是可比较的比较项,对其中一个比较项进行微小的线性削弱或提升,会使它们从可比较变为不可比较。仅仅轻微地改变其中一个比较项的单一面向,如何能使两个评价差异非常大的职业,比如悬挂式滑翔运动和公司法务,变为可比较或者不可比较?为了使两个评价差异非常大的比较项从可比较转变为不可比较,对某一比较项的单一面向进行微小的线性改变是远远不够的。确实,考虑到我们使用评价差异对可比较性的直觉概念进行阐释,这一原则似乎是不可质疑的。因为,如果在两个比较项之间,比如悬挂式滑翔运动与公司法务,就职业优势而言存在评价差异,仅仅对其中一个职业的单一面向进行轻微地改变,如何能够改变两者之间的关系[从存在评价差异变为不存在任何评价差异,甚至是(不存在)零差异]?

但这一原则并不能被普遍地应用。它对可比较所作的一个重要预设可能并不总是成立的,因此它的应用范围需要被合理地限制。这一原则的预设是,两个具有评价差异的比较项之间是否可比较,需要通过权衡(balance or trade off)两个比较项所承载的相关面向来确定。比如,在确定两个具有评价差异的职业如何比较时,我们会权衡一个职业的高薪和另一个职业舒适的工作环境,在这个情形中,我们可以权衡两个比较项所承载的相关面向。然而有时候,将与比较相关的面向实例化后,它并不能与另一相关面向做权衡,在这类情形下,作出比较(如果还可以的话)必须依据另一种比较规则,一种没有预设这类权衡,但能合理地指引两个比较项间比较的规则。比如,采用由 20 世纪 30 年代及之后的经济学家所广泛认同的观点——不同个体的效用(utilities)

不能相互比较。尽管你的福祉(well-being)和我的福祉不能做权衡,但依据帕累托法则,涉及我们共同福祉的事态(state of affairs),可以就社会福祉而言合理地被比较。除非我们中每一个人在第一种事态下的福祉都与其在第二种事态下的福祉相同,当我们中至少有一个人在第一种事态下的福祉比其在第二种事态下的福祉更好,并且我们中每一个人在第一种事态下的福祉都没有比其在第二种事态下的福祉更差时,第一种事态比第二种事态更好。这样的比较规则——预设了不同个体间的效用可能无法相互比较——使事态间的比较能够合理地进行,即使与比较相关的面向不能被权衡。只要依据此类规则得出可比较的结论,微小线性差距原则便不能被应用。比如,假设事态A由有序对(10,9)所给定,10和9分别代表你的福祉和我的福祉,同样地,事态B由(9,10)所给定。根据帕累托法则,A和B是不可比较的。但是,通过改变B状态下整体福祉的一个维度,也就是把你的福祉从9提升到10,被提升的B现在成为(10,10),此时,根据帕累托法则,被提升的B比A更好。[21]

只有当可比较与不可比较并非以这种方式产生时,微小线性差距原则才能被应用。对这一原则应用范围的限制以及由此导致的对连锁论证的限制,为清晰地分辨对等情形与不可比较情形提供了基础。连锁论证能够应用于可以权衡与比较相关的面向的情形中,在这些情形中,我们可以断定比较项间存在对等关系。而当不能权衡相关面向时,可能会得到不可比较。当然,比较困境中,面向之间的权衡是尤其困难的。然而与此同时,似乎又不存在一般的比较原则供我们断定,比较困境中的比较项是不可比较的。因此,连锁论证能否应用到特定的比较困境中,是需要逐例检验的。

现在我们开始讨论存在主张。这一观点认为,至少对于某一对任何三分式关系都不成立的比较项(X,Y),存在以X为始端、以Xn为末端的由线性差距连接而成的连续统一体,Xn很明显可和Y比较。如果想要否定这一点,就必须主张,对于任何一对三分式关系不成立的比较项,不存在以下情形:微小线性提升或削弱使得其中一个比较项变得与另一个比较项可比较。

反对观点有两种思路。第一种反对观点的合理性最低。它暗示到,评价差异非常大的比较项事实上是不可比较的,因此对它们进行提升或削弱并不会使它们变得可比较。比如,这一观点会认为,莫扎特和米开朗琪罗在创造

---

[21] 非常感谢一位匿名的编辑作出的犀利评论促使我在这段中做了以上论证。

力方面是不可比较的,因为莫扎特的创造力所承载的面向是与音乐相关的,而米开朗琪罗则是与雕像相关的。该观点进一步指出,他们的创造力所承载的面向不同这一事实,足够保证他们之间不可比较。[22] 但正如我们所提到的,这一观点是错误的。如果我们对米开朗琪罗创造力所承载的面向进行足够的削弱,我们就可以得到一个吴天分,吴天分在创造力方面很明显可以和莫扎特作比较——吴天分绝对是更糟糕的。一般而言,两个比较项之间评价差异非常大这一事实并不能保证它们不可比较。一组面向的"名义上"(nominal)的承载者几乎总是能和另一组面向的"实质的"(notable)承载者作比较。

第二种否定观点看起来更具有合理性。它主张,对 X 所作的、用来获得明显可与 Y 比较的比较项的一系列微小变化,并不具备线性改变的资格。我们需要谨记一点:对单一价值面向进行的微小提升并不能算是线性提升,除非被提升的比较项在其他所有面向上都与它的前续比较项相同,尤其是,它们必须以相同的方式承载着涵盖式比较基准所包含的所有面向,这些面向完全相同(除了单一的面向发生微小线性变动)。但单一面向的变动可能会导致比较项所承载的其他价值发生变化。通过充分地提升比较项的单一面向,可能会使被提升的比较项产生新的面向,而这一面向并不为连续统一体中的诸前续比较项所承载,但与比较相关。用黑格尔的话来说,一物之变动总会引起另一物之变动。或许,由于单一面向的微小变化在某一特定的阶段促成了新的价值,我们不能再作以下预设:存在以 X 为始端、以 Xn 为末端的由线性差距连接而成的连续统一体,Xn 很明显可和 Y 比较。总而言之,如果 X 系列的连续统一体(明显与 Y 可比较的比较项从中得出)并非是由微小线性提升连接而成的连续统一体,我们便不能确保,与 Y 的可比较在这一连续统一体中得到了维持。

以法律职业 C 和悬挂式滑翔职业 H 为例,C 的薪水是 32,000 美元,这是当代美国的中等收入,现在假设连续不断地提升 C 的薪水,直到得到薪水为 515,600 美元的 Cn,这一薪水达到了美国最富有家庭(仅占 1%)收入的平均水平。对 C 的薪水进行充分多次的微小提升,产生了一个新价值,比如"上层社会会员身份",这一价值由 Cn 承载而非 C。基于新得到的价值与比较相

---

[22] 参见 Joseph Raz 和 James Griffin 的指南论文"Mixing Values", *Proceedings of the Aristotelian Society*, suppl. ser. ,65 (1991): 83-118。

关,Cn 可能比 H 好,但我们没有理由认为,和 H 的可比较是在以 C 为始端、以 Cn 为末端的连续统一体中得到了维持,因为该连续统一体中的 C 系列比较项承载的与比较相关的价值并不一致。如果在单一面向发生的一系列微小变化是此种类型的,那么存在主张就是错误的。对于所有三分式关系不成立的比较项(X,Y),并不存在以 X 为始端、以很明显可与 Y 作比较的 Xn 为末端的由线性差距连接而成的连续统一体。

当然,这种黑格尔式的担忧并不能在所有的情形下成立,在莫扎特、米开朗琪罗、吴天分的案例中,这一担忧就不能成立。进一步说,我们可以用两种方式限制这一担忧。首先,我们可以将数量或质量稍差一些的新价值添加到引发该新价值之比较项的诸前续比较项中。以这种方式,在某些情形中,连续统一体中的每一个比较项所承载的所有价值都相同这一条件可以得到维持,单一面向上每一个微小变化便都符合微小线性变化的要求。其次,我们可以创造两个连续统一体,一个是 X 系列比较项连续统一体,以 X 为始,以经历过微小线性提升的 Xn 为末,另一个是 Y 系列比较项连续统一体,以 Y 为始,以经历过微小线性削弱后的 Yn 为末。如果 Xn 很明显和 Yn 可以作比较,那么应用微小线性差距原则,我们可以断定 X 和 Yn 可以作比较。如果 X 和 Yn 可以作比较,再次应用该原则,我们便可以断定,X 和 Y 可以作比较,因为 Yn 和 Y 之间的差异是一系列微小的线性差距连接而成的,线性差距使和 Y 的可比较得以维持。就论证目的而言,我们只需要找出一个黑格尔式的担忧不能成立的情形,因此,存在主张是可靠的。

然而,正如微小提升论证所面临的那样,连锁论证也面临一个明显的批评。微小线性差距原则看起来像是一个诡辩论证的前提条件,它的吸引力在于利用了“可比较”的模糊性。不可比较论者可能会回应,米开朗琪罗的削弱版本在波谱(spectrum)的哪一点变得可与莫扎特比较是不确定的,但是我们得到的吴天分可与莫扎特作比较是确定的。微小的线性差距之所以并不能导致不可比较,是因为可比较与不可比较之间的界限是模糊的。如果连锁论证是诡辩式论证,我们便不该说莫扎特与米开朗琪罗之间的关系是对等的,而是哪一个更好是不确定的。如果我们的论证利用了特定比较关系的模糊性,那么便没有神秘的第四种价值关系,而只有这一熟悉的观点——某些谓词是模糊的。接下来我们会讨论这一可能性。

三、比较困境的化解:反对模糊

比较困境涉及两个具有评价差异的比较项和一个涵盖式比较基准,其中一个比较项在涵盖式比较基准所包含的某些面向更好,而另一个比较项在另一些面向更好,然而就涵盖式比较基准而言,不存在一个有关两个比较项孰优孰劣的明显为真的答案。我们已经论证过,至少在某些比较困境中,即使"更好""更差""一样好"三种关系都不存在,比较项间仍然是可比较的。如果这些论证是正确的,那我们就揭示了,在可比较性的概念空间中,除了传统三分式关系,还存在第四种价值关系。

然而,依然存在一种担忧。正如我们已经注意到的,我们为这一结论所作的论证疑似连锁诡辩论证,如果真是诡辩论证,它们将会是无效的。[23] 如果我们的论证由于是诡辩论证而无效,那么我们所识别的第四种价值关系,只不过是模糊谓词应用下的边缘情形。[24] 根据语义不确定论者的观点,令人感兴趣的比较困境,也就是那些貌似通过微小提升论证与连锁论证的情形——让我们把它们称为超级比较困境(super hard cases)——只是模糊谓词应用下的边缘情形。正如赫伯特是一元谓词"秃"的边缘情形,莫扎特和米开朗琪罗是关系谓词"在创造力方面更好""在创造力方面是可比较的"的边缘情形。依据这种观点,对于莫扎特和米开朗琪罗情形的正确阐述并非这种方式:两个比较项中,"有一个更好"为假,"两者一样好"为假,"两者存在对等关系"为真。而是以下这种方式:两个比较项中,"有一个更好"既不为真也不为

---

[23] 诡辩论证开始于清晰且正确地应用某一谓词,然后提出诡辩前提,大意是,稍微地改变该谓词清晰适用的比较项,不会对谓词应用的正确性产生影响,但最后适用于被改变比较项的谓词是明显错误的。因此,如果 100 万颗沙粒形成一个沙堆,并且,由于任一沙粒数 N 可形成沙堆,比 N 少 1 的沙粒数也能形成一个沙堆,由此可以必然推断出 999999 颗沙粒也必定能形成沙堆,999998 颗沙粒也必定能形成沙堆,等等,最终结果是,1 颗沙粒也必定能形成沙堆。但 1 颗沙粒明显不能形成沙堆。诡辩论证的矛盾点在于,它的预设显而易见是正确的,推理过程也没有瑕疵,但结论却明显是错误的。诡辩论证之所以成为模糊性的标志,是因为谓词的模糊性导致了该论证的貌似有效性。

[24] Broome 曾独创地论证过,传统三分法任何类型的失败,都是由相关比较关系的模糊性导致的。我并没有系统地考虑过他的论证,但如果我在这部分的论证是正确的,他的论证就是错误的(See Broome,"Is Incommensurability Vagueness?")。

假,“两者一样好”既不为真也不为假。如果语义不确定论者是正确的,那么,无论是三分式比较关系模糊,还是谓词“可比较”模糊,我们为对等关系可能性提供的论证便利用了此种模糊性。

我们的论证是诡辩论证吗?首先,考虑抽象版本的微小提升论证。这一论证使用了谓词“在 V 方面更好”与“在 V 方面更差”,这两种比较关系是模糊的吗?乍看这一论证可能被认为是诡辩论证,但它的主要前提并不具备诡辩论证的正确形式,比如,这一前提声称,如果之前 X 比 Y 更差,那么给 X 添加 1 美元并不能使 X+ $1 比 Y 更好。这一前提被重复应用时,并没有提供产生诡辩悖论的条件,即无论增加多少数量的美元,都不能使 X 比 Y 更好。然而,如果有人认为“在 V 方面更好”这一措辞是模糊的,他可能会坚持认为,列于连续统一体中,并处于比特定比较项更好的比较项与比其更差的比较项之间的比较项,既不比 Y 更好,也不比 Y 更差,两者也不一样好,而是不确定是否更好(更差或一样好)。因此,尽管微小提升论证不是诡辩,它的貌似有效性也依赖了“在 V 方面更好”这一措辞的模糊性。

而连锁论证确实具备连锁诡辩论证的形式,但具备该形式并不必然推导出该论证是诡辩论证,因为有许多看似诡辩的论证实际上并不是诡辩。比如,0 是自然数,如果 N 是自然数,那么 N+1 也是自然数,因此,对于任何 N=0,1,2,3…,N 都是自然数,尽管这一论证具备连锁诡辩的形式,但这是一个完全有效的论证。一些看似诡辩的论证之所以看起来有效,是因为它们实际上就是有效的。谓词的模糊性,仅仅是某些看似诡辩的论证看起来有效的一种可能解释,因此,只有当确认论证中涉及的谓词是否模糊之后,我们才能确定看似诡辩的论证是否是真正的诡辩论证。

连锁论证与微小提升论证不同,使用的谓词是“可比较”与“不可比较”,而非标准的三分式比较关系。“可比较”是模糊的吗?我们有一个理由认为它可能并不模糊。所有的模糊形容词,比如“红”“圆”“秃”,它们的应用具有程度性,但“可比较”看起来并不具有程度性。某件事要么是可比较的,要么就是不可比较的,可比较似乎是一个切换键(toggle),要么切换要么不切换。尽管事情比较的方式可以是或多或少的(某件事有点好或有点差),但事情不可能是有点可比较的。可比较本身似乎并不是程度性的。

即使以上考虑是决定性的(这一点还不够明确),我们依旧不能排除这一可能性——微小提升论证利用了三分式比较关系的模糊性。我知道没有一种简单迅速的方法能够证实,微小提升论证与线性连锁论证都绝对没有依赖特定谓词的模糊性。[25] 所以我将转为采取另一种直接的方式,论证超级比较困境并非是模糊谓词应用下出现的边缘情形。如果这一论证是有效的,那我们就有理由认为,超级比较困境是对等情形,而非模糊谓词应用下出现的边缘情形。

集中讨论以下问题会帮助我们把事情简化:超级比较困境是否是应用标准三分式比较关系中的某一种而产生的边缘情形(在 V 方面)? 通过集中讨论这一问题,我们没必要再追问,超级比较困境是否是应用谓词“可比较”而产生的边缘情形(在 V 方面)。因为,如果我们能说明,超级比较困境并非是由于应用三分式比较关系而产生的边缘情形,便可以合理地推测,该困境也不是应用谓词“可比较”而产生的边缘情形。毕竟,如果已经说明了任一种三分式关系都是确定性地不成立,那么,在应用“可比较”时会产生不确定的唯一可能是,可比较除了包含标准的三分式关系(依据假定,在给定的情形中,该三分式关系确定性地不成立)之外,还包含了第四种价值关系。这种论证思路已经蕴含了对等之可能,因此会在这场角逐中输掉其三分主义的立场。

存在两个一般的理由可以支持超级比较困境并非是由于应用某个模糊比较关系而产生的边缘情形。首先,两种情形呈现的现象学是不同的。在边缘情形中,我们既愿意判断谓词适用于该情形,也愿意判断它不适用,赫伯特的例子就是一个有关秃头的真正的边缘情形。我们既愿意说赫伯特是秃头,也愿意说赫伯特不是秃头。而在超级比较困境中,情况有所不同,我们所拥有的证据使得我们倾向于判断一个比较项并不比另一个更好(更差以及一样好)。例如,我们对 A 和 B 哲学才能的研究,使我们倾向于判断 A 的哲学才能并不比 B 更好,因此,在超级比较困境中,基于我们愿意判断“在 V 方面更好”并不适用,我们便不再愿意判断它适用。由于不能解释为什么两种情

---

[25] See, e. g., Larry Temkin, “A Continuum Argument for Intransitivity”, *Philosophy & Public Affairs* 25 (1996): 175–210, 他使用自己认为并非为诡辩论证的连续统一体论证来表明,在特定合理的预设下,“通盘考量后,更好”并不具有传递性,基于我对其论证的理解,Temkin 提出的这些考虑因素在目前的论证中并不能提供帮助。

形呈现的现象学不同,那么就有理由认为超级比较困境并不是模糊情形。㉖

其次,还有一个进一步的、更为清晰的考虑。也许来自现象学的论证力度并不够透彻,若真如此,我们可能会考虑,就某一事物是否比另一个更好而言,确实存在某种"疑难性"(perplexity),而这种疑难性与语义不确定之可能性是相一致的。那么这种疑难性是否来源于谓词的模糊性?我认为,通过检验这一疑难性被化解的方式,并将其与边缘情形可能被"化解"的方式作对比,该问题便可以被解决。当然,在某种程度上,边缘情形已经得到了化解——它是边缘情形。虽然如此,我们还是能够以非常清晰的方式追问,我们将如何化解这一边缘情形?也就是说,我们在无涉背景(apart from context)的条件下提出以下假设性问题:如果我们不得不选择是否适用谓词,那么我们该如何做?化解不确定的可行方式是怎样的?正是在"化解"这一广泛、直觉的意义上,我们可以问,对超级比较困境中疑难性的化解与对边缘情形中不确定的化解是否相同?

这两种化解方案是不相同的。在边缘情形中,通过任意约定去化解谓词应用与否的不确定是完全可行的,但在超级比较困境中,通过任意约定化解背景无涉(context-free cases)情形下的疑难性是行不通的。为了解释这一点,请想象以下场景。杰克被要求根据给定的谓词将比较项归为两类:一类是谓词能够适用的比较项,另一类是谓词不能适用的比较项。我们约定,就依据三分法归类这一目的而言,即在预设三分法命题为真的前提下进行归类,杰克掌握所有相关事实,识别力敏锐,拥有根据给定情形对比较项进行归类的推理能力,总之,他具备归类所需要的任何条件。㉗ 我们进一步假定,杰克以正常的方式理解特定的谓词(关键的是,归类没有特定的背景),既不是说,如果杰克将更多的比较项归入"正确"的类别,他将会得奖,也不是说,如

㉖ 这并不是说,在边缘情形中,某人不能更加支持某种判断;与不秃比起来,赫伯特可能更接近于"秃"。然而这里的重点是,在超级比较困境中,如果我们倾向于判断(不管是在何种程度)"更好"并不能适用,便不会同时倾向于判断(在相应的合适的程度)"更好"能够适用。

㉗ 在任何涉及评价性谓词的情境下,很难应用这一条件——杰克掌握了有关判断谓词是否应用的所有事实,等等。在涉及"秃"和其他非评估性谓词的情境下,我们通常会清楚地了解潜在的相关事实有哪些,但是,这些事实与确定边缘情形下该类谓词是否适用之间,仍存在间隙。而在涉及"道德上更好"和其他评价性谓词的情境下(比较关系或其他),哪些事实关系到谓词的应用并不清晰。我的主张是,无论这些潜在的相关事实可能被视为什么,两者的间隙并不能被任意约定所弥补。

果将某些特定的比较项归入“错误”的类别,世界会变得更好,或是时间有限,他必须匆匆地进行归类。相反,我们将假定,归类以及由此的问题化解都是背景无涉的。㉘

现在假设,杰克必须依据谓词“秃”对赫伯特进行归类。依据假设,他了解所有与赫伯特头发相关的事实——头发的数量、头发的分布、厚度,等等,假设他已经明白赫伯特是模糊谓词下的边缘情形,然而,游戏规则要求他必须将赫伯特归类。假设杰克将他归入“秃”,那么,他的归类决定完全是任意的,他可能只是通过抛硬币去决定赫伯特如何被归类——正面,他就将赫伯特归入“不秃”,反面就归入“秃”。如果我们再加一个人——吉尔,他恰巧将赫伯特归入“不秃”,这里杰克和吉尔没有真正的分歧,他们的“分歧”仅仅是谓词适用不确定时,任意决定之间的冲突。当然,这并不是说赫伯特是否秃这个问题的答案由抛硬币决定,这一问题的答案是,他是否秃是不确定的。这里的重点仅仅是,抛硬币可以成为化解不确定的一种合适的方式。总体来说,对边缘情形问题的化解是一个任意约定的问题。

边缘情形的化解缺少我们所称的“化解余数”(resolutional remainder),考虑到化解该情形的所有可行方式,我们不需要继续追问化解方式应该如何进行(任何可行的方式都可以用来化解边缘情形)。㉙ 我们或许可以用超价值主义(supervaluationally)阐明这一点,考虑到模糊谓词的诸多精确化结

㉘ 归类应该背景无涉这一条件是重要的,因为必然会存在某些背景,使边缘情形中的约定可能成为实质论证(如某个人是否秃与税收结构相关联),也会存在某些背景,使超级比较困境中疑难性的化解恰当地通过约定解决(如某人必须迅速作出决定,否则世界会被毁灭)。杰克的情境呈现了我关于背景无涉后归类的想法,背景无涉这一条件不应该被视为排除了所涉比较项的具体说明。可能有人会主张,就评价性谓词而言,无法在背景无涉的条件下,对其所应用的比较项进行归类,因为评价性谓词如何应用总是决定了某种实践重要性。根据这一思路,莫扎特是否比米开朗琪罗更好这一问题,不存在背景无涉的理论真理(context-free theoretical truth),只存在相对于实践背景(practical context)的真理(Sigru'n Svavarsdo'ttir 提出了这一反对意见)。我并不认为有关价值或评价性比较的实用主义观点是有说服力的。比如,假设如果莫扎特比米开朗琪罗更有创造力,我就会输掉赌注变得身无分文。然而有关莫扎特是否更有创造力的真理并不取决于我自身的利益。这里有两个互不相关的背景无涉的理论性问题:第一个是,谁更具有创造力?第二个是,我变得身无分文会有多糟糕。如果我变得身无分文确实很糟糕,并不会推论出莫扎特并非更有创造力。背景的诸多特征并不会排除背景无涉的理论性真理,它们只是需要该理论性真理对由这些特征引起的相关考虑作出回应。

㉙ 在“秃”的精确化结果之间,以及相关联的谓词的精确化结果之间,还存在进一步联系,这一联系必须受到重视。参见 Kit Fine 在他的“Vagueness, Truth, and Logic”, *Synthese* 30 (1975): 265-300 中对“模糊联系”(penumbral connection)的讨论。

果(precisifications),我们不用追问边缘情形该如何化解。它们是通过任意地选择某一个精确化结果来化解的。因此,赫伯特情形的化解,只不过是任意地在“秃”的不同精确化结果中选择其一,也就是在“秃 1”“秃 2”“秃 3”……中择一,这使在赫伯特情形中,谓词可以确定地适用或不适用。换一种说法,当面临赫伯特情形时,杰克可能会任意地改选另一个涵盖式谓词(covering predicate)——秃 1,并且根据“秃 1”,将赫伯特归入秃或不秃的类别中。

在超级比较困境中,疑难问题的化解在本质上是完全不同的。假定杰克面临着莫扎特和米开朗琪罗这一超级比较困境,游戏规则要求他将这一有序对归类。假定他将这一对归入了“在创造力方面更好”这一类。关键的是,他的决定不可能任意且合理,通过抛硬币来化解疑难性是不正确的。如果吉尔将这一对归入了“在创造力方面并非更好”,那么,杰克和吉尔对于莫扎特是否更有创造力存在真正的分歧,这并不是任意决定的冲突,而是实质性分歧,需要通过进一步的论证来解决。

在超级比较困境中,存在化解余数。在这类情形中,考虑到诸多化解疑难性的可行方式,我们仍可继续追问疑难性是如何得到化解的。因为针对疑难性的化解,并不能任意地选择其中一种可行的化解方式。[30] 与比较相关的不同面向之间的规范性关系(weightings)有多种可能,由此可以获得不同可接受的化解方式。就某一类规范性关系而言,莫扎特是确定性地更好,而就另一类规范性关系而言,他是确定性地更差。在超级比较困境中,任意地选择某一类规范性关系来化解疑难案件是不正确的。考虑到规范性关系有多种可能,依旧可以追问,应该选择哪一种规范性关系。换一种说法,当面临一对比较项(米开朗琪罗与莫扎特)时,杰克可能不会任意地换一个新谓词,如“在创造力方面更好 1”作为解决疑难性的基础。超级比较困境疑难性的解决需要坚守住当前的谓词,并使用原本的措辞解决疑难性。[31]

当情形涉及具有规范意义的比较关系时,如“在道德方面更好”,超级比较困境疑难性的化解不能依赖任意约定这一点会尤为明显。思考这样一个超级比较困境:基于道德善(moral goodness),对遵守承诺这一特定行为与带

---

[30] Cf. Levi.

[31] 这并不是说,当谓词在选择语境中被使用时,某人必须坚守住当前的谓词。事实上,如果原先的涵盖式谓词使选择变得困难,换一个新的涵盖式谓词通常是理性的做法。

来极大快乐这一特定行为作比较。这一比较很艰难,遵守承诺在道德的某些面向更好(如它履行了个人遵守承诺的义务),而带来极大的快乐在道德的另一些面向更好(如它强调了大多数人正当的利益),然而,从整体来看,两者究竟谁更好并不明显。现在我们面临的问题是,这一比较困境的化解是一件任意的事情吗?对于哪一种行为在道德层面更好的疑难问题,可以通过抛硬币来解决吗?很明显,这一超级比较困境的化解,不可能依赖任意约定,相反,它是关涉何者更好的一个实质问题。如果杰克将一对比较项归入"道德上更好",而吉尔将其归入"道德上并非更好",那么他们之间就存在真正的实质性分歧,而非单纯的任意决定之间的冲突。然而约定一个新的谓词"准道德意义上更好"(schmorally better than),并且依据这一新谓词来判断是否存在确定性的应用是不合适的。因为该情形的疑难性要求我们确定哪一个在道德意义上更好,而非准道德意义上更好。这一论证同样也可适用于不太重要的超级比较困境,比如比较哪一个瓷器图案更美的疑难性。

我们所认为的超级比较困境与边缘情形之间的这一区别,可能面临着两个反对意见。第一种反对意见认为,超级比较困境中的分歧之所以是实质的,是因为评价性比较关系的一个一般性特征,而这一特征与比较关系的模糊性是相一致的。尤其是可能有人会认为,评价性比较关系是盖利所称的"本质上可争议的"(essentially contested),它们作为谓词,几乎在每一个情形下的应用都会引起实质分歧。[32] 这一反对意见进一步指出,由于本质上可分歧的谓词可能是模糊的,因此超级比较困境中的分歧是实质性的这一事实并不能说明,该困境不是模糊谓词应用下的边缘情形。

但是要注意到,模糊论的支持者现在已经转换了立场,现存的对模糊论的每一个解释(将模糊性视为真正的语义上的、而非单纯的认知上的不确定)似乎都认为,对边缘情形不确定的化解是任意的。换一种说法,每一个模糊论的支持者都一致同意,对边缘情形合适的化解方式是约定一个新谓词,以使得谓词的适用具有确定性。如果语义不确定论者现在想要主张,对于某些谓词来说,边缘情形的不确定不能以一种任意的方式被化解,那么他必须重

---

[32] See W. B. Gallie, "Essentially Contested Concepts", *Proceedings of the Aristotelian Society* (1956): 167-98. 并不是每一个评价性比较关系的应用都是本质上可争议的。一些比较关系明显不能应用是因为纯粹的形式理由(如 X 比 X 更好是错误的),而(依据盖利)有一些谓词的应用是每个使用者都应该同意的范例式应用。

新解释这些谓词的模糊性——为什么谓词的模糊性会存在区别。我们只是基于目前为止对模糊性的理解,来论证超级比较困境并非模糊比较关系应用下的边缘情形。也许存在另一种模糊性,由这种模糊性产生的边缘情形中可能会存在实质分歧,如果确实有,还有待于进一步解释。㉝

第二种反对意见对该主张持有异议:超级比较困境的化解不可能依赖于任意约定。也许超级比较困境中的分歧看起来是实质性的,但是进一步的检验会揭示出,它只不过是任意决定之间的冲突。这一反驳可能通过以下方式获得立足点,它注意到,超级比较困境中的疑难性可能与边缘情形中的不确定性具有相同的结构。正如模糊谓词具有不同的、符合资格的精确化结果,涵盖式比较基准组成成分之间也存在不同的、符合资格的规范性关系,即为与比较相关的诸标准分配重要性的函数有多种可能,杰克和吉尔可能会对采用哪种规范性关系产生分歧。㉞ 确实,如果评价性比较关系在本质上是可争议的,那么有关(涵盖式比较基准)组成成分重要性的分歧就是它们的一个本质特征。考虑到这一结构上的相似性,为什么不能主张,符合资格的诸规范性关系就是符合资格的诸精确化结果呢?

超级比较困境中的疑难性与边缘情形中的不确定性(可能)具有相似结构,然而从这一点本身并不能使我们必然推断出疑难性就是不确定或来源于不确定。事实上,结构上的相似性并不能有助于这一观点——超级比较困境中的分歧(并非关于诸化解方式之分歧,而是关于化解所基于的不同的、符合资格的规范性关系之分歧)是任意的。因为,正如关于 A 是否比 B 更有哲学才能的分歧是实质性的一样,关于原创性是否比清晰性对哲学才能更重要的分歧也是实质性的。有关不同的、符合资格的规范性关系之分歧,似乎以一

㉝ Cf. Stephen Schiffer, "Moral Realism and Indeterminacy", *Philosophical Issues* (in press),他将一阶的道德问题(如堕胎是否错误),处理为由模糊性引起的语义不确定的问题。他认为,两者都是某种潜在不确定现象的实例。我们这里的论证可以被延伸至对 Schiffer 的命题提出初步(prima facia)的质疑:堕胎在道德上是否正确这一疑难性问题的化解并不依赖于任意约定,而由模糊性引起的不确定的化解依赖于任意约定,这可能指明了这两种现象的根本区别。相似地,有人可能会认为,尽管超级比较困境中不存在语义不确定(没有模糊性),却存在另一种不确定。依照这一观点,某一比较项更好既不为真,也不为假,但这并非因为比较关系在语义上的模糊性。然而这种不确定是什么以及它来源于何,有待于解决。如果对等关系的反对者坚持认为它是某种新的不确定,他们必须解释这种不确定是什么。

㉞ 我使用"规范性关系"一词并非是在暗示存在某种严格的线性函数来比较诸组成性价值和诸比较项,这个词被用作某种宽松的隐喻,一方面,指涉涵盖式比较基准所包含的不同面向以及诸比较项之间可能存在的任何关系,另一方面,指涉基于涵盖式比较基准的比较。

种熟悉的方式与有关精确化结果的“分歧”相区别开来。

超级比较困境中的疑难性并不是应用模糊谓词所产生的边缘情形中的不确定性。当然,该论证为评价性比较关系的模糊性以及由此带来的适用的不确定留下了讨论空间,这种适用的不确定与超级比较困境中的疑难性是完全不同的现象。应用比较关系产生的边缘情形,其不确定性可以通过任意约定得到适当的化解,比如,如果与比较相关的考量因素不确定,那么 X 是否比 Y 更有创造力就可能是模糊的。在评估 X 是否比 Y 更有创造力时,是否需要考虑一个人一生所收获的名誉?在评估 X 是否比 Y 更适合某个哲学领域的岗位时,是否需要考虑正直的道德品质?在比较两种职业之优势时,对自然之美的亲近重要吗?关于与比较相关的考量因素的特定问题(哪些评价性考量因素对涵盖式比较基准有贡献),并非是涉及评价的实质问题,而是关系到我们希望如何描绘比较关系图景(contours of the comparative)的语义问题。如果杰克认为在评估谁更有创造力时,不需要考虑他们在一生中所获得的名誉,而吉尔认为应该考虑,那么他们的“分歧”可能可以通过任意约定解决。他们可以达成一致意见,约定一个比较关系,这个比较关系可能是包含了名誉考量因素的“在创造力方面更好”,也可能是未包含该因素的另一个比较关系。(注意,并非所有的相关问题都可以合理地归因于模糊性,一些问题可以是分析性的或者由有关概念上的陈词滥调来回应,另一些可能是实质性的。并且,某个特定的考量因素是否与比较相关,不必然是由模糊性引起的唯一问题)

如果超级比较困境并非是模糊情形,我们就有好的理由认为,它们是在“更好”“更差”“一样好”之外,适用第四种价值关系的情形。由于这类情形很常见,我们便应该相信对等关系不仅存在,而且是一种普遍存在的现象。

四、结论

本文的切入点为以下问题:比较困境该如何理解?认知论者主张在该情形中,三分式关系中的一种(“更好”“更差”或“一样好”)必然成立,但我们不知道是哪一种;不可比较论者主张三分式关系中的任何一种都不成立,因此我们得到的是不可比较;语义不确定论者主张,我们既不是无知也并没有面临着不可比较,而是比较关系的模糊性使得标准三分式关系的应用具有不确定性。为了反对认知论者,我们论证了,在某些情形下“更好”“更差”“一样好”显而易见都不成立;为了反对不可比较论者,我们论证了在其所主张的某些情形中,比较项是可以比较的;为了反对语义不确定论者,我们论证了比较困境的解决是实质性的,而非任意性的,因此这些情形并非是由于应用模糊谓词而产生的边缘情形。那么,某些比较困境既不是“更好”“更差”“一样好”,也不是不可比较,更不是应用模糊谓词而产生的边缘情形,它们是某种其他类型的情形,而且正如我们所主张的,这种其他类型的情形是除了“更好”“更差”“一样好”之外的第四种可比较性关系。

国家与法治研究　第2卷(2019)
第111～140页

明清两代的修例

苏亦工*

摘要:修例是明清两代国家立法活动的主体部分,包括创制新的条例以及修改、补充、废止既有的条例,或对既有条例作一些编纂技术上的处理。明代条列的创修始於洪武朝,但明初修例的随意性较大,缺乏规范的程序和审慎的态度,往往因人因事设例,后来统治者逐渐认识到这一现象的危害,开始强调律典的正统地位,首次修订的《问刑条例》颁布于弘治年间,并于嘉靖、万历年间修订。清代的修例基本仿效明朝并在此基础上进一步发展,以其发展程度的不同可分为前后两个阶段,前一个阶段的最主要成果是制定颁布了《刑部现行则例》,后一个阶段修例实现了经常化、定期化、规范化,形成了一套比较完备的制度。

关键词:大明律　大清律例　问刑条例　刑部现行则例　修例

一、明代的修例

(一)概说

明清两代的修例用现代的话语表述就是一种立法活

* 苏亦工,清华大学法学院教授。

动,而且,在明清两代,修例构成了国家立法活动的主体部分。自秦汉以来,几乎各个王朝都有自己的立法活动,也都有立法工作的主体和中心。大体上说,唐中期以前,定律是各王朝的主要立法活动,是立法工作的中心和重心。从唐后期起,定律工作逐渐退居次要地位,这时,律作为一种法源形式已趋於成熟、稳定,各王朝定律的主要任务已不再是发展这种形式,而是继承和延续它。与此同时,律之外的灵活性、变通性的法源形式上升为立法工作的重心,如唐后期的格敕、两宋的编敕以及明清的修例等。

明清两代的修例不仅是创制新的条例,也包括修改、补充、废止既有的条例以及对既有条例作一些编纂技术上的处理。在现代立法学家看来,所有这些都属于立法活动。①

作为成熟、稳定的大一统时代的立法,修例表现出与定律相似的特征,修例的根本决定权属于皇帝,或者说皇帝是立法权的主体。当然,皇帝的这种主体地位在许多情况下仅具有象征意义,但在有些时候它也起着非常具体而且实际的作用。譬如洪武、永乐两朝的修例就很受皇帝个人的影响,而仁、宣以后各朝的修例,来自这方面的影响就小得多。从理论上说,皇帝应是立法的全权主体,但是受中国古老的祖先崇拜和儒家孝道观念的影响,中国古代的开国皇帝往往享有更大的立法权,他所创制的法律有时甚至会构成对本王朝以后的各个皇帝的约束力量。诚如王毓铨先生所言:"'例'是辅'律'而行的,也完全具有律令的性质。'律'和'例'都可以据以定罪决遣。'律'是皇祖('前主')所是而定的,'例'是'列圣'('後主')所是而立的,这是它们的不同处。"②换句话说,嗣位皇帝的主权是不完整的,已经被他的祖先分割掉了一部分。从这个角度上说,用所谓"君主专制""帝王极权"之类的概念来定义秦汉以后,包括明清两代在内的中国传统政治法律体制不仅很不贴切,而且会产生太多理解上的歧义,误导读者。西方人所说的君主专制或帝王极权是绝对的、法律意义上的刚性制度;而中国古代的帝王威权虽然也有制度化的一面,但主要依托于道德伦理的支撑,因此是相对的、柔性的,个体变异极大。东西方文化在这两者之间的不同恰如中文语法与西文语法的差别一般,非有切身感受、细心体察是很难分辨的。这就好比我们说雪是白色的,同

① 参见周旺生:《立法论》,北京大学出版社 1994 年版,第 61 页。

② 王毓铨:《〈皇明条法事类纂〉读后》,载王毓铨:《王毓铨史论集》,中华书局 2005 年版,第 876~877 页。

时也说人的肤色很白，虽然使用的是同一个“白色”的概念，但二者之别，何啻霄壤?！这大概就像钱穆先生所说的，若“仅循西方轨迹”“袭取西人已有之成说”“轻相比附……则只见其搔不着痛处，而於中国传统演进，乃无从识其途径与向往。其又一流弊，则昧於一切制度，而笼统以‘帝皇专制’四字为解释之不二法门”。③

(二)《问刑条例》的初修

明代条列的创修始于洪武朝，永乐时期也制定过一些条例。由于朱元璋、朱棣的个人原因，明初的修例随意性较大，缺乏规范的程序和审慎的态度，往往是因人因事设例。一方面，条例本身不够协调一致，淆乱了成法；另一方面，奸吏乘机舞弊，任意轻重。按照黄彰健先生的观点，洪武、永乐时期，“以榜文为主，律为辅”，这个时期的条例为数较少，在司法实践中的作用还比较小。仁、宣以后诸帝，在朝臣们的劝谏下，逐渐认识到上述现象的危害，开始强调律典的正统地位，因此每个皇帝登基后都宣布要革除前代的条例。黄彰健先生说，洪熙至天顺四帝时期，以洪武三十年律为主，包括《律诰》所载准赎死罪律九条。大抵在这个时期，律典居于主导地位，例的作用尚属次要。然而社会形势并非固定不变的，作为原则性的律典往往显得过于抽象和概括，为应付时势的迁移，随时制定新的立法也是符合情理的，甚至是迫不及待的。鉴于“已成之法，一字不可改易”，摆在新皇帝们面前的唯一选择就是求助于条例。于是自仁宗以后累朝都在废止前朝条例的同时又制定出本朝的新例。特别是自宪宗朝以后，情况有了进一步的变化，虽然在宪宗的即位诏书中也承诺要将前任皇帝所定的条例革除，但是条例的数量不仅没能随之减少，反而越删越多。黄彰健先生是以将明宪宗以后划入明代法律史的第三个阶段，以便区别于前两个阶段，即洪武、永乐二朝和仁、宣、英、景四帝时期，他还将这个时期律例关系的特点概括为“新定的例附律而行”。④

宪宗成化年间，朝臣要求制定“问刑条例”的呼声越来越高，成化十年六月，兵科给事中祝澜上疏要求：“五府、六部、都察院、大理寺等衙门，备查在京在外远年近日节次条例，开具揭帖，会同内阁重臣，精选符合律意，允协舆

③ 钱穆：《素书楼余沈》，九州出版社2011年版，第10页。

④ 以上援引黄彰健先生观点而未注明出处者皆据黄彰健编著：《明代律例汇编》(序)，台北，中央研究院历史语言研究所1994年版，第1页。

情,明白简约者,归类条陈,编辑奏闻,伏乞圣明裁决,定为见行条例……”⑤成化十四年,刑科给事中赵艮又上疏要求将“洪武以来所增条例,通行会议,斟酌取舍,定为中制”,刑部答复认为,英宗天顺八年正月二十二日以前的条例,已根据宪宗即位诏书全部革除废止了,“难以编定刊行。其成化元年以後,凡有议奏条例,俱已通行”。⑥ 尽管刑部没有接受赵艮的意见,但当时民间却流行着所谓的《会定现行律条》,有的书商竟然将其附于《大明律》后刊刻发售。成化十五年,巡抚南直隶兵部尚书兼左副都御史王某上奏说:“臣昔备员法司,未见有所谓《会定现行律条》者。近得在京书坊刊行《大明律》,後有《会定律条》一百八十条,不知何时而会定也?”朝廷获悉此讯之后,虽然即刻下令“刊板着便送烧毁,若再印卖,重罪不饶”。⑦ 但此事本身就说明,编纂“问刑条例”,在当时确有相当的现实需求。

据有学者统计,仅天顺八年到弘治九年的 32 年间,诸臣上奏的例文题本就多达 888 件,⑧乃至“条例经年累岁,一事三四其例者有之;随事更张,每年再变其例者有之。〔驯〕(训)致条例浩繁,其中得失混杂”。⑨

孝宗统治时期号称有“中兴之象”,⑩史书赞其“能恭俭有制,勤政爱民,兢兢於保泰持盈之道,用使朝序清宁,民物康阜”。⑪ 这个时期,朝臣中围绕应否删定条例的呼声和争议再度热烈起来。弘治帝朱祐樘审慎听取臣僚们的意见,鉴于“祖制事关重大”,直到弘治十一年十二月二十一日,他才借宫灾之名下诏:“法司问囚,近来条例太多,人难遵守。中间有可行者,三法司查议停当,条陈定夺。其余冗琐难行者,悉皆革去。”⑫弘治十三年三月初二,经

⑤ 佚名纂辑:《皇明条法事类纂》卷四八,载杨一凡、刘海年总主编:《中国珍稀法律典籍集成》(乙编第 5 册),科学出版社 1994 年版,第 921 页。

⑥ 参见黄彰健编著:《明代律例汇编》(序),台北,中央研究院历史语言研究所 1994 年版,第 6~7 页。

⑦ 佚名纂辑:《皇明条法事类纂》卷四八,载杨一凡、刘海年总主编:《中国珍稀法律典籍集成》(乙编第 5 册),科学出版社 1994 年版,第 924 页。

⑧ 王毓铨:《〈皇明条法事类纂〉读后》,载王毓铨:《王毓铨史论集》,中华书局 2005 年版,第 877~882 页。

⑨ 佚名纂辑:《皇明条法事类纂》卷四八,载杨一凡、刘海年总主编:《中国珍稀法律典籍集成》(乙编第 5 册),科学出版社 1994 年版,第 920 页。

⑩ 王天有:《明代国家机构研究》,北京大学出版社 1992 年版,第 29 页。

⑪ (清)张廷玉等撰:《明史》卷一五《孝宗本纪》,中华书局 1974 年版,第 196 页。

⑫ 《明孝宗实录》卷一四五,弘治十一年十二月壬子,台北,中央研究院历史语言研究所 1962 年校印本(下引明代各朝实录同此本),第 2547~2548 页。

过一年零两个多月的工作，首次修定的《问刑条例》终于得到皇帝的批准，正式颁行。根据刑部尚书白昂奏呈《问刑条例》的题本，我们可以将这次修例的过程概括为3个主要步骤。第一个步骤是“奉诏查议”，类似现代立法过程中的起草法案。由刑部、都察院及大理寺三法司机关根据诏旨的精神，提交修例的草案。具体又可分为两个环节，首先是由三法司各委派官员将司法机关历年制定的及当时仍在通行的，或曾经“申明”的有关刑事问题的条例查清开列出来，其次由刑部尚书领衔，都察院、大理寺首脑官员进行“查议”。具体的做法是，“将情法适中，经久可行”的条例“通行查议停当”，除“冗琐难行”，根据诏书革去不须开列的以外，逐条写明奏请皇帝定夺。第二个步骤是“奉旨会议”，类似现代立法过程中的审议法案。即在“查议”的结果奏上以后，皇帝传旨要求三法司与六部及通政使司主管官员对“查议”的结果一同进行讨论。根据这道诏旨，三法司又会同各部及通政使司主管官员“将前项条例查照明白，再加议处停当，理合开陈具奏，伏候命下之日刊行。内外问刑衙门，问拟罪囚，悉照此例施行，永为遵守等因，开坐具题”。第三个步骤是修改颁布，类似现代立法过程中的表决和公布法案。刑部尚书白昂与各部官员35人会衔将“会议”的结果呈报皇帝审批，孝宗皇帝答复说“是。有点的六条，还再议停当来说。钦此。钦遵”。于是，白昂等官员再将皇帝钦点的6条议妥奏上，弘治十三年三月初二孝宗皇帝最后下诏“都照旧行。钦此”。[13]

从以上3个步骤中，我们似乎可以得出这样的认识，明代《问刑条例》的修定与现代的立法活动有近似之处，需要经过一定的程序，并非皇帝随心所欲地制定。修例的每个环节和步骤都有一定的权限分工和合作，譬如第一步由主管司法的各机关共同提出草案，第二步由更广泛的国家机关参与审议和讨论，每一个步骤的进展都必须经过并围绕皇帝的指示进行。与现代民主议会体制下的立法程序不同，中国传统体制下的法案表决权或者说是最后批准权，至少从形式上看是属于皇帝一人，而不是由议会或国民表决的，但是立法过程中的多次“会议”商讨，显然又非出自皇帝一人的专裁独断。简单地用“君主专制”一词来形容明清时代的立法，殊觉不妥。钱穆先生曾以唐代中央政府决策过程中要经过三省六部的多次“会商”为例指出：“皇帝居最高位，既不像英国般仅一虚位，又不如美国大总统般可以总揽一切。严格说，中国皇

---

[13] 《问刑条例》，载刘海年、杨一凡总主编：《中国珍稀法律典籍集成》（乙编第2册），科学出版社1994年版，第217页。

帝亦仅是政府中之一位，政府亦不全由皇帝一人作主。那又称得是一‘君主专制’的政治呢？这是政治学上一大问题，亦是一历史问题，又是一哲学问题。”⑭总之，明清时代，抑或中国古代的立法体制很难用现代西方的概念或术语作简单的界定和概括。

首次修定的《问刑条例》因颁布于弘治年间，史称弘治《问刑条例》，以区别于后来于嘉靖、万历年间修订的《问刑条例》。

弘治《问刑条例》共计 279 条，⑮最初只有单行本，现存最早的弘治单刻本载于明镇江府丹徒县官刊《皇明制书》嘉靖刻本和万历四十一年补刻本，科学出版社 1994 年版《中国珍稀法律典籍集成》（乙编第 2 册）予以收入。单行本问世后不久，有私人编纂的律例合刊本，如原国立北平图书馆藏隆庆二年河南府重刊本《大明律疏附例》，该书将条例散附于相关律条之后，排列顺序、条数与单刻本不同，但文句一致。黄彰健先生说，该本是他所见过的唯一于律后附有弘治《问刑条例》的本子。⑯ 另外，还有将弘治《问刑条例》同其后续定的条例混编在一起的律例合刊本，如胡琼的正德十六年刻本《大明律集解》，系现存最早的明代律例合刊本，收藏于日本尊经阁文库。⑰

弘治修订《问刑条例》打破了祖宗成法不可变的禁锢，开创了明清时代以例辅律、律例并行的先河，在中国古代立法史上具有重要的地位。

（三）《问刑条例》的重修

弘治《问刑条例》颁布后，在弘治、正德、嘉靖三朝行用了 50 余年，随着社会情势的不断变化，又陆续出现了一系列新的问题。为应付这些新情况，弘治十三年后仍不断有新的条例出现，如正德时的“新增条例四十四款”。世宗即位后，发布诏书重申：“凡问囚犯，今後一依《大明律》科断，不许深文，妄引参语，滥及无辜。其有奉旨推问者，必须经由大理寺审录，毋得径自参奏，致有枉人。近年条例增添太繁，除弘治十三年三月初二以前曾经多官奉诏奏准

---

⑭　钱穆：《中国学术通义》，九州出版社 2011 年版，第 330 页。

⑮　参见明朝官修：《明孝宗实录》卷一五九，弘治十三年二月庚寅，台北，中央研究院历史语言研究所 1962 年校印本，第 2851 页。有的本子因翻刻时将同一条例提行后误加“一”字符号，遂成两款，乃至条例总数增至 281 条。参见黄彰健编著：《明代律例汇编》（序），台北，中央研究院历史语言研究所 1994 年版，第 16 页。

⑯　黄彰健编著：《明代律例汇编》（序），台北，中央研究院历史语言研究所 1994 年版，第 16 页。

⑰　《问刑条例》，载刘海年、杨一凡总主编：《中国珍稀法律典籍集成》（乙编第 2 册），科学出版社 1994 年版，点校说明，第 5~6 页。

通行条例照旧遵行外,以後新增者悉皆革去。"[18]然而他自己也未能严格奉行自己下达的这道指令。就在他统治的时期,又陆续颁定了许多新的条例,"法令难行,轻重失宜"的现象再度突出起来。嘉靖初,陕西巡抚王荩奏请"定条例以明法守",遭刑部驳回。后来,巡抚保定等府都御史王应鹏等又上疏提出:"新增条例四十四款系正德年间法司详定奏行者,中间多所发明,及新例之可行者,均乞采择并行。"这一次,刑部附和了王应鹏的提议,认为应将上述新增条例"会官编入"。嘉靖七年十月,世宗皇帝下诏否决了有关修例的提议,他指出:"内外问刑衙门只依《大明律》科断,及弘治十三年条例照旧遵行。正德十六年诏书开载已明,不必再行编辑。"嘉靖十二年,都察院右副都御史再次提出纂修条例,刑部已同意"委官将弘治十三年奏行条例之後至正德、嘉靖间节经题准事例,逐一查出,斟酌精当,如果有补於律,可以永为遵守,会同各衙门官详议,明白开具,奏闻施行"。就在准备修例的过程中,三法司查出了世宗即位诏及嘉靖七年闰十月否决修例的诏旨,遂表示"未敢擅变",这次修例又告流产。[19]

嘉靖二十七年九月,刑部尚书喻茂坚以地震应诏陈言,指出"自弘治间定例,垂五十年",[20]其间"世变风移,自应通变以宜於民。节该法司议奏及我皇上钦定条例数多,在京法司已知遵行,天下有司犹未通晓。中间有不谙例文,妄自摘引,或拘泥全例,添情就狱,以致引拟欠当,民多冤死,甚非慎重民命以昭和气也!伏乞勅下臣等会同三法司堂上官,将《问刑条例》并我皇上嘉靖元年以後钦定事例,通再申明,除简切宜晓,引用无差者,照旧遵行外,中间如有例意本明,或罪状未合本例,妄自摘引;或例意有所专指,难以牵合者,容臣等逐一查议明白,刊示内外百司,通行讲读,永为遵行。其弘治十三年以後,嘉靖元年以前事例,虽系奉诏革除,中间有系因事条陈,拟议精当,有难尽废者,通加检查条件,并官司妄引条例,故入人罪者,明议黜罚之条,通行开具,奏请裁定施行"。

由于多年来有关修例的条奏不断,世宗可能也终于意识到问题的严峻,不能再听之任之,于是下旨:"今年有司非法用刑,妄引条例,故入人罪,小

---

[18] 《明世宗实录》卷一,正德十六年四月癸卯,第26~27页。

[19] 本节引文未注明出处者皆转据前引黄彰健编著:《明代律例汇编》(序),台北,中央研究院历史语言研究所1994年版,第28~30页。

[20] (清)张廷玉等撰:《明史》卷九三,《刑法志》,第2286~2287页。

民冤抑何伸？便会官备查各年问刑事例，定议来说。钦此。”[21]

不久喻茂坚去职，世宗令刑部尚书顾应祥主持修例，经过两年的努力，至嘉靖二十九年十二月二十二日，《问刑条例》的重修工作终于告竣，同月二十五日（耶历 1551 年 1 月 31 日），经世宗批准颁行。[22] 朱厚熜在诏旨中强调：“这《问刑条例》，你每既会议停当，着刊布，内外衙门一体遵行。今後问刑官，敢有任情妄引，故入人罪的，依拟查参降黜。钦此。”[23]嘉靖三十四年二月十六日（1555 年 3 月 8 日），刑部尚书何鳌等奏上律例 9 事，也获得皇帝的允准。但核之《明实录》此处所载内容，实则只有 8 事；[24]《南京刑部志》载有嘉靖三十四年二月十七日“续奉圣旨准行问刑条例”，亦是 8 条。[25] 核之两者中有 7 条大致可以相互对应，但前者所载之第 8 事不见于《南京刑部志》，[26]后者所载之第 7 条亦不见于《明实录》。前者漏载的这一条，即《南京刑部志》所收之第 7 条：

一、凡辽东、宣府、大同、延绥、宁夏、甘肃、固原，并偏头等关，直隶蓟州、密云等处沿边地方，总兵、副、参、游击、守备、都司、卫所官员，但有科敛及扣减入己赃私，至二百两以上，发边卫永远充军；四百两以上，斩首示众。

如二者各自从对方补足一条，刚好都是 9 条。这次重修的条例史称嘉靖《问刑条例》，颁行后有单行本及律例合刊本行世。嘉靖单刻本今可见于美国国会图书馆。合刊本见于台湾中研院史语所藏嘉靖三十三年汪宗元、潘恩重刊本《大明律例》，其所收《问刑条例》亦系嘉靖《问刑条例》。

在海内外的各种收藏本中，以台湾中央图书馆藏嘉靖四十二年歙县知县熊秉元重刊明雷梦麟撰《读律琐言》所附条例，在编排上最尊重单行本的次序。据《明史·刑法志》及《续通典》的说法，嘉靖《问刑条例》为 249 条，黄彰

---

[21] （明）顾应祥：《重修问刑条例题稿》，载黄彰健编著：《明代律例汇编》卷首，台北，中央研究院历史语言研究所 1994 年版，第 8 页。

[22] 《明世宗实录》卷三六八，嘉靖二十九年十二月甲申，第 6592~6593 页。

[23] 黄彰健编著：《明代律例汇编》卷首，台北，中央研究院历史语言研究所 1994 年版，第 12 页。

[24] 参见《明世宗实录》卷四一九，嘉靖三十四年二月辛巳，第 7273~7275 页。并参见黄彰健编著：《明代律例汇编》卷二三，台北，中央研究院历史语言研究所 1994 年版，第 902 页。

[25] 参见（明）陶尚德等撰：《南京刑部志》卷三，南京出版社 2015 年版，第 406~411 页。黄彰健先生称“《南京刑部志》载有这九条全文”，核之仅 8 条，应是误计。参见黄彰健编著：《明代律例汇编》卷首，台北，中央研究院历史语言研究所 1994 年版，第 34 页。

[26] 此即：“一、凡军职有犯倚势役占并受财卖放余丁至三十名以上，致废防守，俱比军职卖放正军，包纳月钱至二十名以上事例罢职戍遣。”《明世宗实录》卷四一九，第 7275 页。

健先生对上述各本加以考证认为嘉靖《问刑条例》应为 376 条，加上嘉靖三十四年续增的 9 条则为 385 条。[27] 嘉靖重修《问刑条例》巩固了条例与律典并行的地位。

《问刑条例》的第三次修订比前两次要顺利得多。据万历十三年四月初四刑部尚书舒化的《重修问刑条例题稿》，万历二年四月，刑科给事中乌昇等上疏"肯乞严敕当事法司早定刑书等事"，明神宗朱翊钧传旨"刑部知道，钦此"。迨刑部具复以后，皇帝批复："《问刑条例》依拟参酌续附。钦此。"[28]不过据《明实录》的记载，乌昇等的奏请原本包含两项内容，即"将《大明律》注参酌考订，并续增条例详议上请，共成一书，颁行中外。"刑部答复否定了前一项提议，理由是《大明律》"明白洞彻，原无微文隐义、不可通晓之处"，只是"诸家注释往往各执已见，纷如聚讼"。如果刑部参酌各家注释形成官方注释并纳入律典之中，就可能成为"不刊之典"，反而使"巧文之吏，任注释而背律文，犹经生弃经任传，其弊不可言矣"。对于后一项提议，即续修《问刑条例》，刑部则表示肯定和支持："至於《问刑条例》乃采之累朝诏令，或在廷诸臣建白，可补律文之所未悉。自嘉靖三十三年重定之後，未经补辑，合咨各衙门，将嘉靖三十四年以後与刑名相关事体，备查过部参定，附续颁布中外，报可。"[29]这里的"报可"就是指前述神宗皇帝的批复，时间应该是在万历二年五月二十二日（1574 年 6 月 10 日），舒化题稿中所说的"万曆二年四月内"，显然是指乌昇等提出奏请的时间。

获得皇帝的御准后，刑部随即着手展开修例的准备工作。刑部首先向吏部等各衙门发出咨文，请求各衙门将嘉靖三十四年以后"节次诏令及题奉钦依，但与刑名相关事例"，移咨刑部汇总备考。万历四年至五年，时任刑部尚书王崇古札委刑部四川、湖广、河南、山西、广东、山东、陕西、云南等各司郎中、员外郎、主事等官员共计 13 人参与《问刑条例》的纂修工作。万历六年二月，时任刑部尚书严清又札委时任湖广司主事李伯春、方范等，"将各条例及《大明令》、《大明会典》、累朝诏赦、《宗藩军政条例》、漕运议单，并节年各衙

---

[27] 黄彰健编著：《明代律例汇编》（序），台北，中央研究院历史语言研究所 1994 年版，第 32~35 页；并可参见《问刑条例》，载刘海年、杨一凡总主编：《中国珍稀法律典籍集成》（乙编第 2 册），科学出版社 1994 年版，第 7 页。

[28] （明）舒化：《重修问刑条例题稿》，载黄彰健编著：《明代律例汇编》卷首，台北，中央研究院历史语言研究所 1994 年版，第 13 页。

[29] 《明神宗实录》卷二五，万历二年五月乙未，第 639~640 页。

门题准事例,凡有关於刑名者,各查照本律,参酌事情,逐一呈堂,再三校勘,裒集成帙,仍誊写三十余部,咨送各部院衙门堂上官及该科,公同酌议”。㉚

其间,又有一些朝臣不断就修例事宜提出具体的建议,如万历三年六月二十五日(1575 年 8 月 1 日。笔者按:舒化题稿作万历三年七月内,料应是得旨的时间),户科都给事中(舒化题稿作“该刑科给事中”)光懋条陈三事,其中第三事就涉及《问刑条例》的修订:

刑部之《问刑条例》除律例简切易晓,引用无差者,照旧遵行,如有含蓄深远,当为剖析,该括不全,当为广推者,通行斟酌,因事讲求,务要文义明悉,情罪适均,庶鞫断不爽,人鲜冤狱。上然之。㉛

其他如万历十一年三月陕西监察御史陈荐题疏批评捕盗法过严,皇帝命刑部会同兵部删改“捕盗条格”事,以及同年六月刑部答复礼科给事中陈烨题请废止“侵盗腹里钱粮新例”等事,也均与修例事务相关。㉜

万历十一年五月,刑科给事中戴光启上疏“请修《问刑条例》,以饬法条事”,其中提出“要将条例逐一详议停当,仍集九卿衙门堂上官会议”。皇帝传旨令“法司知道”,时任刑部尚书潘季驯乃“请会同九卿衙门各堂上官将屡年奉行事例,除简明切要,情罪适(均)〔切〕者,照旧遵行外,中间如有关〔题〕略(疑)(以)〔似〕滞碍,逐一简察酌议,务使因革增损允协舆论,足垂久远,完日开奏。报可”。㉝

当时主持朝政的首辅张居正及许多朝臣也均赞成度势立法。张居正认为:“法不可轻变也,亦不可苟因也。苟因则承敝袭舛,有颓靡不振之虞,此不事事之过也;轻变则厌故喜新,有更张无序之患,此太多事之过也。二者法之所禁也,而且犯之又何暇责其能行法哉。去二者之过而一求诸实,法斯行矣。执事发策,考荀孟之异论,稽国家之旧章,审沿革之所宜,求综核之实效。愚尝伏而思之,夫法制无常,近民为要,古今异势,便俗为宜。”㉞

㉚ (明)舒化:《重修问刑条例题稿》,载黄彰健编著:《明代律例汇编》卷首,台北,中央研究院历史语言研究所 1994 年版,第 13 页。

㉛ 《明神宗实录》卷三九,万历三年六月壬辰,第 915 页。

㉜ 参见《明神宗实录》卷一三八,万历十一年六月乙卯、甲子,第 2570 页、第 2575 页。

㉝ 《明神宗实录》卷一三八,万历十一年六月丁巳,第 2572 页。笔者按:引文中圆括号内文字疑似讹误,方括号内文字系据黄彰健《明神宗实录校勘记》(中国台湾中央研究院历史语言研究所 1962 年版,第 656 页)校正。

㉞ (明)张居正:《辛未会试程册二》,载(明)张居正撰:《张太岳集》卷一六,上海古籍出版社 1984 年版,第 193 页。

由于朝廷上下对修例问题态度比较一致,阻力也就较小。万历十三年四月四日(1585年5月3日),刑部尚书舒化奏报《问刑条例》修订完毕请旨颁行。十一日(5月10日),神宗下诏:“这《问刑条例》既会议详细允当,着刊布,内外衙门永为遵守。仍送史馆,纂入会典。各该问刑衙门如有妄行引拟及故入人罪的,法司及该科参奏治罪。钦此。”㉟

根据舒化的建议,这次修例将条例依类附入律中,“仍将大明律逐款开列於前,各例附列於後,刊刻成书”“律为正文,例为附注”,实现了律例合体。㊱

万历续修《问刑条例》距嘉靖二十九年的修例不过35年,距嘉靖三十四年续增则只有30年,其间陆续颁定的条例数量并不太多,因此这次修例的主要任务不是增补条例,而是对嘉靖《问刑条例》作技术性的处理,调谐条例与律典的关系,其基本的宗旨是“芟除繁冗”“归一是非”“依律以定例”“必求经久可行,明白易晓,务祛苛纵之弊,以协情法适中”。这次修例,保留下来的条例共计382条。㊲

万历《问刑条例》的修订是明代最后一次大规模的集中修例活动,自此以后直迄明亡,《问刑条例》再未更动。这次修例明文规定:“条例申明颁布之後,一切旧刻事例,未经今次载入,如比附律条等项,悉行停寝。凡问刑衙门,敢有恣任喜怒,妄行引拟,或移情就例,故入人罪,苛刻显著者,各依故失出入律坐罪。其因而致死人命者,除律应抵死外,其余俱问发为民。”㊳

二、清康熙朝《刑部现行则例》

(一)《刑部现行则例》编修和颁布

清代的修例基本仿效明朝,并在明代的基础上有了进一步的发展,以其

㉟ (明)舒化:《重修问刑条例题稿》,载黄彰健编著:《明代律例汇编》卷首,台北,中央研究院历史语言研究所1994年版,第16页、第18页。

㊱ 参见黄彰健编著:《明代律例汇编》卷首,台北,中央研究院历史语言研究所1994年版,第16页;《明神宗实录》卷一六〇,万历十三年四月辛亥,第2932页。

㊲ 黄彰健编著:《明代律例汇编》卷首,台北,中央研究院历史语言研究所1994年版,第15~16页。

㊳ 黄彰健编著:《明代律例汇编》卷三〇,台北,中央研究院历史语言研究所1994年版,第1026页。

发展程度的不同又可分为前后两个阶段。前一个阶段的最主要成果就是制定颁布了《刑部现行则例》。

清廷入关以后,接受了前明旧制,开始了自己的修例活动。清代刑事法律的制定主要由专门的机构——律例馆负责。律例馆创设于顺治二年,最初为独立的"官厅,乾隆七年隶属刑部。该馆不常设之。每届条例纂修之期,由刑部官吏中选择,临时任命为馆员,纂修毕即撤去"。[39] 律例馆设总裁一人,由刑部"堂官"(刑部尚书或左右侍郎)出任;纂修若干人,由刑部司员中选任。[40] 这个阶段,律例馆的主要任务是修律,虽然也开始了修例,但不是主要的。顺治时期除修成了一部律典外,没有集中的、大规模的修例。

顺治时期,由于政局的动荡,清政府还没有足够的精力从事立法活动,这时期的主要工作是为了应付现实的需要,因此只能照搬明律,还不可能有太多的创新。顺治四年颁布的《大清律》,基本上是明律的翻版,不但全盘接受了明律,而且也继承了明律附载的条例,并视之与律文有同等效力。

律有条例附於律也,顺治年颁行者也;新例於律与条例之外新增者也。自康熙七年酌复旧章,以新增者名曰例,以附律之条例概名曰律。[41]

到了康熙时期,整理开国以来陆续制定的条例,定名为《刑部现行则例》,刊布施行,这是清朝开国以来第一次大规模的修例活动。

关于康熙朝修纂《刑部现行则例》的情况,史料记载略显参差模糊。《乾隆会典则例》、嘉庆及光绪《会典事例》皆记作:"康熙六年奉旨,刑部酌定现行则例,详细分款,陆续进呈。"《清朝通志》所载亦同。唯《清朝通典》记作康熙七年"八月,命刑部酌定《现行则例》,详晰分款,陆续进呈"。[42] 核之清《圣

---

[39] [日]织田万撰:《清国行政法》,李秀清、王沛点校,中国政法大学出版社 2003 年版,第 60 页。

[40] 中国第一历史档案馆藏档案,朱批奏折:163-4-24-1,乾隆五年十二月初七刑部左侍郎张照奏折。

[41] (清)姚文然:《姚端恪公外集》卷五,载四库未收书辑刊编纂委员会编:《四库未收书辑刊》(柒辑·18 册),北京出版社 2000 年版,第 612 页。

[42] (清)高宗(允陶等奉)敕撰:《钦定大清会典则例(乾隆)》卷一二四,台北,台湾商务印书馆 1983 年影印版(下同,简作《乾隆会典则例》),第 623 册,第 695 页;(清)仁宗(托津等奉)敕撰:《大清会典事例(嘉庆)》卷五九三,近代中国史料丛刊三编第 69 辑,台北,文海出版社 1992 年影印版(下同,简作《嘉庆会典事例》),第 597 页;(清)德宗(李鸿章奉)敕撰:《大清会典事例(光绪)》卷七四〇,载《续修四库全书·史部·政书类》第 809 册,上海古籍出版社 1995~2002 年版(下同,简作《光绪会典事例》),第 169 页;(清)高宗敕撰:《清朝通志》卷七二,上海商务印书馆 1935 年版(下同),第 7207 页;(清)高宗敕撰:《清朝通典》卷八〇,上海商务印书馆 1935 年版(下同),第 2614 页;(清)高宗敕撰:《清朝文献通考》卷一九六,上海商务印书馆 1936 年版(下同),第 6606 页。

祖实录》,康熙七年八月十七日:“命刑部酌定见行则例。详晰分款。陆续进览。”[43]是知《清朝通典》的记载是正确的,《刑部现行则例》奉旨编纂的时间应该是康熙七年八月而非康熙六年。

关于康熙朝《刑部现行则例》的完成和颁布时间,清代官方文献记载也很不清晰,甚至颇多差谬混乱。《乾隆会典则例》记作:

(康熙)十八年谕:国家设立法制,原以禁暴止奸,安全良善,故律例繁简,因时制宜,总期合於古帝王钦恤民命之意。向因人心滋伪,轻视法网,(及)强暴之徒,凌虐小民,故於定律之外,复严设条例,俾其畏而知儆,免罹刑辟。乃近来犯法者多,〔而〕奸宄未见少[44]止,人命关系重大,朕心〔(深用)〕恻然。其定律之外,所有条例,如罪不至死而新例议死,或情罪原轻而新例过严者,应去应存,着九卿詹事科道,会同详加酌定〔(,确)〕议〔(具)〕奏,钦此。遵旨将更改条例缮册奏准,刊刻通行,名曰《现行则例》。[45]

《清朝通典》进一步明确了圣祖玄烨的这道上谕发布于康熙十八年九月,[46]《清朝文献通考》《清朝通志》等书也均将该上谕的发布时间定在康熙十八年。但是《嘉庆会典事例》和《光绪会典事例》则均记作康熙九年。[47] 核之《清实录》,更是离奇,同一道上谕,居然在康熙十八年九月十四日(1679 年 10 月 18 日)和康熙十九年四月十四日(1680 年 5 月 12 日)先后两次出现,文字完全相同。[48] 复考之《康熙起居注》,康熙十八年九月十四日丙午:“早,上御乾清门,听部院各衙门官员面奏政事。”而康熙十九年四月十四日癸酉:“上因亢旱祈雨,躬祀天坛,斋戒三日,不理政事。”[49]由此推断,康熙十九年四月癸酉日的这则记载应是误记。至于康熙朝《刑部现行则例》的奉旨颁布日期,应该是康熙十九年四月二十七日,详见下文。

(二)《刑部现行则例》的版本

康熙朝《刑部现行则例》流传较广的版本是《古今图书集成·经济汇

---

[43] 清朝官修:《圣祖实录》卷二六,癸未,中华书局 1985 年影印版(下同),第 368 页。

[44] 《古今图书集成》本“少”作“衰”。

[45] 《乾隆会典则例》卷一二四,第 695 页。笔者按:圆括号(　　)内为《圣祖实录》文字,方括号〔　　〕内为《古今图书集成》本文字;圆方括号并用〔(　　)〕者,为《圣祖实录》与《古今图书集成》本同。

[46] 《清朝通典》卷八〇,第 2615 页。

[47] 《嘉庆会典事例》卷五九三,第 597 页;《光绪会典事例》卷七四〇,第 169~170 页。

[48] 参见《圣祖实录》卷八四,第 1072 页,康熙十八年九月十四日丙午(1679 年 10 月 18 日);《圣祖实录》卷八九,第 1130 页,康熙十九年四月十四日癸酉(1680 年 5 月 12 日)。

[49] 中国第一历史档案馆整理:《康熙起居注》,中华书局 1984 年版,第 435 页、第 528 页。

编·祥刑典》卷五九至卷六一所收之三卷本。该本前冠康熙十八年九月十四日玄烨谕刑部上谕,与前引《乾隆会典则例》文字稍有出入。唯上谕后附有下面一段文字:

臣等将刑部现行条例内罪不至死者,新例议死,或情罪本轻,而新条例过严,或律虽有正条,情罪可恶,因时事斟酌所定之例。或应照律者,将例删去,照律遵行,逐件详核,分别应减应留,除不便改者不题外,其所更改条例谨缮册进呈御览,候命下之日,刊刻通行遵行。凡未完事件,俱以奉旨之日为始,照此例遵行,等因。康熙十九年四月二十四日题,二十七日奉旨,依议,册并发。[50]

这段文字之后是目录,其后是正文,目录共登录条例283道,分列于28门之下,标明整条移出者13道,半条移出者计有5道,然核之正文有只移出半条而目录却标明整条移出者,[51]编目之疏误可知。正文实存当为271道(其中6道是半条),其中标明年份最晚者为康熙二十九年。[52] 是知此本所存康熙朝《刑部现行则例》非康熙十九年初发之本,当为康熙二十九年以后之本。其所谓“移入”或“已入××年”者,指移入《古今图书集成·经济汇编·祥刑典·律令部汇考》其他各卷编年部分。移出部分所在位置如表1所示:

表1　集成本则例条目移出后位置

序号	移出条目	移出后位置
1	《名例·流犯冬夏停发》	第769册,卷55页64
2	《名例·被掳投归》	第769册,卷52页47
3	《名例·论功免死》,上半条仍在第770册,卷59页23	下半条移至第770册,卷62页37
4	《名例·查阵亡效力》	第770册,卷63页47
5	《名例·贪赃官役流徙乌喇等处》上半条仍在第770册,卷59页23	下半条移至第770册,卷62页37
6	《名例·不许赎身移入》	第770册,卷62页41

---

[50] (清)陈梦雷等编:《古今图书集成·经济汇编·祥刑典》卷五九,上海中华书局1934年版,第770册之21页。核之沈厚铎先生点校本(详后)第487页文字相同。

[51] 即《名例》门第23条“论功免死”,正文中上半条仍在,只移出下半条康熙二十一年十二月初七日上谕部分。

[52] 参见《断狱·斋戒》。

续表

序号	移出条目	移出后位置
7	《名例・光棍好斗恶徒遣发》	第770册,卷62页36
8	《户役・直隶各省买人》上半条仍在第770册,卷59页24	下半条移至第770册,卷62页38
9	《婚姻・投充人之女聘嫁》	第770册,卷63页43
10	《贼盗・金银器皿拟罪偷盗》	第770册,卷63页47
11	《诉讼・投帖匿名揭帖》	第770册,卷57页9
12	《诈伪・私铸钱》上半条仍在第770册,卷61页32	下半条移至第769册,卷54页58
13	《诈伪・另户人私铸》	第770册,卷63页43
14	《断狱・旗下有犯强盗罪停其解部》上半条仍在第770册,卷61页34	下半条移至第770册,卷63页47
15	《断狱・夹讯罪犯》	第770册,卷56页1
16	《断狱・犯人沿途口食》	第770册,卷63页47
17	《断狱・人死街道》	第770册,卷62页40
18	《断狱・斋戒》上半条仍在第770册,卷61页35页	下半条移至第770册,卷63页45

笔者所见的另一种康熙朝《刑部现行则例》是刘海年、杨一凡等编《中国珍稀法律典籍集成》丙编第3册所收《沈家本未刻书七种》之一。据该书点校说明,此本是清季沈家本供职刑部时的旧藏本,原件为楷书抄本,首页有"枕碧楼藏书记"印痕,"全书列目27门,275条,其中24条有目无文,实有251"道条例,沈家本四世孙沈厚铎先生据以点校整理面世。[53] 但沈先生后来在一篇论文中又说:

是书共28门,列二百八十一目,脱二目,应为二百八十三目。已入康熙十九年以前例文四条,移至康熙十九年以後例文九条,加上未列目而有例文的两条,合计有例文二百七十条……[54]

---

[53] 参见沈厚铎等点校:《沈家本未刻书七种》(点校说明),载刘海年、杨一凡总主编:《中国珍稀法律典籍集成》(丙编第3册),科学出版社1994年版,第3~4页。

[54] 沈厚铎:《康熙十九年〈刑部现行则例〉的初步研究》,载韩延龙主编:《法律史论集》,法律出版社1998年版,第543页。

将这两个本子稍加比对，发现除个别文字略有出入外，[55]内容几乎全同，应是同一个本子。郑秦先生也说：

康熙十九年《刑部现行则例》传世单行本尚未得见，只是在《古今图书集成·祥刑典》中收录全文。另见有清末沈家本先生枕碧楼藏抄本，与集成本两相对照，完全一样，可见抄本是录於集成本的。[56]

郑秦先生所言极是。至于两本文字上的出入，略加校核，似可推定为沈先生在抄录点校过程中发生的错误。例如沈先生所说的"列二百八十一目，脱二目"者，核之《古今图书集成》本，原列 283 目，并无脱漏。沈先生认为脱漏的那两条，实系沈先生点校本（以下简称沈校本）目录分别将四道条例混合为两道条例所致。沈校本目录脱落的第一条是误将《公式·逃人干连》条与下条《差役扰民》合并为"逃人干连差役扰民"一条，致使目录中少了《差役扰民》条；但正文中却依然保留着该条的内容，于是沈先生便据例内文字命其名为"违例差遣"，实则"违例差遣"正是下条《差役扰民》例中的内容。[57] 沈校本目录脱漏的另一条是《诉讼·越诉》例。盖因目录误将该条与上条《公同陈告》例混而为一，成为"公同陈告越诉"条，因而少了《越诉》条。沈先生於是又将正文中保留的《越诉》例内文字"有碍本官"作为该条的标题，[58]亦误。

沈校本还有其他的一些文字讹误，如目录中《仓库》门下第 2 道条例写作"朦匿入官人口"，《古今图书集成》本目录作"隐匿入官人口"，核之两本条例正文中亦均有"匠役人口隐匿不首"字样，下面将要提到的"笺释本"目录亦作"隐"，可知沈校本目录该条标题中之"朦"字当为"隱"字之讹。[59] 又如《贼盗》门下第 51 道条例，沈校本目录作"採緃官兵治罪"，《古今图书集成》本目

---

[55] 如《断狱·秋后正法》条，《古今图书集成·经济汇编·祥刑典》卷六一："康熙十九年七月初五日奉上傳：每年即行正法之人……'"其中"上傳"之"传"字沈厚铎先生点校本（第 563 页）作"谕"，未知系其所据之原本即为"谕"，抑或沈先生径改为"谕"？核之下面将要提及的"笺释本"亦作"傳"。

[56] 郑秦：《清代法律制度研究》，中国政法大学出版社 2000 年版，第 28 页。

[57] 沈校本目录见第 490 页，例文见第 508 页；《古今图书集成》本目录见卷五九第 21a 页，例文见同卷第 24a 页。

[58] 沈校本目录见第 494 页，例文见第 546 页；《古今图书集成》本目录见卷五九第 22a 页，例文见卷六一第 31b 页。

[59] 沈校本目录见第 490 页，例文见第 515 页；《古今图书集成》本目录见卷五九第 21b 页，例文见同卷第 25b 页。

录作“採蹤官兵治罪”，核之两本条例正文皆有“巡蹤章京见蹤不追”字样，[60]笺释本目录作“採踪官兵治罪”，由此似可确认沈校本目录中之“縱”字应为“踪”字之讹。又如《断狱》门下第15道条例，沈校本目录作“無干連牽即行釋放”。“牵”字跟在“连”后，其意不通，应为衍文，《古今图书集成》本及笺释本目录均作“干連即行釋放”。核之三本例文相同，均有“如審係無干，牽連者即行釋放”字句，例意是将与“光棍”罪“无干”的牵连人犯即行释放，则沈校本目录该例标题中之“无”字亦为衍文。[61] 又，《贼盗》门“逃人白昼抢夺”条，沈校本例文中有“果系逃人，其在逃走之处为盗情真者”句，核之《古今图书集成》本、笺释本“其”均作“及”，审该例文意，亦以“及”为顺，“其”字似为抄录时之笔误。[62]

近阅友人赐阅东京大学东洋文化研究所藏《大清律集解附例笺释》图片，知该书线装，一帙，10册，30卷，内附《刑部现行则例》和《兵部督捕则例》各一册，其首卷扉页正中书大字“大清律笺释”，左上书“增订金沙王氏原文”，右侧顶格字号稍大书“钦颁”两字，以下两排并列，分书“刑部现行则例”和“兵部督捕则例”，其下两排中间书“附”字。正文首行标题为“大清律集解附例笺释”，上下卷目录前一行皆有“左都御史臣李柟订、长洲布衣臣蔡方炳校”一句。查《清史稿·部院大臣年表二下》，李柟于康熙三十九年六月任左都御史，四十三年十月致仕。据《国朝耆献类征》，李柟作李枏，康熙三十九年六月擢左都御史，四十三年“九月枏以老病乞休，命以原官致仕。十一月卒於家”。[63] 据此可知，此书当编订于康熙三十九年六月——四十三年十月之间。将其中所附之《刑部现行则例》（本章中凡称“笺释本”者指此）与《古今图书集成》本相比较，二者在目录、编排及文字上不尽相同，下试分述之。

与《古今图书集成》本一样，笺释本卷首也是以康熙十九年四月二十四日“刑部等衙门”题本开篇，但其中所引康熙十八年九月十四日上谕在“轻视法网”后较《古今图书集成》本多出了“及強暴之徒，凌虐小民”九字，与前引《圣

---

[60] 沈校本目录见第494页，例文见第540页；《古今图书集成》本目录见卷五九第21b页，例文见卷六〇第30b页。

[61] 沈校本目录见第496页，例文见第558页；《古今图书集成》本目录见卷五九，例文见卷六一第33b页。

[62] 参见沈校本第536页，《古今图书集成》本卷六〇第29b页。

[63] 赵尔巽等撰：《清史稿》卷一八一，中华书局1977年版，第6517~6521页；（清）李桓：《国朝耆献类征初编》卷五八，台北，明文书局1985年影印本，第142~346页。

祖实录》所载相同。

与《古今图书集成》本在前述题本之后径接目录不同，笺释本在题本之后附列了一份 79 位官员联署的名单，以吏部尚书管刑部尚书事黄机、刑部满左侍郎禅塔海、汉左侍郎冯甦、满右侍郎宜昌阿、左侍郎管右侍郎事高珩领衔，其后署名者依次是吏、户、礼、兵、工五部尚书、侍郎，兵部督捕左侍郎，督察院左都御史、左副都御史，通政使司通政使、左右通政、左右参议，大理寺卿、少卿、寺丞，詹事府詹事、少詹事，六科给事中、各道监察御史，刑部福建、广西、浙江三司郎中、主事、笔帖式等。这份名单之后，另起一页又有一份由刑部尚书图纳、尚书李天馥、升任尚书張玉书，左侍郎席珠、王国安，右侍郎阿喇密、郑重以及四川司员外郎汪世英、堂主事特备、浙江司郎中省额、范承烈、李观光、李滋生、员外郎蒋弘绪、主事勒贝、刘懋恒、八品笔帖式查克担、董维琦、常有等 19 位官员联署的名单。笔者推断，前一组列名的 79 位官员，应该是参与上奏康熙十九年四月二十四日“刑部等衙门”题本的官员，后一组署名的 19 位官员应该是参与起草《刑部现行则例》的官员。据《清史稿·部院大臣年表上》，从前一组 79 位署名官员居迁时间推算，肯定是在康熙十八年十月至十九年七月，[64]这与康熙十九年四月二十四日刑部等衙门上奏题本的时间正相吻合。从后一组 19 位官员的居迁时间推算，应该是在康熙二十七年五月至十二月，[65]由此当可推定笺释本《刑部现行则例》的编修完成时间，应该也是在这一时段。可知笺释本虽然也不是康熙十九年年初颁之本，但较《古今图书集成》本为早，可能是目前所能见到的最接近初颁本的本子。唯该本《断狱》门所载“犯人沿途口食”条例中有“康熙三十六年五月初三日”一句，查《古今图书集成》本该条虽然有目无文，但载明已移至“康熙二十六年”，核其移出内容与笺释本相同，因可确认“三十六年”应为“二十六年”之讹。

笺释本目录存目 284 条，但正文中实有条例数仍是 283 条。较《古今图书集成》本目录多出的这一道是《贼盗》门的“金銀器皿”条，位于“擬罪偷盗”条之后，“強盗不許妄扳”条之前，但正文中并无该条例，这是笺释本中唯一的

---

[64] 参见赵尔巽等撰：《清史稿》卷一八〇，中华书局 1976 年版，第 6407～6410 页。案：高珩康熙十八年十月始任刑部右侍郎，十九年七月吏部左侍郎折尔肯、户部右侍郎达都迁任他官。

[65] 参见赵尔巽等撰：《清史稿》卷一八〇，中华书局 1976 年版，第 6427～6430 页。案：李天馥康熙二十七年五月任刑部尚书，十二月迁。

有目无文之例。笺释本目录中的“拟罪偷盗”条与《古今图书集成》本的“金銀器皿擬罪偷盗”条标题也有差别。《古今图书集成》本该条有目无文，例文已移入《古今图书集成·祥刑典》卷六三，核之与笺释本内容无异，都是康熙二十六年正月二十六日上谕：“‘嗣後拏获偷盗金银器皿之人定其必行处决，断然不饶者’，系辅政大臣时所行，此後偷盗金银器皿者照律计银数目拟罪，将前例削去。”笔者推测，此条与前面的“盗内府金銀器皿”和笺释本目录中后边那道有目无文的“金银器皿”条是相互关联的。例文中所说的“偷盗金银器皿”应该是指前一道条例——“盗内府金銀器皿”而言，并非泛指盗民间金银器皿者。后一道——“金银器皿”条应是初颁本《刑部现行则例》原有者，后据康熙二十六年正月二十六日上谕删除，但在笺释本目录中依然保留，应是编纂者的疏漏所致。

《古今图书集成》本分为上、中、下三卷，目录为一体，不显示上、中、下三卷之分，置于康熙十九年四月二十四题本之后、正文之前。但上卷正文止于《仓库》门之《承派官处分》条；中卷正文始于《课程》门《兴贩私盐》条，止于《贼盗》门《奴仆掘家长坟墓》条；下卷始于《人命》门《捕役误杀人》条，止于《营造》门《私铸红衣炮》条。笺释本只分上、下两卷，目录则分别置于上、下两卷正文之前。上卷止于《邮驿》门《私索民夫等项》条，下卷始于《贼盗》门《强盗赔偿赃物》条，止于《营造》门《私铸红衣炮》条。

《古今图书集成》本作为《古今图书集成》的组成部分，目录和条例正文都做了一些编辑处理。目录存目 283 道，标明全文移出者 13 道，半条移出者 5 道，实际全文移出者 12 道，半条移出者 6 道，条例实存者只有 271 道；而笺释本目录存目 284 道，实存 283 条，都是整条实存，这也是这两本的一大区别所在。另外，《古今图书集成》本目录中个别条例的名称与笺释本小有出入，例如，《古今图书集成》本《名例》门《光棍好斗恶徒遣发乌喇宁古塔地方》，笺释本目录作《光棍好斗恶徒遣发》，无“乌喇宁古塔地方”七字；《断狱》门《佐贰等官不用夹棍拶指》，笺释本目录作《佐贰等官不用夹棍》，无后面的“拶指”二字；《遇赦监禁》，笺释本目录作《遇赦》，无“监禁”二字。

（三）《刑部现行则例》的特色

考察入关以后清廷第一次大规模集中修例形成的这个成果，可以看出，康熙朝《刑部现行则例》确有一些鲜明的特色。

首先，《刑部现行则例》有目录有正文，目录中每道条例皆有名称或标题,而正文则径书例文不冠名称,这正是导致沈校本目录与正文参差,张冠李戴的一个原因所在。《刑部现行则例》在编纂体例上的这个特点与明清律题(律目)文(律文)对应的特点不同,律目中的律牌名在正文中也会出现;与明朝先后几次集中修订的《问刑条例》有文(例文)无题(例目)的特点也不相同。自《雍正律》开始,将条例分别附入相关各门律文之后,条例自然不必,也不能再冠以名称了。因此,有清一代,大概只有《刑部现行则例》中的条例是每条皆有名称(或标题)的。

其次,《刑部现行则例》保留了比较鲜明的满洲特色或边域文化特色,其中最具代表性的当然是专门适用于旗人的鞭刑和对应适用于"民人"的"责……板"双轨并行制。

《人命》门的 3 道条例,即《故杀奴仆》《官员妻母殴死奴仆》《打死他人奴仆》更突出展现了满洲入关前的社会制度和习惯法特征。这 3 道条例规定的种种惩罚措施中,都包含有"追人一口给付死奴之主"、"追人一口入官"或"添追人一口给付死者之主",以人口赔抵正是满蒙奴隶制下的特有惩罚手段。

另外,《名例》门《免死军前效力》例甚至出现了《蒙古例》、《理籓院则例》或《番例》等专门适用于蒙藏等边疆游牧地区的"罚服"制度。

诚如日本学者仁井田陞所言:

在中国,政治权威老早确立,刑罚也老早发达。中国边疆各民族和中国内部汉族以外的各民族的法,都很少有这样的进步。其中有的没有确立政治权威,带有部族间的报复主义。有的已摆脱报复主义的阶段,进入了使用财务的赔偿主义阶段。它很像日耳曼部族法的赎罪金(Busse),人命金(Wergeld)制度。居住中国的外国人之间,或者中国领域内的异民族之间,或者这些人和中国人(汉族)之间,就是说有不同的法的人们之间,免不了抵触法的事情发生。解决这些抵触的方法,就是属人主义,也是属地主义。在中国人处理外国人和异民族的方法中,我们不难看出向来不愿意硬作的中国人的作风。北方民族南下,在中国领域内建立国家的时候,不免发生他们所带来的乡土的法和中国法的对立抗争。根据历史,女真民族终於放弃了固有的赔偿制而采用中国法,虽然对婚姻法等仍然没有放弃。蒙古民族南下,中国法和蒙古法互相妥协,中国法在某些程度上采用了蒙古法的赔偿制度。[66]

---

[66] [日]仁井田陞:《中国法制史研究:刑法》,东京大学出版会 1959 年版,书末"内容摘要",第 4 页。

此处仁井田陞使用了“实刑主义”和“赔偿制”两个术语作为概括区分中原法制和中国边疆诸族法的代表性制度，确实极富见地也非常深刻。[67] 若更进一步推究，中国固有法制与现代西方法制的分途，也未始不是由此起步的。当然，此点非本文之主旨，不遑多谈。[68]

特别值得一提的是，《刑部现行则例》中有两道条例既令人感到费解，又十分有趣。

一道是《贼盗·盗内府金銀器皿》例：

一、偷盗内里金银器皿事件，不兼汉字。[69]

另一道是《犯奸·奸情不兼汉字》例：

一、凡奸出征在家旗下人，奸情送部具题者，部内完结者，俱不兼汉字。[70]

前一道条例总共不过区区 14 个汉字，“内里”究竟何指？“不兼汉字”又是何意？令人莫名其妙，不得其解。参考《仪制·跟役冲突拥挤》[71]例推断，“内里”似应指俗语所谓的“皇宫内院”或“大内”。又参考后一道条例，即《犯奸·奸情不兼汉字》的规定，前一条例所谓“不兼汉字”的意思，很可能是指，凡宫内有偷盗金银器皿事件，送部具体文书仅具清文，不书汉字。

大抵宫内失窃金银贵重器皿，必多为内部人所为。内部人当然是满洲人，汉人是外人。仅书清字，不兼用汉字，即不愿让汉人知晓，以为满人保留体面。这也是清初满汉文化隔绝，满汉大臣相互猜防之一征。[72]

至于《刑部现行则例》中大量使用满文术语，若“辛者库”“拨什库”“章

---

[67] 参见[日]仁井田陞：《中国法制史研究：刑法》，东京大学出版会 1959 年版，书末“内容摘要”，第 306 页；[日]仁井田陞：《中国法制史》，牟发松译，上海古籍出版社 2011 年版，第 76~77 页。

[68] 大略可参见高见胜利：《“大岡裁判”与“护法之神”——日本“人治”与“法治”的由来》，载台湾大学日本综合研究中心编著：《中日文化差异研讨会论文集》，台北，台湾大学日本综合研究中心 1992 年版，第 341 页。

[69] 《古今图书集成·经济汇编·祥刑典》卷五九；沈厚铎点校：《刑部现行则例》，载刘海年、杨一凡总主编：《中国珍稀法律典籍集成》（丙编第 3 册），科学出版社 1994 年版，第 539 页。

[70] 《古今图书集成·经济汇编·祥刑典》卷六一；沈厚铎点校：《刑部现行则例》，载刘海年、杨一凡总主编：《中国珍稀法律典籍集成》（丙编第 3 册），科学出版社 1994 年版，第 553 页。

[71] 该例称：“一、凡坛庙祭祀及圣驾出入并升殿之日，上朝官员之跟役肆行喊叫、争竞……其内里人并大臣侍卫之跟役犯此等事者，俱各交与该管大臣衙门治罪。此等冲突拥挤之人交与派出章京、步军校等严拿。”参见《古今图书集成·经济汇编·祥刑典》卷六〇，第 770 册第 27 页；刘海年、杨一凡总主编：《中国珍稀法律典籍集成》（丙编第 3 册），科学出版社 1994 年版，第 524~525 页。

[72] 参见苏亦工：《官制、语言与司法——清代刑部满汉官权力之消长》，载《法学家》2013 年第 2 期；郑小悠：《清代刑部满汉官关系研究》，载《民族研究》2015 年第 6 期。

京”“笔贴式”“马法”之类,更是不烦多言。此种特色,不但在明代律例中无从得见,即便是在后来的《大清律例》中,虽然有一定程度的保留,但明显具有逐趋减少之势。

再次,从现代西方法学的眼光看,康熙朝《刑部现行则例》的最大特点可能是其行政指令的色彩极浓。美国学者钟威廉先生曾称《大清律》“不像我们的法典那样直接向公民或臣民宣示:如果你杀了人,你要被处死。律典是对官吏的一种指示:若尔所辖朕之臣民犯有杀人罪尔当治之以死刑。用美国的术语来表述,律典更像一种内部行政指示,如下发给三等邮局经理的指示,而不大像法典甚至连一般的法规都不像”。⑬

客观地说,《大清律》基本上都是直接针对犯罪行为的规定,很少有条款像钟威廉先生描绘的那样,似乎是下达给官吏们如何处罚犯罪行为的指示。但是不可否认的,清初的条例,尤其是《刑部现行则例》,的确有点儿钟威廉所说的那种类型。譬如《公式・差役扰民》例规定:

一、督抚以下、道府以上官员,凡叛逆、军需、驿递、公文等紧要重大事情,照例差人外,其余细事,止许行牌催促。如违例差遣者,督抚指名题参议处。如督抚徇情不参,或科道题参,或部内查出将督抚一并议处。如督抚平常小事差役害民者,或科道纠参,或部内查出交与该部议处。⑭

类似的例子俯拾即是,无须详举。比较而言,清代中期以后的条例,行政指令的色彩似乎在不断淡化。这或许是由于类似本例中有关官员违例执法的惩罚性规则大多已移入《吏部处分则例》的缘故。例如,《钦定吏部处分则例・兵・驿递・本省官员骚扰驿递》例规定:

一、督抚大员遇有赍送本章等项公务,俱填用部发勘合火牌,司驿官验明方准应付。如督抚大员有私用驿递夫马,并差遣家人衙役,私发牌票,支取夫马者,降二级调用……⑮

此外,从立法技术的角度看,康熙朝《刑部现行则例》的一大特点是过于具体,以至于概括性、抽象力不强,适用面较窄。例如,《户役・出差人买人》:

---

⑬ [美]钟威廉:《大清律例研究》,载高道蕴、高鸿钧、贺卫方编:《美国学者论中国法律传统》(增订版),清华大学出版社 2004 年版,第 396~397 页。

⑭ 《古今图书集成・经济汇编・祥刑典》卷五九,第 770 册第 24 页;沈厚铎点校:《刑部现行则例》,载刘海年、杨一凡总主编:《中国珍稀法律典籍集成》(丙编第 3 册),科学出版社 1994 年版,第 508 页。

⑮ (清)沈贤书、孙尔耆校勘:《钦定增修六部处分则例》卷三五,光绪刊本。

一、刑部議得莫尔洪买人一案，吴二将伊身并妻子卖时，坐塘笔帖式莫尔洪用印。所买之民，或遵康熙八年六月内上谕断出为民，或照十五年二月内督捕定例断与莫尔洪，相应请旨定夺，嗣後臣部遵行可也。具题奉旨，吴二着断与穆尔洪。⑯

又如，《斗殴·僧人杀师》例：

一、僧人化乘杀伊师父传智一案，刑部议查律内凡僧尼若於其受业师与叔伯同等语，据此，化乘合依凡谋杀期亲尊长已杀者皆凌迟处死律，应即凌迟处死。具题，奉旨：化乘著改为即处斩，永著为例。李大、蔡大俱改为应斩，著监候，秋後处决。⑰

这两道条例都是直接源于个案审理并经请示皇帝而形成为立法。可知这类条例仍处于较原始或初级的立法阶段，加工极少，许多条例或直录上谕或为个案摘要，行文高度口语化，有时且不尽通达。例如，《受赃·以财行求》例：

一、凡有以财行求及说事过钱者，审实皆计所与之赃与受财人同科，如抑勒诈索取财者，与财人及说事过钱人俱不坐。至於别项馈送者，照律文议。⑱

此例之结尾感觉其语气似未完。再如，《受赃·大臣官员家不许往来餽送》例：

一、凡除如实系至亲平常来往外，补授总督、巡抚、司、道官员赴任之时谒见在京大臣各官，或自任所差人问候在京大臣各官，并总督、巡抚、司、道官员之在京子弟及提塘人等来往大臣各官之家，概行禁止。……⑲

本例起首之句简直就是病句，康熙朝《刑部现行则例》立法之粗糙，于此可见一斑。康熙二十七年广西道御史盛符升提议将《刑部现行则例》相应分类附入各条律文之后，获得清圣祖玄烨的首肯，并进入实际编纂阶段，虽然终康熙一朝未能完竣其业，但是雍正改元伊始，修例工作即有了实质性的进展。

---

⑯ 《古今图书集成·经济汇编·祥刑典》卷五九，第770册第24页；刘海年、杨一凡总主编：《中国珍稀法律典籍集成》(丙编第3册)，科学出版社1994年版，第511页。

⑰ 《古今图书集成·经济汇编·祥刑典》卷六一，第770册第31页；刘海年、杨一凡总主编：《中国珍稀法律典籍集成》(丙编第3册)，科学出版社1994年版，第544~545页。

⑱ 《古今图书集成·经济汇编·祥刑典》卷六一，第770册第32页；刘海年、杨一凡总主编：《中国珍稀法律典籍集成》(丙编第3册)，科学出版社1994年版，第548页。

⑲ 《古今图书集成·经济汇编·祥刑典》卷六一，第770册第32页；刘海年、杨一凡总主编：《中国珍稀法律典籍集成》(丙编第3册)，第548~549页。

三、清代修例的定期化和制度化

雍正元年九月十七日,为回应监察御史汤之旭提出的画一律例的请求,清世宗胤禛指定朱轼等人担任总裁官,主持修律,将前面顺治、康熙两朝及本朝零星颁布的条例进一步加以整理,按制定的时间先后顺序依类附入律中。至雍正六年底,律例纂修工作全面告竣,刊印发布全国。

这次修成的律典,总计收入条例 824 道,其中前明旧例 321 道;"增例",即康熙朝《刑部现行则例》299 道,较之《古今图书集成》所收《刑部现行则例》存目的 283 道又增加了 16 道,应是康熙二十九年以后,雍正元年以前制定的条例;另有雍正元年以后迄纂修律典收文截止日期前新制定的条例 204 道。这次修订律例,应该是沿袭前明弘治、嘉靖和万历修例方式的最后一次大规模集中修例,同时也为乾隆初年调整修例方式,建立定期修例制度奠定了基础。

概括清初三朝的修例情况,大体有以下三个特点:

第一,修例制度基本仿效前明,没有什么创新。

第二,修例尚未制度化、定期化。与明代相似,随时定例,或单行颁布或附入律中。值得一提的是,清初三朝修例的情形与明朝修例所走的全过程非常相像。清初一方面继承明朝的条例,另一方面也着手修纂本朝的条例,待经过相当时间,条例积累渐多,方始集中整理。如康熙十九年整理开国以来条例颁布的《刑部现行则例》,类似于弘治朝整理颁布的《问刑条例》;雍正年间整理入律的条例,恰如万历时舒化整理合编的律例。徐道邻先生说:"清朝处处师学明朝,甚至於起先单行《现行则例》(1679),後来再律例合刊(1689),在这一步骤上,也完全和明朝一样,真是有意思。"[80]

第三,修例围绕着修律进行。清初,修律仍占居着重要的地位,顺治、康熙、雍正三朝不到百年的时间,大规模的修律就有两次,康熙朝也有零星的修律活动。这个时期修例的主要目的是弥补律的不足,另外,笔者以为也有为修律工作做准备的意图。清朝虽然三度修律,但改动的内容并不很多,许多

---

[80] 徐道邻:《中国历代律令名称考》,载刁荣华主编、吴经熊等著:《中国法学论著选集》,台北,汉林出版社 1976 年版,第 83 页。

修改往往参照或取材于条例。当然这些可供参照的条例必须是相当成熟的规则。例如,《名例·化外人有犯》条,原律规定"凡化外(来降)人犯罪者,并依律拟断",雍正三年修律在原文后增入:"隶理藩院者,仍照原定蒙古例。"[81]

又如,《名例·犯罪免发遣》门律文系根据顺治十八年的一条定例加以适当修改而成,顺治律并无此目。案语中写道:"又,旗下人犯徒流等罪准折枷号,与此律(指顺治律中的《军官军人犯罪免徒流》)意相符……其增定旗人犯罪之律曰《犯罪免发遣》。"[82]这条律文的创造是由清朝特定的历史条件决定的,清政权是以满洲人为主体的王朝,满洲人的特殊地位必须在法律上有所反映。明律中原有《军官有犯》《军官军人犯罪免徒流》《处决叛军》《杀害军人》《在京犯罪军民》等律条,沈家本说:"明世优待军人,凡军官有犯,不与民官同。"[83]入关之初,满、蒙、汉八旗男子几乎全数为国家的职业军人,因此,将明律中有关军人的律条稍加变通后改为专门适用于旗人的条文就显得顺理成章了。吴坛《大清律例通考》卷四《犯罪免发遣》门律文下,作者"谨按":

此条旧律目系《军官军人犯罪免徒流》。我朝专定旗人犯罪之例,另设旗人犯徒流军罪折枷号各条,即用旧律军官军人犯罪免徒流折枷律意,改立此条,列为正律。将军官军人犯罪免徒流律目删除,其军籍有犯,另立专条於後。查旗人犯罪折枷之例,先於顺治十三年题准:凡旗人犯(军)罪,枷三月;流罪,枷二月;徒罪,枷一月。仍责以应得鞭数。顺治十八年又议准:旗人犯徒一年者,枷号二十日,一年半者枷二十五日,二年者枷三十日……三年者枷四十日。流二千里者枷五十日,二千五百里者枷五十五日,三千里者枷六十日;军罪枷号三月,杂犯死罪准徒五年者,枷一百五日……[84]

光绪末年推行法律改革时,沈家本等奏请删除所有满汉处刑歧异的律文。沈家本说,

查律载:"凡旗人犯罪,笞、杖各照数鞭责,军、流、徒免发遣,分别枷号……"此条乃《犯罪免发遣》律文,系因《明律·军官军人犯罪免徒流》一条

[81] 《光绪会典事例》卷七三九,第159页。笔者按:括号内文字原文中为小字。

[82] 《光绪会典事例》卷七二七,第37页。

[83] (清)沈家本:《明律目笺》卷一,载(清)沈家本《历代刑法考》,中华书局1985年版,第1793页。

[84] 马建石、杨育棠主编:《大清律例通考校注》,吴坛原著,中国政法大学出版社1992年版,第217~218页。

仿照编纂。考明代军官军人隶於各卫以充什伍,各卫所差务亦极殷繁,故犯流徒者仍发各卫充军。当差旗人犯罪折枷,与此意实相符合。方我朝入关之初,八旗生齿未臻繁盛,军伍有空虚之虑,差务有延误之虞,故凡八旗之人犯军、流、徒者,特设此折枷之制,免其发配,原为供差务,实军伍起见,初非区满人与汉人而歧视之。[85]

再如,《刑律·斗殴·宗室觉罗以上亲被殴》条,原名为《皇家袒免以上亲被殴》,乾隆二十九年改用此名,其所依据者系由清初以来一系列有关宗室觉罗犯罪的条例。诸如此类的情况还有不少,不赘述。

经过清初近百年对律文的不断修改,到乾隆时期,律文已趋于稳定,此后基本不再改动。为了应对社会上随时发生的问题,清廷健全了修例制度。

据清季曾在刑部任职的董康回忆说:

中国本有律例馆,专司修订律例之事。初系独立,後归入刑都部"。"依向来制度,阅十年大修一次,五年小修一次,择期间内通行章程及判例之足兹援引者分修改、修并、删除、增纂四类比核,辑为专例,附於律後。主任修订者为律例馆。该馆向以九卿中曾由刑部司员出身,素谙习律例,长於听断者领之。各部则例概归其修订。如刑部侍郎缺额,即以是人充补。因刑部为刑名总汇之地,非专家不能整饬。部中满汉尚、侍虽有六人,咸推是人为当家堂官,一切奏咨文稿非经其画诺後,概不签署,沿为故事,不知始於何时。刑部事务之整齐甲於他部者,职是故也。此馆後经归并刑部,改用本部秋审处司员、提调,位列诸郎员上,以此职关系立法事业。故不容幸进之徒滥芋也。[86]

董康的回忆有不确之处,也有混乱之处,但有些背景材料仍极有价值。乾隆朝律例馆和修例制度的演变具体情况如下。

乾隆元年,确定了 3 年一届修例的原则。乾隆十一年七月,御史戴章甫条奏提出:"刑部律例虽奏明三年一次纂修,而三年之内或酌改无多,不必拘定三年之限,应以五年为期,纂修一次。"[87]于是经内阁复议报请皇帝御准,又将 3 年一修延长至 5 年,成为定制,5 年一小修,10 年一大修。每届修例,依所

---

[85] (清)沈家本:《寄簃文存》卷一,载(清)沈家本《历代刑法考》,中华书局 1985 年版,第 2032 页。

[86] 董康:《中国编纂法典概要》《中国法律修订之经过》,载何勤华、魏琼编:《董康法学文集》,中国政法大学出版社 2005 年版,第 460~461 页、第 468 页。笔者按:该本多讹误,据香港大学冯平山图书馆藏董康氏《中国法制史讲演录》(香港文粹阁 1972 年版,第 170 页、第 156 页)校正。

[87] 乾隆三十一年正月二十七日刘统勋等奏折,载《大清律例·奏折》,文渊阁四库全书版。

修条例的性质区分为五类，即“续纂”“修改”“移并”“移改”“删除”。顾名思义，所谓“续纂”，是制定新的条例；所谓“修改”，是对已有的条例进行修改；所谓“移并”，是将某条例文移入到另一条例文中，将二者合而为一；所谓“移改”是将某条例文移入另一门律后或同时对该条例文加以修改；所谓“删除”是将以往纂修附律的条例删除。

自乾隆朝以后，清廷修例实现了经常化、定期化、规范化，形成了一套比较完备的制度。据笔者粗略统计，乾隆五年颁行《大清律例》的同时，已对乾隆五年以前修订的条例做了系统的整理并确立了3年一次修例的原则，从乾隆五年开始，有记载[88]可考的修例共计23次，其年限分别是：乾隆八年、乾隆十二年、乾隆十六年、乾隆二十一年、乾隆二十六年、乾隆三十二年、乾隆三十七年、乾隆四十三年、乾隆四十八年、乾隆五十三年、乾隆六十年、嘉庆六年、嘉庆十一年、嘉庆十五年、嘉庆十九年、道光元年、道光五年、道光十年、道光十五年、道光二十年、道光二十五年、咸丰二年、同治九年。可以说，自乾隆初起至同治九年止，清廷基本上遵循了定期修例的原则。每届修例之期，由刑部负责向皇帝提出修例的申请，修例完成后亦由刑部对修例工作作出总结并向皇帝汇报。同治九年以后，由于内忧外患，清廷的日子越来越不好过，定期修例的制度也就不得不终止了。

据薛允升回忆：

凡条例之应增应减者，五年小修一次、十年及数十年大修一次，历经遵办在案。同治九年修例时，余亦滥厕期间，然不过遵照前次小修成法，於钦奉谕旨及内外臣工所奏准者，依类编入，其旧例仍存而弗论。自时厥後，不特未大修也，即小修亦迄未举行。[89]

迨至光绪三十一年，清廷实行法律改革，改订《现行刑律》，修订法律馆三次奏删律例，共计删除条例344条，则其时剩余条例总数当为1548条。[90]

吉同钧在光绪三十年春的《大清律例讲义》自序中也说：

---

[88] 参见《光绪会典事例》卷七四〇，第171~177页。

[89] 胡星桥、邓又天主编：《读例存疑点注》（自序），中国人民公安大学出版社1994年版，第1页。

[90] 参见（清）蒋楷编：《大清律讲义前编》，宣统二年印本。其3页小字注谓：“楷案：修订法律大臣原奏分三次开单，初次一百二十一条，二次一百三十七条，三次八十六条，共删三百四十四条。”参见（清）徐象先编：《大清律讲义》，第一编第一章。民政部高等巡警学堂光绪三十三年刻本。

至同治九年纂修以後,例文增至一千九百九十二条,迄今近四十年未加修订……近来条例虽涉纷繁,惟光绪三十一年已经刑部奏请删除三百四十四条,上年(笔者按:似应指光绪三十三年)又经修律大臣奏准删除数十条,现又奉旨大加修订,删繁就简,较前更为切当矣。[91]

清廷确立的这种定期修例制度改变了以往不定期修例时,皇帝临时特简大臣主持修例的做法,使修例之权集中到刑部律例馆。这种做法同时也促成了修例人员固定化的格局,从而造就了一支专业化很强的律例专家队伍。迨至清末,刑部成为六部中比较特殊的一个部,即所谓的专家掌部,先后涌现出了薛允升、赵舒翘、沈家本等一批刑官律学家。

清代修例制度的经常化、规范化便于现实统治者根据社会状况的变化随时对法律、政策作出调整,及时地将统治者的意志法律化;同时也有利于加强立法的协调性和统一性,减少不同法源之间的矛盾和冲突,尽可能地限制司法官吏舞文巧法的机会,这应该也是修例实现定期化的原因之一。

乾隆元年,刑部尚书傅鼐上奏指出:

《大清律集解附例》一书系雍正三年刊刻之版,现今不行之例犹载其中……恐问刑衙门援引舛错,吏胥因缘为奸,且与其临时斟酌,时时上廑圣怀,不若先事精详,事事立之准则。[92]

乾隆二十五年,贵州巡抚周人骥也上奏说:

窃查刑部奏准,凡新定条例三年一次编辑颁行,良以条陈奏议,时时有之,若陈积年久,则案牍繁重,新旧混淆,一经刊定,斯民易於遵守,吏胥难以作奸,法至善也。[93]

基于上述原因,律例馆每届修例,除了续纂新例以外,另一个重要任务就

[91] (清)吉同钧:《大清律例讲义》(自序),法部律学馆光绪三十四年印。笔者按:疑其"一千九百九十二条"或当为"一千八百九十二条"之误。

[92] 《大清律例·奏疏》,田涛、郑秦点校,法律出版社 1999 年版,第 14 页。

[93] 中国第一历史档案馆藏档案,朱批奏折:163-4-24-1,乾隆二十五年九月二十二日贵州巡抚周人骥奏折。

是画一律与例,此例与彼例、新例与旧例之间的关系。[94]

这个阶段,清廷不仅在条例的纂修上获得了很大发展,而且各部则例的纂修也同步进入正规。乾隆三年八月十六日(1738年9月29日):

吏部议覆监察御史陈豫朋奏称:吏、户两部,档案繁多,请开馆纂辑成书。其礼、工两部事宜,亦请增辑。查吏部则例,原系归并律例馆修辑,所有新增条例,仍请附律例馆汇集成书。礼部现开礼书馆,一切更定条例,即在礼书馆一体编辑,均毋庸开馆。惟户、工两部,事务纷繁,节年增改甚多,应令自行开馆纂辑。从之。[95]

另外,兵部也自行开馆修例,并于乾隆七年二月修成了兵部则例。[96]

回顾第一阶段,各部虽然也纂修了一些则例,但还很不完善,未有一定的制度和规范。康熙年间编辑的《六部现行则例》只是一部比较简单、原则性的法规。

前引周人骥的奏章中曾谈到各部修例的情况:

但所纂之例止於治罪科条,此外户部尚无例册,礼、工二部虽有而不全,吏、兵二部之例纂自乾隆六年,迄今已阅二十载,其间增删更改不知凡几,俱未改正,外省止以准到部文存案,合计新旧未纂条例之案牍不下准千百件,吏胥之黠者乘机匿混,因缘为奸,愚者则以头绪纷繁,终於茫然。虽经定有造入交代之例,而错乱残缺,不可胜穷;即内部亦有案牍毁失,咨查外省抄补之事。若不亟为编辑成书,刊改旧册,诚恐年久愈积愈多,更难考究。

因此他建议:

可否敕部速为办理颁发以昭遵守。至於臣工条奏改例事件,要皆原有成

---

[94] 参见[日]织田万:《清国行政法》(李秀清、王沛点校,中国政法大学出版社2003年版,第61页):"《增修律例统纂集成·凡例》云:'律例所载皆关罪名轻重,每届纂修条例,增一言,删一字,刑部[详]审斟酌,然后缮册进呈,恭候钦定'云云。又续修《大清会典》卷四四,刑部律例馆职制注云:'凡钦奉谕旨及议准内外臣工条奏,除止系申明例禁,无关拟议罪名者,毋庸编辑外,若关系罪名轻重,应行修改及新旧条例不符,应修、应删者,必悉心参校,照奏定章程,分修改、修并、续纂、删除各名目,开列本例之首,粘贴黄签,并於本条之下,各加按语,分晰陈明。有原例者,皆叙原例於前,以次叙新例於后,使眉目犁然不紊'。由是观之,事关罪名轻重者,与新旧例互相抵触者,即为条例之当纂修者。而其当变更修正者,则照前说之形式,贴附黄签,对照两例以为草案。草案谓之黄册。黄册以满、汉两种文字,缮写进奏,经由敕裁,始为条例而後刊行颁布。"笔者按:译文中有脱讹者,据大正三年临时台湾旧惯调查会刊印之织田万氏《清国行政法》第19页校改。又,引文中提到的续修《大清会典》指嘉庆《大清会典》。

[95] 清朝官修:《高宗实录》卷七五,八月丙申,第188页。

[96] 参见清朝官修:《高宗实录》卷一六一,二月丙辰,第28页。

例。如就奏件逐件阅看,未免繁复;若平日逐渐办理,则合六部而计每月不过数件,与其尘积累年,始一编纂,不但开馆设局频繁滋多,而纂修者非原议之官,搜讨咨商,坐靡岁月。即至定有稿本,逐卷进至後始颁行,汇总刊刻。迨颁到外省,又必经年时,既迁延亦繁重。臣愚以为:议覆条奏必须详考旧案,则原例之应增、应删,业已了然心目,斯时随手办理,实属事半功倍,拟请各部定例全颁後,将来凡有议覆上谕条奏改例之案,即将原例篇页粘签随本恭呈钦定後,即行文刊发,不特简捷省便,而外省皆有完善之书得以祇承办事,似於政理不无裨益。⑰

此后各部相继纂修本部则例,其规范与条例的修订大致相同,也是 5 年一修或 10 年一修,只是由各部自己纂修。下面举户部的例子以为说明,其他各部修例情形应该大同小异。

查先经吏部会臣等衙门议覆原任贵州巡抚周人骥条奏,各部院衙门未纂例案繁多,请敕编辑成书,刊刻通行,以便遵守,当经臣部奏准,将有关成例案件拣派司员参校,分门别类,逐一编辑成书,於乾隆四十一年告竣颁发……应嗣後每届五年续纂一次,等因。计自乾隆四十一年至道光元年先後十次纂辑成书,颁发各直省在案。⑱

除一般则例外,各部特别则例的修订也逐渐实现了定期化、规范化。下试以《工部军器则例》为例说明之。

工部为奏请旨事,先经臣部於乾隆五十八年奏请将坛庙、城垣……器具等项做法工料并各省物件价值,有因内外臣工条奏章程及臣部随时酌定事宜与成例未符者详加编纂成帙,并声明嗣後每届十年纂修一次等因,奉旨允准在案……⑲

总之,到乾隆时期,无论刑部条例和各部院则例的修订都达到了定期化和规范化的程度,这是清朝修例制度完善过程中的重要一步,也是我国传统立法制度的重大发展,标志着法律在传统社会的上层建筑领域中的地位有所提高,也标志着中国古代立法制度和法源形式更加成熟。

---

⑰　中国第一历史档案馆藏档案,朱批奏折:163-4-24-1,乾隆二十五年九月二十二日贵州巡抚周人骥奏折。

⑱　清朝官修:《钦定户部则例 · 道光九年奏》,道光十一年刻本。

⑲　清朝官修:《钦定工部军器则例 · 嘉庆十三年四月奏》,嘉庆十九年刻本。

【评　论】

notes

国家与法治研究　第 2 卷(2019)
第 143~159 页

中庸之道与宪制文化

马　岭*

中庸之道作为儒家学说的核心和灵魂,是中国传统文化的精髓所在,在长达两千多年的历史中倍受国人推崇。"五四"之后,西化论盛行,反传统成为时尚,知识精英口诛笔伐,传统文化的负面意义被大肆渲染。在中华民族生死存亡之际,彻底、深刻、全面地反思传统文化是必要的,其中有过激之言也在所难免,但经过近百年之后,现在或许需要我们对这种反思再做反思,由偏激的彻底否定转向理性的客观分析。与传统文化一刀两断既不现实,也没必要,新的时代需要新的视角,需要对历史传统去其糟粕,取其精华,通过当代人的解释赋予其新的内涵,新的生命力。

---

* 马岭,中国社会科学院大学政法学院教授。本文为北京市社会科学基金项目"中国传统法律文化中的治理规范研究"(项目编号 18FXB010)、中国法学会 2018 年度部级法学研究课题"传统中国社会秩序结构分析——以法律文化之视角"(项目编号 CLS2018D01)、2018 年度国家社会科学基金重点项目"'重大改革于法有据'理论与实践研究"(项目编号 18AFX001)、北京市政治文明建设研究基地课题"我国传统法律文化中的可借鉴因素之分析"(项目编号 2019ZZWM 006)、中国社会科学院大学校级创新工程项目"我国传统法律文化中的秩序规范之研究"的阶段性成果。

一、“中庸”的含义

关于“中庸”的含义,两千多年来有各种解释和阐述,在先秦古籍中,“‘中’常见的字义有三:一指中间、中等、两者之间;二指适宜、合适、合乎一定的标准,用作动词;三指人心、内心,即人的内在精神。当今很多人把‘中庸’理解为折中主义或调和主义,可能就是把‘中庸’的‘中’字简单理解为‘中’的第一种含义,故而造成对‘中庸’的曲解”。[①] 从字面上看,“中庸”由“中”和“庸”两个字构成,宋代的思想家程颐解释说:“不偏之谓中,不易之谓庸;中者,天下之正道;庸者,天下之定理。”“程的弟子郭忠孝进一步说,‘中’是天下绝对正确的东西的终极实现,而‘庸’是天下绝对转化的东西的全面渗透。”[②]对“庸”的解释长期以来歧义较多,“朱熹在系统地研究过所有可资利用的解释之后,得出结论说:‘庸,平常也。’”杜维明教授将“庸”译作“commonality”(普通性或普遍性),意在强调其“日常性”,儒学的一个重要特点是强调在日常生活中修身养性。[③] 依笔者理解,“庸”就是平庸,只不过此处的平庸不带贬义,是庸常的意思,意为平常、日常,即强调通过日常生活的具体实践来体会“中”,或者说“中”就在点点滴滴的普通事物里。这样看来,中庸的“中”其意义应大于“庸”,“中”是目标,“庸”是实现目标的方法,因此这两个字的分量是不同的,中庸之道的核心应该是“中”。本文所用的“中庸”也主要是指“中”,即不偏不倚,过犹不及,轻重适度,缓急得中,是“行所当行、止所当止”,这是一个极高的境界,需要“通权达变、相时而动”的智慧。[④]

如果用道家的语言来解释,中庸就是阴阳和合,刚柔相济,就是适度、恰当、刚刚好,就是有分寸、不偏激、不极端。一阴一阳之谓道,“阴阳者,天地之

---

① 徐万山:《浅议中庸思想的内在和谐理念及其现实意义》,载《理论与当代》2010 年第 1 期。关于先秦儒家对中庸的解释,还可参见晁乐红:《中庸与中道——先秦儒家与亚里士多德伦理思想比较研究》,人民出版社 2010 年版,第一章。

② 杜维明:《〈中庸〉洞见》,人民出版社 2008 年版,第 17 页。

③ 参见杜维明:《〈中庸〉洞见》,人民出版社 2008 年版,第 17 页、第 175 页。

④ 参见彭国华:《“中庸”:儒家伦理学说核心思想辨义》,载《人民日报》2010 年 1 月 15 日,第 7 版。

道也,万物之纲纪,变化之父母,生杀之本始”。[5] 阴阳平衡就是和谐,就是中庸,而阴盛阳衰、阳盛阴衰都是不平衡的,也就不是事物的最好状态。

概括地说,阴阳关系中包含以下几层意思:

其一,万事万物有阴有阳。“孤阳不生,独阴不长”,[6]任何事物都有阴阳两个最基本的方面,只看到其中一面,只讲其中一面就是片面。

其二,阴阳比例的不同决定了事物的性质。万事万物虽然有阴有阳,但每一事物中的阴阳比例是不同的,有的阴多阳少,有的阴少阳多,阴阳或四六开,或三七开,或五五开,或二八开,或一九开……这些不同的比例决定了事物的不同面相。

其三,阴阳互相转化。万事万物不仅有阴有阳,不仅阴阳比例有所不同,而且这种比例是不断变换的。阴阳一直处于动态之中,有量变也有质变,但以量变为主。质变一般以量变为前提,这种转化表现为重阳必阴,重阴必阳,寒极生热,热极生寒,否极泰来,物极必反。如一年中的冬至、一月中的朔旦、一日中的子时,均为阴极阳生之候。

其四,阴阳转化有一个过程。物极必反不是立刻实现的,阴极而阳生,此时阴开始衰落,但衰落的阴仍然占主导地位,阳开始上升,但上升的阳此时还处于微弱状态。虽然阴到极点就变衰,阴极而阳生(一阳生),但老阴变少阴、少阳到老阳有一个过程。阴极而阳生、阳极而阴生是事物发生质变的时刻,但这种质变须具备一定的条件,“极”(积累)就是条件,没有这个条件就不会有质的转化。

其五,阴阳对立统一。“阴阳既是对立的,又是统一的……对立是两者之间相反的一面,统一是两者之间相成的一面。”[7]正常状态的主色调是阴阳的统一性或基本统一性,异常状态的主色调是阴阳的对立性或以对立性为主。

其六,阴阳关系的常态既不是阴阳和谐(春分、秋分),也不是阴阳对立(夏至、冬至)。阴阳和谐是阴阳关系中的最佳境界,即《中庸》所说的“致中和,天地位焉,万物育焉”。但和谐是相对的,不和谐是绝对的,那种极其美妙的阴阳和谐状态难得一见;同时阴阳严重对峙也不是阴阳关系的常态,而是这一关系的特殊状况,它不可能长时间地持续存在。

---

⑤ 《素问·阴阳应象大论》。

⑥ (明)程允升:《幼学琼林·夫妇》。

⑦ 王键、张光霁主编:《中医基础理论》,上海科学技术出版社2018年版,第24页。

其七,阴阳平衡有多种形式。从阴阳五行的原理来看,⑧五行不是简单地相生或相克,也不能简单地认为相生就好,相克就不好,而是无论生克,达到平衡就好。过弱需生,过强当抑。抑的方式有克,如木克土,土克水,也有泄,如火生土、火克金,都是消耗过旺之火的有效手段,而火过旺时用水克火却不一定是上策,因为水火不容,容易激化矛盾。又如水生木,适当的水生适当的木才能"水木清华"(平衡、中庸),如果水过多,水不但不能生木,反而会冲毁木(水大木漂);木火比例适当时木才生火,"木火通明"是木与火的和谐状态,如果木太重(尤其是湿木),火太小,木不但不能生火,相反还可能压灭火(木重火熄)。又如金克木,当木成熟后,用镰刀(金)收割庄稼(木)就是丰收景象,对花草灌木的修理裁剪也是一种金克木,木此时喜欢金来克,只有经过镰刀、剪刀适当的修理和裁剪后,木才能成形、成材;反之,没有金克的过旺之木犹如野藤杂草,恣意蔓延,任意攀爬,难担大用。火克金也一样,真金不怕火炼,金刚遇烈火才能成大器——"烈火金刚"铸就的是一种辉煌。因此金克木、火克金只要比例适当,也是一种和谐。总之,当抑则抑,当扶则扶,去留舒配,取裁确当,阴阳互济,才是中庸之道。

关于表现阴阳关系的太极图,有许多种不同的形态,其中以两个半圆合成的太极图最为流行(见图 1)。

图 1

图 1 表现了阴阳并存的理想状态:有阴有阳,阴阳统一于一体;阴阳各

⑧ 金、木、水、火、土五行既相生(金生水、水生木、木生火、火生土)又相克(金克木、木克土、土克水、水克火)。

半,和谐相处;阴中有阳,阳中有阴(白鱼的眼睛是黑的,黑鱼的眼睛是白的),彼此互相渗透;阴阳鱼之间是用曲线(而非直线)分割开的,显示出阴阳之间转换的规律性和复杂性,阳根于阴,阴根于阳,阳生于子中,极于午中,阴生于午中,极于子中,此消彼长……但笔者认为,图 1 也有一定的误导性,即把复杂的事物简单化,主要表现在阴阳的界限太过分明,曲线以及黑白眼睛都将阴阳界限表示的过于清晰、明确,以致呈现出的阴阳关系难免有简单化、模式化,甚至僵化之嫌。事实上阴中有阳、阳中有阴以及阴阳之间的界限是灵活多样、千变万化的,可以大体分类,但很难有标准的模式,阴阳的位置、彼此的关系、你中有我、我中有你的融合、交错时的模糊暧昧,在图 1 中都被省略了。

如果一定要图示的话,我们的地球是阴阳及其关系的较好诠释,其中所展现的阴阳关系是千姿百态的,不规则的,变化多端的,此一时也,彼一时也,不可一概而论(见图 2,请将其想象成动态的)。

图 2

二、现实中偏离中庸之道的种种表现

中庸之道是一种精致的理论,在实践中人们往往难以把握分寸,容易偏左或偏右。尽管如此,我们还是应当尽量努力地接近中庸,至少避免走极端。由于 20 世纪对传统文化的主色调是批判,对中庸之道更是一片否定之声,为此我们付出了沉重的代价,需要作出反思。

1. 非黑即白的极端思维。这种思维方式往往只看到问题的一面而忽视了另一面，如把万恶的旧社会说的一无是处，把新社会描绘成人间天堂，热情讴歌革命的同时看不到其中的弊端，批判旧制度时又不能客观公正。好就是绝对地好，坏就是绝对地坏，社会主义无比优越，资本主义暗无天日；文学艺术中的人物脸谱化、极端化，正面人物都是高大全，反面人物皆为假恶丑；在法制建设中，1949 年摒弃民国政府的一切法律，另起炉灶，而不会“他山之石”为我所用；20 世纪 80 年代的改革开放亦呈现“推倒一切重来”之势，似乎总想从头开始，脱胎换骨，浴火重生。直至今天，这种片面的走极端的思维模式依然随处可见，如要么全盘西化，不加分析地盲目崇洋，要么闭关锁国，神经质般地绝对排外；一些反对改革的人只强调改革带来的弊端，一些拥护改革的人只论证改革的益处，二者都不能从正反两方面，甚至多方面实事求是地分析改革的利弊得失。两种观点看上去势不两立，实际上二者的思维模式如出一辙，都呈现出一种偏激状态，一方只讲阳，另一方只说阴，与中庸之道的阴阳和合差之远矣。⑨

2. 把矛盾的对立绝对化。任何事物都存在两面性，既有对立性也有统一性，这比只讲一面性显然要科学，但我们有时候往往过于强调矛盾的对立性，夸大对立性，把对立性加以绝对化。事实上矛盾统一体的存在应该是其对立的前提和基础，“一个统一体的两个对立面，必须先是一个统一体，然后才成为两个对立面”。把矛盾斗争放在第一位，“中国古典哲学没有这样说，而是把统一放在第一位。理论上的这点差别，在实践上有重大的意义”。⑩我们有时虽然也强调矛盾的统一性，但这种统一性主要是指两个对立面“存在”于一个统一体中，如没有生就没有死，没有上就没有下，没有祸就没有福，没有顺利就没有困难，等等。其实在这样两个对立的极端之间还有许多中间状态，如从生到死是一个漫长的过程，婴幼儿时期许多器官都在不断地生，中老年后这些器官都在逐渐地死；在上、下之间还有中、中上、中下等多种

---

⑨ 相形之下，汉代的儒家“摒弃了矫枉过正的变革手段”，才有了后来的盛世。“汉初‘七国之乱’粉碎了人们完全恢复传统‘礼治’的美梦；法家法治因完全背弃礼治而失败；‘无为’因其过分淡化法家法治而失去发展的活力。‘物极必反’的教训使汉人认识到儒家‘中庸之为德也’的伟大。”进而采用了“中庸”的变革方式，一方面克服了“秦王朝在意识形态领域中的缺陷”，另一方面继承了“秦制的先进与完善”“‘汉承秦制’确实不是一句虚言”。马小红：《礼与法：法的历史连接》，北京大学出版社 2004 年版，第 148~149 页。

⑩ 冯友兰语。王克明：《冯友兰临终谈毛泽东》，载《政商内参》2014 年 3 月 30 日。

情形存在；祸福的程度也有许多类型，有时候是大祸临头，有时候是小祸不断，福也有大福大贵、平安之福的分别；顺利与困难亦常常是相对的，很少有绝对的顺利，基本顺利已属不易，很多时候是时而顺利时而不顺利，顺利与困难交错出现、同时存在，很难绝对分开。同理资产阶级和无产阶级、压迫与被压迫可能是相对应的，但不一定就是相对立的，即使出现过对立，也不等于这种对立就都是尖锐不可调和的，其发展趋势也可能是趋同，而非一方消灭另一方（如现在许多国家中产阶级已经占据多数）。“一个社会的正常状态是‘和’，宇宙的正常状态也是‘和’……在中国古典哲学中，‘和’与‘同’不一样。‘同’不能容‘异’；‘和’不但能容‘异’，而且必须有‘异’，才能称其为‘和’……只有一种味道、一个声音，那是‘同’；各种味道，不同声音，配合起来，那是‘和’。”⑪可见中庸之道是“和”，不是“同”，一个阶级消灭敌对阶级、改造其他阶级，追求的是“同”，而不是“和”。

矛盾尖锐对立的社会状态确实是存在的，“世界上许多文明都曾经经历过特殊历史关头，那是一种特殊的经验，文明面临死亡，经受煎熬，然后再生。吉田茂写《激荡的百年史》，写日本人民经历现代转型的煎熬，那种死而复生的经验，就是这样”。⑫ 中国近百年来也是处于大变局、大动荡的时代，但这并不意味着阶级矛盾始终尖锐对立且到你死我活的程度，即使有势不两立的时刻，也不可能是常态。冬至的极阴和夏至的极阳都只占一年365天中的1天，再除去春分、秋分的昼夜等长、阴阳和谐的2天外，其余361天都是阴阳此消彼长、此长彼消的，其中的阴阳关系有相对缓和、相对激烈的不同状况（非常复杂），而简单的二分法“与《中庸》的精神方向完全不相容”。⑬“阴消阳长，阳消阴长”作为一种动态平衡，具有许许多多个面，“动荡运动可以有各种形态，包括急剧变异和微调变更”“在‘穷则变、变则通、通则久’的实用理性的传统辩证范畴中，质量互变更强调不停歇的运行、变化，而并不特别着重质变、飞跃，虽然不否认变化的积累可能造成巨大的‘革命’（质变），但这种‘质

---

⑪ 王克明：《冯友兰临终谈毛泽东》，载《政商内参》2014年3月30日。

⑫ 梁治平语。马国川：《我与八十年代》，生活·读书·新知三联书店2011年版，第263页。

⑬ 杜维明：《〈中庸〉洞见》，人民出版社2008年版，英文版第一版序，第17页。杜教授认为，从世界格局来看，21世纪很可能既不是西方文明，也不是东亚文明，甚至不是北美、欧盟和东亚的三极文明，而是还包括印度文明、俄罗斯文明、拉美文明、伊斯兰文明、非洲文明等多元文明。参见薛晓源编：《天与人——儒学走向世界的前瞻　杜维明、范曾对话》，北京大学出版社2010年版，第177页。

变'是否打破和否弃'阴阳互补'、'和而不同',从'度'的本体性角度看,却得不出这结论"。[14] 只讲一面而不讲另一面,是片面;只讲极端的两面而不讲其中间的许多面,也是片面;只讲这两面的对立性而不讲其共生共存性,还是片面(至少不是全面)。把矛盾的统一性解释成矛盾双方无彼也就无此,其实还是在重点强调其对立性,是对丰富多彩的、和平共处的、均衡或大致均衡的、和谐或基本和谐的诸多共生共存的"统一"因素视而不见。诚然,世界上没有绝对的平衡,但也不能因为反对绝对的、静态的和谐、平衡,就连相对的和谐、相对的平衡也否定了,只讲矛盾的斗争性,不讲矛盾的相容性,只看到矛盾激化的倾向,无视矛盾化解的可能,用两极化代替多元化,用简单粗糙代替复杂精致,不是中庸的态度。

这种简单化与片面化的认识,在实践中往往导致混淆两类不同性质的矛盾,把大量人民内部矛盾当作敌我矛盾来处理,把世间错综复杂的五颜六色归结为黑白两色,把复杂的社会、多样化的人群划为敌我两个阵营,这种认识论上的简单化必然导致社会的悲剧。"中国历史上最大的政治传统、政治惯性,就是一种社会转型为另一种社会时,只有一种方式,就是绝对冲突的、崩溃和再建的模式,从来没有说,转型是通过协商的、和平的、渐进的方式实现的。"[15]历史上一再发生的现象,确实很容易被我们当作铁律而一味遵从,何况这其中还有阴阳关系周期性剧变的理论支持,这样一来,朝代更替的血腥模式就被合理化、正当化了。但实际上那些血流成河的改朝换代有多少确实属于冬至的严酷更替,有多少是人为加剧的惨烈?我们很多时候都将阴阳剧变的时刻夸张了,放大、延长了历史的瞬间,甚至将其常态化,热衷于剧变时魔幻般的血腥绚烂,而对平常平淡的社会变迁熟视无睹。这不仅是某些人的个人倾向,也是我们民族中相当一部分人(一种思潮)对历史周期律的集体误读——不是客观冷静地细辨周期律中不同时期的特点及其产生条件,进而趋利避害,而是大肆渲染其中的极端状况——不仅渲染盛世的灿烂辉煌,而且夸大乱世的动荡性、必然性、不可逆转性。我们不仅有"强烈的爱国主义传统""也有强烈的反传统的传统""有强烈的革命传统,也有强烈的造反有理

---

⑭ 李泽厚:《实用理性与乐感文化》,生活·读书·新知三联书店 2008 年版,第 30 页。

⑮ 麦天枢语。马国川:《我与八十年代》,生活·读书·新知三联书店 2011 年版,第 240 页。

的传统”。[16] 每当社会稍有安定团结之象，就以为生逢盛世了，社会矛盾稍微激烈，又总以为要有天翻地覆之变。尤其是在社会矛盾较为激烈的时刻，总有一股力量不是着眼于化解矛盾，舒缓紧张空气，而是放任矛盾激化，认为这是历史发展的必然趋势，甚至促使社会崩盘，认为长痛不如短痛。

虽然历史上也有许多关于朝代更替的分析总结，但多沦于道德说教，缺少相应的制度考量。今天看来，我们至少应该从两方面吸取教训：一方面，不要等到体制积弊甚深时才改革，平时就要一点一滴地不断改进，即使是太平盛世也不要压制矛盾，而是应该及时化解，其中最关键的是要承认现存体制有弊端，允许揭露弊端，给反对、批判的声音以存在的空间。而要做到这一点仅仅靠统治者的开明是不够的，必须有宪法和法律保障的言论自由及其体制构建，才能彻底杜绝“恶毒攻击罪”，才能不断地发现问题、揭露问题，并及时地解决问题，才能真正防患于未然。[17] 一些知识分子的挑剔、尖锐、刻薄，的确很不中听，但这些逆耳之声对于社会有一种平衡的作用，可以防止和平时期的人们平庸、懈怠、麻痹、自满。尤其是权力人一旦听不到批评之声，被溢美之词包围，几乎不可避免地会发昏，失去理性和明智。另一方面，对旧体制的失望，对现实的愤怒，在长期的积压之后喷发出来，很容易导致思想偏激，甚至情绪失控，理论上过度否定、极端地批判过去的一切，把全部希望寄托于一个崭新的、完全不同的制度，似乎只有这样才能绝处逢生，才有光明和希望。但事实上砸烂一个旧世界后，未必就能建设一个新世界，因为“砸烂”作为一种手段本身就是极端的、暴力的，在这种手段实施过程中很容易走向集权。因此即使面对一个腐败的官僚体制，“革命无罪、造反有理”也并不具有天然合理性，尤其是不具有良好的实效性。点点滴滴地改进，坚持不懈地化解矛盾，将事态尽量控制在两极之间相对和缓的地带，才是明智之举。随着我们已经从“革命时代”进入“建设时代”，那种直线的、独断的、命令式的、一个吃掉一个的“单向度思维”，应该改成平等的、对话的、协商的、彼此互相尊重的“双向度思维”，也就是“你活我也活”的思维。[18]

---

[16] 薛晓源编：《天与人——儒学走向世界的前瞻　杜维明、范曾对话》，北京大学出版社 2010 年版，第 149 页。

[17] 我们的网络有时对某些社会问题的讨论已经是多元的、开放的、说理的、深入的，这有助于培养公民社会的理性思维，有助于实现法治社会的公民监督（虽然其中的语言暴力仍然太多，权力的管制也仍然太过）。

[18] 刘再复观点。参见《知识分子的第三空间》，载《亚洲周刊》2004 年 4 月 11 日。

3. 以偏概全、主次不分。在许多矛盾中应当抓住主要矛盾,但在实践中,要判断何为主何为次,却并不容易。如我们曾经夸大西方资本主义体制的弊端,把其中的不合理、不公正现象(确实存在),当作其行将灭亡的征兆,预言帝国主义已经奄奄一息、日落西山、行将灭亡,而没有看到它在当时具有新生事物的活力,其民主共和政体具有不断改进、改良进而逐步走向成熟的巨大潜力,把次要方面当成了事物的主流。同样地,君主专制有利有弊,但到近代已经明显利少弊多,因此进行改良或革命,以更先进的制度取而代之就成为必要;改革开放也是有利有弊,但在中国目前阶段应该是利多弊少,反对改革的人可以举出许多事例证明改革之弊,但将这些弊放在整体格局中看,就只是三七开中的三分弊,若以此为改革定性,进而否定改革则是以偏代全。法治和人治亦各有利弊,但总体而言,法治利多弊少,人治利少弊多,如果只讲法治之利(好像有利无弊),一旦法治进程中呈现弊端就容易军心动摇,导致一些人转而怀疑,甚至否定法治;只讲人治之弊,也可能使人误以为人治一无是处,而当人们一旦发现人治之利时就可能茫然失措,转而为人治唱赞歌。我们应当学会实事求是地分析事物的利弊得失,充分讨论其各种面相,反复权衡、分清主次后再理性地作出选择。⑲

4. 只强调内因、忽略外因,把复杂的事物简单化。如把多因一果、多因多果、一因多果等复杂现象统统归结为一因一果,虽然没有犯将次要方面当作主要方面的错误,但是抓住了主要方面却又忽略了次要方面,名曰抓住主要矛盾带动次要矛盾,实际上是以主要矛盾代替次要矛盾,甚至只讲主要矛盾不讲次要矛盾。鸡蛋因有适当的温度而变化为鸡子,温度本身不能使石头变为鸡子,但鸡蛋没有适当的温度也不能变化为鸡子,在此我们不可忽略"条件"的不可或缺性,"次要"不是可有可无,结果往往是内因、外因共同作用的结果。⑳

这种只强调主要矛盾而无视次要矛盾,只强调矛盾的主要方面而忽略其

---

⑲ 有时候只讲利而不讲弊,是利益的需要,犹如王婆卖瓜自卖自夸,王婆不是不知道自己瓜的缺陷,而是有意避而不谈,以达到热销的目的。也有时候,人们过于热衷于论战,"沉迷于同论敌的斗争,一心要把对手压倒,结果因此而丧失了真正的思想自由",也是捡了芝麻丢了西瓜。引号里的话为梁治平语,引自马国川:《我与八十年代》,生活·读书·新知三联书店2011年版,第244页。

⑳ 有学者甚至认为,"阴阳之变"时"条件是主要的,没有一定的条件,变不能转化"。王键、张光霁主编:《中医基础理论》,上海科学技术出版社2018年版,第26页。

他方面的简单思维方式，在我们的社会中随处可见，以曾经家喻户晓的歌曲《大海航行靠舵手》为例，大海航行显然不能只靠舵手，船长、大副、水手，甚至炊事员等，都各有其功能。舵手是很重要的，但很难说比船长更重要，即使是船长也不能代替其他岗位，不能排除水手们不可替代的作用，何况还有气候、季风等非人力所能及的因素，以及天气预报的准确性，等等，如果遭遇海啸等恶劣气候，再好的舵手也无能为力。“万物生长靠太阳”也是同样，万物生长只靠太阳是不行的，太阳甚至不是第一位的，水对植物的重要性可能超过太阳，此外还有土壤、肥料、虫害等各种因素对万物生长都有重要作用……适当强调“舵手”“太阳”的突出地位未尝不可，但将其突出到绝对化、唯一化，完全无视其他因素，则是荒谬的。

此外，“水能载舟亦能覆舟”也是我们长期以来津津乐道的话题，但其实“水载舟”与“水覆舟”都是有条件的，如溪流之水就不能载舟，小河沟也翻不了大船。“水载舟”的水需要一定的量，还需要风平浪静；“水覆舟”同样需要狂风巨浪的配合，或者舟船超载、零件松动、帆杆老化等因素存在。当这些条件不具备、不成熟时，简单地说“水能载舟亦能覆舟”，就可能进入认识误区。

5. 简化甚至忽略矛盾转换的漫长过程。阴阳可以互相转化，事物由盛而衰、由衰而盛都是可能的，但这期间有一个漫长的过程，我们不能人为地加速缩短这个过程，或者完全无视这个过程的存在。我们常说“得民心者得天下”（或“失民心者失天下”），但从“得民心”到“得天下”是逐步演化的，“得民心”仅仅是一阳盛，“得天下”需要到达阳盛阴衰的转机，以为“得民心”后马上就能“得天下”，甚至混淆“得民心”与“得天下”的差别，是把少数文化人的敏感、激愤等同于大众的群体反应，以情绪化的直觉代替理性的分析判断，省略了阴阳转换漫长而痛苦的“过程”。

万事万物有它自己发展的规律，人类只能探索、适应、利用这些规律，而不能改变这些规律，“治大国若烹小鲜”㉑“欲速则不达”。㉒ 一百多年来屈辱的中国近代史，加剧了国人不仅要变革，而且要快速变革，彻底变革的集体心理诉求，暴力革命论所向披靡，渐进改良难成气候，我们总想缩短进程，迅速成功，一步到位，直接进入民主共和。如康、梁的戊戌变法操之过急，引起保守派的强烈反弹，最终葬送了改良时机；孙中山的辛亥革命推翻了一个专制

㉑ 《道德经》。

㉒ 《论语·子路》。

的旧世界,但远没有建立起一个民主法治的新世界,世人普遍感到民国不如大清;相形之下,胡适的实验主义(可以用“一点一滴”的观念来概括)㉓虽然见效缓慢,但其实较为切实可行,可惜胡适的温和主张不符合当时的社会潮流和大众胃口,没有被权力体制所采纳,没有转化为政治纲领和国家政策,仅仅是一种理论而已。

6. 不会把握分寸,一再走极端,最终物极必反。按照传统文化,“中国人做事一般来讲是不太彻底的,在封建官场上,多信奉‘功成身退,天地之道’;在战场上又讲究‘穷寇勿追’;在商场上,往往喜欢‘见好就收’,可谓深得中庸之道”。㉔ 高处不胜寒,爬的越高摔的越惨,乐极生悲,喜极而泣,福祸相倚,都是同样的道理。但在一味反传统的岁月中,取而代之的是“痛打落水狗”“矫枉必须过正”观念的流行,许多事情开始是好的,具有进步意义,但由于不加节制、过度推行从而导致走向反面。如文艺过去只为帝王将相服务,这是有问题的,提倡文艺为工农兵服务并没有错,但文艺只能为工农兵服务(不能为工农兵以外的人服务)就走向了另一个极端。㉕

孔子的“知其不可而为之”,孟子的“夭寿不二,修身以俟之,所以立命也”,都要求发挥人的主观能动性,注重可能性,荀子的“制天命而用之”和汉代的“人事为本,天道为末”以及宋儒的“得之以义,不必言命”,等等,都贯彻了易传“天行健,君子以自强不息”的奋力实践的本体精神,其中“人的主观能动性都分外突出”。㉖ 近现代以来,许多仁人志士是传承了这些思想的,但由此发展到“人定胜天”,就走向了极端。相形之下,曾国藩的功成身退、告老还乡则显示出其修身的定力,当然也有环境险恶(功高盖主)、明哲保身(毕竟不是一把手)等因素。倒是华盛顿自觉不连任第三届美国总统之行为显示了其对“度”的良好把握,以及把个人置于制度之下的宪制思维。黄炎培在延安窑洞讲的历史周期律就是阴阳交替轮回、物极必反的现象。事物总是在不断地变化,没有永远的正确,今天的革命派明天可能会变成保皇派,曾经是历史的推动者,后来可能是社会发展的阻碍者……任何人如果不能与时俱进,难免

㉓ 参见黄仁宇:《中国大历史》,生活·读书·新知三联书店 2007 年版,第 304 页。

㉔ 《必须全面辨证的看待儒家文化中的核心思想“中庸”》,2009 年 3 月 12 日,天堂玫瑰的博客。

㉕ 俄罗斯历史上一些杰出的文学作品,也表达了知识分子对底层劳动人民痛苦生活的深切同情和关注,但那些流芳百世的经典之作并非受权力指引,而是发自内心地“涌”出来的。

㉖ 李泽厚:《实用理性与乐感文化》,生活·读书·新知三联书店 2008 年版,第 32 页。

会被大浪淘沙,即使是历史伟人、社会精英、革命先锋也不例外。

7. 把阴阳和谐常态化。阴阳之间确实存在绝对的、静态的和谐,但只是瞬间,总体上看,其和谐、平衡不是静止的,而是始终处于不断的变化之中,和谐是相对的,不和谐是绝对的。不和谐可以分很多种,四六开是接近和谐的,三七开次之,二八开已经很不和谐,一九开最不和谐(是矛盾尖锐冲突对立的时刻),但一九开(对立)与五五开(和谐)都不是常态,"消长平衡"才能生生不息,生生之谓易。"阴阳互补""和而不同"所造成的和谐、均衡、稳定,不但不排斥变化,"而且强调是在运动、变化中来取得这种和谐、均衡和稳定。……这是一个动荡不已的过程。'度'的存在经验告诉人们,任何停顿、静止就将均衡、和谐、稳定僵化而走向生存的破裂和消亡"。[27] 和谐不一定绝对就好——可能是下坡路的开始,不和谐也不一定就绝对不好——可能其中孕育着欣欣向荣的生命力。如现代经济的蓬勃力量是"从不平衡的情形中产生动力"的,可惜明朝的"官僚与缙绅阶级"只会僵化地理解中庸,"预先制造一种平衡的局面,使各地区勉强地凑合一致""背世界的潮流而行"。[28] 晚清政府则一厢情愿地想保持盛世不变,夜郎自大,故步自封,结果却加速地滑向灭亡。那种绝对的和谐并不是阴阳关系中的常态,可遇不可求,汉唐盛世曾经出现过的社会和谐是我们的骄傲,但如果要人为地将其普及、再现,总想梦回大唐,则把和谐庸俗化了。[29] 一味地陶醉于假想的和谐中,可能导致墨守成规,不能适时而动,往往错失良机。一些官员为了表现和谐不惜弄虚作假,浮夸成风,报喜不报忧,粉饰太平,最终走向的是极不和谐。因此片面追求稳定可能最终导致大乱,而容忍小乱才能避免大乱,我们今天将追求和谐社会,作为一种美好的愿望是可以理解的,但如果把和谐理解为天天都是好日子,到处莺歌燕舞,不允许有不同的声音存在,把正当的不满诉求都视为不和谐,掩盖真相,回避矛盾,则可能走向反面。我们要学会接受相对不和谐,不和谐既然是常态,就没有什么不好(不好的是尖锐对立),[30]我们要避免的是矛盾剧

---

[27] 李泽厚:《实用理性与乐感文化》,生活·读书·新知三联书店2008年版,第30页。

[28] 黄仁宇:《中国大历史》,生活·读书·新知三联书店2007年版,第215页。

[29] 汉唐盛世无疑被后人美化了,汉唐其实有很多不和谐,"朱门酒肉臭,路有冻死骨"就出现在盛唐。依我们今天许多人的思维方式,"朱门酒肉臭,路有冻死骨"应该是贫富分化、阶级矛盾尖锐对立的表现,应该导致官逼民反才对。但汉唐确实是盛世,其中的某个阶段、某个时期、某个片刻可能真的出现过和谐,然而沉醉于其中显然是不明智的。

[30] 这种不好也是相对的。

烈冲突,社会分裂。将阶级斗争扩大化是一种极端,一味地求稳怕变,把批评之声、改革之诉求都视为动乱因素而加以掩盖,则是另一种极端。

三、宪制文化符合中庸之道

中国社会正在走向现代化,现代化并非一味地否定传统,而是需要和传统对接,需要"古为今用"。依笔者之见,宪制中蕴含着中庸之道,宪制文化与中庸之道是吻合的。

1. 宪制的社会基础是中产阶级。在一个穷人占绝大多数的国家里,容易发生革命,但不太可能实现宪制,商品经济打造出的庞大中产阶级往往是宪制的社会基础。早在两千多年前,亚里士多德就高度评价过中庸以及中产阶级:"大家既然已公认节制和中庸常常是最好的品德,那么人生所附有的善德就完全应当以'毋过毋不及'的中间境界为最佳。处在这种境界的人们最能顺从理性。趋向这一端或那一端——过美、过强、过贵、过富或太丑、太弱、太贱、太穷——的人们都是不愿顺从理性的引导的。"城邦应该由"相等而同样""互相友好"的、温和的自由人(中产阶级)组成,而不应由只知服从的奴隶和只会发号施令的主人(两个极端)构成,"唯有以中产阶级为基础才能组成最好的政体。中产阶级(小康之家)比任何其他阶级都较为稳定"。如果"有些人家产巨万,另些人则贫无立锥,结果就会各趋极端,不是成为绝对的平民政体,就是成为单纯的寡头政体;或更进一步,由最鲁莽的平民政治或最强项的寡头政治,竟至一变而成为僭政。僭政常常出于两种极端政体,至于中产阶级所执掌而行于中道或近乎中道的政权就很少发生这样的演变""凡是平民政体中没有中产阶级,穷人为数特多,占了绝对优势,内乱就很快会发生"。[31]

2. 宪制构建的是多元化格局。宪制承认社会中多种群体的存在,甚至每一个人作为独立个体存在的价值,而不是只有两个群体存在,更不是极端地一方吃掉另一方;不是一个阶级对另一个阶级的专政,而是各阶级阶层和平共处,是各方力量的平衡。彼此有矛盾,甚至有斗争,但不是你死我活,不会逼着人站队(资产阶级还是无产阶级、社会主义还是资本主义、统治阶级还是

---

[31] [古希腊]亚里士多德:《政治学》,吴寿彭译,商务印书馆 1965 年版,第 205~207 页。

被统治阶级、革命还是反革命、支持还是反对),而是有多种选择,包括可以不选择,所有公民都有充分的自由按自己的方式生活。政治上不同利益或观点的人群可以竞争(选举),但不走极端(暴力)。美国的两党制有点像阴阳关系,你方唱罢我登台,交换轮替,互相制约,谁也不能长期垄断政权,同时两党都较为温和,从而奠定了国家稳定的基础,其他小党即使走极端,但不居主流,难成气候,是中间大、两头小的格局。

宪制允许各种声音存在,各种意见交流(表达自由),不搞"一言堂"。对政府有支持的声音,也有反对的声音,还有模棱两可的声音;支持的声音里又有绝对支持的、基本支持的、凑合支持的等多种情况,反对的声音也有激进的反对、温和的反对、含糊的反对等复杂情形,还有不理不睬不发声、保持沉默的某些群体。只有一种声音存在是极为反常的,如果一个社会只有歌功颂德、阿谀奉承、完全拥护,这个社会可能暗流涌动,易于出现政变或革命。一种声音总是居高临下,不能与其他声音平等对话协商,社会格局亦是失衡的;如果主流声音为两极,针锋相对,一个捧一个骂,其他声音都被掩盖,也是非常危险的。一个社会到处是不满、牢骚、怨气,这个社会可能矛盾重重、积重难返,此时需要的是耐心细致地梳理乱麻,一环一环地解扣,切忌愚蠢地掩盖,简单生硬地高压,或图一时痛快地彻底砸烂。宪制承认各种团体、各种意见的合法存在,倡导各种群体互动、平等对话、协商办事,宪制大厦的稳定在于有各种力量的平衡,不是一边倒,也不是两极对立。

3. 宪制下的国家法律和政策往往注重各方面均衡发展。政府制定政策应该尽量照顾各阶层利益(共和),政治上不能以阶级出身或思想观点为界划出"另类",专门剥夺某一类人(如"地富反坏右"、阶级敌人、走资派)的权利或利益;同时遏制富户豪强对社会的垄断和掠夺,倡导法律面前人人平等,保障基本人权,扶弱济贫,社会以稳定温和的中产阶级为主流,既反对杀富济贫,也反对贫富两极分化。国家不是片面地追求经济指标,而是政治、经济、文化各方面均衡发展,中央与地方分权,彼此都要受宪法和法律制约。[32]

4. 宪制文化主张权力与权力的平衡。中庸之道就是不把任何事物绝对化,五行相生相克,任何一行都不是最高的,都是存在于一定的关系之中,都与相应的其他几行构成相生(扶助)或相克(制约)的关系。金再硬也能被火

[32] 从中国历史上看,盛世往往都是礼法并举、德主刑辅的,社会矛盾相对缓和;而乱世则多是政府滥用刑法、苛政暴虐,豪强四起,民不聊生。

熔化,火再猛也能被水浇灭,水再汹也能被土挡住……同时每一行都有其他力量辅助(如水生木),也都能帮助他人(如木生火),同时又都被另一种力量制约(如金克木),也都能对其他力量构成牵制(如木克土)。权力间的相互配合是相生,相互制约是相克,只相生不相克,即只配合不制约,会导致权力膨胀;只相克不相生,即只制约不配合,易导致权力瘫痪。每一种权力都有利有弊,因此对每一种权力都需要扬其长避其短,都需要相应的制度约束。这种制约与被制约的力量应当大致匹配,制约不足将难以驯服权力,制约过头将发挥不出权力的应有作用。如对强悍的行政权,不仅需要有议会的积极监督加以束缚,而且还要有法院的司法审查予以牵制。历史证明仅有道德、舆论、民心、天意这些制约是不够的,还需要以权力制约权力,才能实现权力的平衡,这种平衡状态才能真正发挥权力的正能量,才能实现权力体制的中庸之道。

5. 宪制主张权利与权力的平衡。宪制反对弱权利、强权力的体制,也反对强权利、弱权力的格局,宪制追求的是权利与权力的平衡。宪制社会中公民享有广泛的个人权利,这些权利为公权力的行使划出了禁区,对防止公权力的扩张、蔓延起到了阻却的作用。但这并不表明宪制就认为权利越多越好,宪制同样反对大民主,反对无政府主义,权力不是被限制的越多越好,也不是越少越好,政府既不是越软弱越好,也不是越强越好,而是权利与权力平衡才好。

6. 宪制主张自由与节制的平衡。人天生向往自由,热爱自由,但自由不能过度,不能越界。自由不是孙悟空的大闹天宫,为所欲为,[33]没有法律就没有自由,自由以不妨碍他人为前提。中国几千年的礼教过分压制了个人自由,过于追求和谐、追求无讼只会导致虚伪,过于隐忍谦让可能会导致放弃权利。我们今天需要更多的个体自由,但这种自由仍然不可能没有边界,关键在于找到界限,把握好“度”。这个“度”不能完全靠个人的道德修养来控制(德治),因为各人的修养不同,对“度”的把握也会有极大的不同;也不能主要靠社会风俗、习惯来控制(礼治),更不能靠某个单位、某个领导来控制(家长制),而是需要人民选出的立法者确立普遍适用的法律条文加以规范(法

---

[33] 中国人无论男女老少对孙悟空的普遍喜爱,一方面说明我们骨子里对自由的理解就是无拘无束,天马行空,任意洒脱,想怎么样就怎么样;另一方面也说明在现实生活中我们被压抑得太多太久,自由只是一种童话,仅存在于想象之中。

治),只有法治才能真正实现自由并保障自由不被滥用。

7. 宪制主张权利与义务的平衡。权利义务关系多是“双方”关系,也有多方关系,这些关系也需要一种大体平衡。既不是一些人有权利无义务,另一些人有义务无权利,也不是一些人权利多义务少,另一些人义务多权利少,权利与义务的平衡主要反对的是特权,同时也反对平均主义。

国家与法治研究　第2卷(2019)
第160~174页

美国临时性立法的理论源起与运用

——以美国法为中心的探讨

冯　洋*

一、引言

临时性法律(temporary legislation)是指在条文中明确规定自身实施期限的法律,与之相对应的概念是永久性法律(permanent legislation)。[①] 临时性立法的身影越来越频繁地出现在改革开放时期的中国。在中央层面,临时性立法表现为带有"试行""暂行"字样的法律、行政法规和规章,如全国人大常委会于1982年制定的《民事诉讼法(试行)》,[②]又如,当前我国税收法律体系的主体仍是以"暂行条例"形式出现的行政法规。在地方层面,20世纪80年代初,全国人大常委会的授权立法极大地推动了五个经济

---

* 冯洋,浙江大学光华法学院博士后,荷兰鹿特丹伊拉斯姆斯大学法学博士。本文系国家社会科学基金重大项目"加快建设法治政府的空间与路径研究"(14ZDC012)阶段性成果。

① 鉴于几乎所有的法律都有寿终正寝的一天,有美国学者建议用"持续性立法"(lasting legislation)的概念来代替"永久性立法"。See Rebecca M. Kysar, *Lasting Legislation*, 159 U. of Pennsylvania L. Rev. 1007,1010 (2011).

② 从更为宽泛的视角来看,1979年年初至2017年3月底,中央立法主体共颁布各类临时性法律文件5480部,参见杨登峰:《我国试验立法的本位回归——以试行法和暂行法为考察对象》,载《法商研究》2017年第6期。

特区法制的发展。③ 2012年以来,全国人大常委会共作出17项与立法有关的授权试点改革,成为新时期探索重大改革的新方式。④ 随着实践的发展,临时性立法逐渐有被法律体系"正名"的趋势。2015年修改后的《立法法》第9~13条对授权立法问题进行了初步的规制,其中第10条规定:"授权决定应当明确授权的目的、事项、范围、期限以及被授权机关实施授权决定应当遵循的原则等。"临时性立法实践的快速发展引来了法学学者的广泛关注。目前学界的思考主要集中在两个维度:第一个维度是对中国临时性立法的理念、价值和合法性的讨论。⑤ 第二个维度是对改革开放时期临时性立法的实证分析。⑥

现有的规范和实践两个维度的学术讨论对于我们理解临时性立法有着积极的意义。需要指出的是,当前研讨还处于"就事论事"的阶段,尚未出现以比较法的外部视角来审视和反思我国临时性立法实践的学术著作。实际上,临时性立法不是中国首创,该项实践早在美国建国初期就已出现,之后这一类立法形式在美国联邦和州级层面得到了较为广泛的运用。20世纪中期以后,临时性立法在美国政府机构改革、税收优惠、反恐等领域的规制中发挥了重要的作用。纵观美国立法史,虽然永久性立法是无可辩驳的主要立法形式,但是临时性立法并不是昙花一现的存在,而是有着持久和稳定的"出场机会",是永久性立法的重要补充。临时性立法在美国的经久不衰折射出其内在的多元价值,其不仅是应付实际需要的产物,还有着理念的支撑,可以说,对于临时性立法,美国法为我们提供了丰富的实践和初步的理论参考。

---

③ See Feng Yang, "Examining the Legislation in China's Special Economic Zones: Framework, Practice and Prospects", *Hong Kong Law Journal* 47(2), 2017, pp. 585-592.

④ 关于这17项授权地方改革试点,参见王建学:《授权地方改革试点决定应遵循比例原则》,载《法学》2017年第5期。

⑤ 这方面的学术成果包括:郑磊、王逸冉:《全国人大常委会"试点授权"要素论》,载《浙江社会科学》2017年第8期;范进学:《授权与解释:中国(上海)自由贸易试验区变法模式之分析》,载《东方法学》2014年第2期;刘松山:《论自贸区不具有独立的法治意义及几个相关法律问题》,载《政治与法律》2014年第2期;刘志刚:《暂时停止法律实施决定的正当性分析》,载《苏州大学学报》(法学版)2015年第4期。

⑥ 这方面的学术成果包括:杨登峰:《我国试验立法的本位回归——以试行法和暂行法为考察对象》,载《法商研究》2017年第6期;王建学:《授权地方改革试点决定应遵循比例原则》,载《法学》2017年第5期;黎娟:《"试验性立法"的理论建构与实证分析——以我国〈立法法〉第13条为中心》,载《政治与法律》2017年第7期;刘作翔:《论重大改革于法有据:改革与法治的良性互动——以相关数据和案例为切入点》,载《东方法学》2018年第1期。

本文通过深入剖析美国临时性立法实践,希望能够以这种"外部"的视角,为理解和指引我国临时性立法的实践提供助益。

二、理论源起和初步运用(18 世纪末至 20 世纪 70 年代)

临时性立法在美国建国后的首次亮相便具有极高的"规格"。1787 年出台的《美利坚合众国宪法》(Constitution of the United States)第 1 条第 8 款规定:"(国会有权)招募陆军并供给军需,但是针对此项用途的拨款不得超过两年。"亚历山大·汉密尔顿(Alexander Hamilton)是这一条款入宪的积极推动者。在他所撰写的《联邦党人文集》(*Federalist Papers*)第 26 篇中,汉密尔顿阐释了这一宪法条款的重要价值。他指出,临时性立法或者临时性法律条款具有两大好处。首先,采用临时性立法可以使立法事项得到国会的充分审议。汉密尔顿写道:"(这一条款入宪)将使国会至少每隔两年就不得不考虑一个问题,即维持一支陆军并供给其军需是否必要;对于这一问题,国会每隔两年将通过正式的投票程序达成新的决议,并展现在它的选民面前。"⑦其次,采用临时性立法有助于发挥民主制度纠偏功能,及时废止不得人心的政策。汉密尔顿写道:"当临时性法律的期限迫近时,国会中反对继续实施这部法律的成员将站出来表达自己的意见,公众的注意力将被吸引过来。如果国会的多数成员不顾公众的反对意见,执意继续实施这部法律,那么公众将会警觉起来,继而采取防范措施。"⑧汉密尔顿的阐述反映了美国建国初期立法者的主流观点,他们将临时性立法同提高立法审议的效果和防范立法机关背离民众的意志联系起来。

从美国第一届国会开始,临时性立法便在联邦层面得到了运用。1789 年美国国会起草《关税法》(Tariff Act)时,国会议员围绕着是否应该规定该法的实施期限这一问题产生了分歧。一些国会议员认为,草案中规定实施日期没有必要,因为未来的国会能够废止或者修改该法。法案的主要起草者詹姆

---

⑦ Alexander Hamilton, James Madison, John Jay, *The Federalist Papers*(Oxford University Press 2008), pp. 128-129.

⑧ Alexander Hamilton, James Madison, John Jay, *The Federalist Papers*(Oxford University Press 2008), pp. 128-129.

斯·麦迪逊(James Madison)则主张该法应附上实施期限,他认为一部无限期实施的税收法案违背了共和主义精神。⑨ 国会议员埃尔布里奇·格里(Elbridge Gerry)的意见与麦迪逊一致。格里给出了一个更为实际的解释,他认为一部没有设定终止日期的法案,将使总统和少数国会成员能够轻易地消解其他成员废除该法的努力,导致国会很难改变它的前任制定的不受欢迎的立法。⑩ 最终,多数国会议员支持麦迪逊的意见,《关税法》规定该法的实施期间是7年。⑪ 美国建国后,政治、社会和外交形势发展迅速,建国领导人感受到了及时调整立法的必要性。华盛顿总统在1792年的国会演讲中表示:"现行的一系列临时性法律将在本届国会结束前失效,其中那些规范同印第安部落贸易和交往的法律需要引起特别的注意。"⑫

美国建国初期,临时性立法在言论自由领域的运用引起了很大的争议。1789年第五届美国国会通过了《煽动叛乱法案》(Sedition Act),该法禁止任何蓄意抹黑或恶毒攻击美国政府的言行,违者将处以最高2000美元的罚款和最高两年的监禁。⑬《煽动叛乱法案》第4条明确规定:"该法于1801年3月3日[届时美国第二任总统约翰·亚当斯(John Adams)任期结束]失效。"支持出台该法的人士认为,美国当时正处于同法国海军作战的关键时期,该法的实施加强了美国政府的权威,巩固了国家安全;而反对人士认为制定该法的初衷是联邦党人控制的联邦政府压制持异议的在野共和党人,这违背了美国宪法第一修正案所保障的言论自由。⑭

在美国建国国父中,托马斯·杰斐逊(Thomas Jefferson)是临时性立法的坚定支持者。1790年2月在同詹姆斯·麦迪逊的通信中,杰斐逊阐述了他的法律体系代际变迁理论。杰斐逊认为:"任何社会都不得制定一部永恒的宪

⑨ See Caleb Nelson, Originalism and Interpretive Conventions, 70 U Chi L. Rev. 519, 541 (2003).

⑩ See Caleb Nelson, *supra* note 7, at 540.

⑪ See Tariff Act of 1789, Sec. VI(which decrees: "this act shall continue and be in force until the first day of June, which shall be in the year of our Lord one thousand seven hundred and ninety-six").

⑫ George Washington, Fourth Annual Address (Nov. 6, 1792), in James D. Richardson, ed., *A Compilation of the Messages and Papers of the Presidents* (Bureau of National Literature 1897), pp. 117-121.

⑬ See Sedition Act of 1789, Sec. II, Art. 1-3.

⑭ See William J. Watkins, *Reclaiming the American Revolution: the Kentucky and Virgina Resolutions and Their Legacy* 28 (Springer 2016).

法或法律。这个世界总是属于活着的一代人……每一部宪法和法律应在实施 19 年后自动失效。如果这些法律的实施超过了这个期限,那么这只是强力的结果,缺乏正当性。"⑮麦迪逊指出这一理念过于理想化,并不能实现。他认为,在实践中很难判断上一代人退出历史舞台和下一代人接管这个舞台的时间,此外,如果法律体系发生整体性的变迁,将不可避免地产生大量的协商和游说活动,这将催生宗派主义,影响法律体系的稳定性。因此麦迪逊认为,法律体系的临时性将牺牲掉它的延续性和稳定性所带来的好处。⑯

美国建国以后,随着政权的逐渐稳定,临时性立法适用的领域逐步扩展,涉及移民、保险、选举、农业、司法程序、国际贸易、破产、能源政策、政府改革等诸多领域。⑰ 相比联邦层面,州一级的临时性立法启动得更早。早在 18 世纪 70 年代,北美 13 个英属殖民地的议会就设有常务委员会,负责审查临时性法令,并就是否继续实施这些法令向总督和议会提出建议。⑱ 美国建国后,各州的议会所制定的临时性立法在蓄奴、福利政策、惩治叛乱、医疗等领域得到了运用。⑲ 综上可见,临时性立法对于美国联邦和州的立法机关而言,并不是一个新奇的现象。在美国立法史上,虽然永久性立法才是联邦和州议会采用的主要立法形式,但是临时性立法的存在并非昙花一现,而是作为永久性立法的重要补充,在许多领域的规制中发挥作用。

三、临时性立法与政府机构改革(20 世纪 70 年代末至 90 年代初)

20 世纪 70 年代末至 90 年代初,以"日落法"(Sunset Movement)为代表的临时性立法在政府机构改革领域发挥了重要作用。这类法律规定,政府机构和相应的组织法在期限来临时终止运行,在此之前州议会对这些机构进行

---

⑮ Marvin Meyers(ed.), *The Mind of the Founder: Sources of the Political Thought of James Madison* (Brandeis University Press 1981), pp. 232–234.

⑯ See Guido Calabresi, *A Common Law for the Age of Statutes* (Harvard University Press 1982), pp. 59–60.

⑰ See Jacob Gersen, *supra* note 4, pp. 255–257.

⑱ See David M. Gold, *Rites of Passage: The Evolution of the Legislative Process in Ohio*, 1799–1937, 30 Cap U L. Rev. pp. 631, 631–632.

⑲ See Jacob Gersen, *supra* note 4, pp. 257–258.

审查,根据审查的报告,作出调整、废止或重新创制这些机构和相关组织法的决定。

日落立法运动的兴起有着深刻的时代背景。自 20 世纪初以来,美国政府机构的数量呈现快速增长的趋势。[20] 与此同时,绝大多数老旧的政府机构仍然持续运转,显示出顽强的生命力和对改革的抵抗力。[21] 美国政府机构规模的扩大和臃肿不断刺激公众敏感的神经,20 世纪 60 年代以来,美国政府面临着广泛和深刻的公共信任危机。[22] 在这一背景下,美国政治学者和法学学者开始倡导制定日落法,目的是控制政府规模,将消耗在不合时宜的政府机构中的资源解放出来。在这些学者中,最具影响的是康纳尔大学的政治学者西奥多·勒维(Theodore Lowi)教授,他在 1969 年所著的《自由主义的终结》(*The End of Liberalism*)一书中提出,国会应制定一部《期限法法案》(Tenure of Statutes Act),该法案应规定,每一部组织法的实施期间应在 5~10 年。勒维写道:"这可能是对政府项目和政府机构进行有效审查的唯一方法。"[23]

自 1976 年科罗拉多州出台第一部日落法以后,日落立法运动在全美各州广泛地开展起来,在之后 5 年的时间里,共有 36 个州出台了各自的日落法。[24] 各州的日落法规定的政府机构运行周期为 4~13 年,多数州的日落法规定为不超过 6 年。对相关政府机构展开审查是日落法的核心内容,根据审查主体的不同,可以将审查过程分为两个阶段。第一阶段是政府常设机构进

---

⑳ 在联邦政府层面,从 1960 年至 1975 年的 16 年间,美国共新设了 236 个联邦政府机构。See US. News and World Report, Nov. 10, 1975, p. 39.

㉑ 据统计,20 世纪 20 年代初有 148 个美国联邦政府机构(占当时联邦政府机构数量的 85%)成功地运行至 50 年后的 70 年代末。See Mark Blickle, *National Sunset Movement*, 9 Seton Hall Legis. J. 209, 211 (1985).

㉒ 1973 年由著名媒体人路易斯·哈里斯主持的全国范围的民意调查显示,76%的受访美国民众认为"民选的官员已经失去了对政府官僚的控制,而后者才是真正掌控事权的人,特殊利益集团从政府中获得的好处要比人民获得的多",55%的受访美国民众认为"管理这个国家的那些人并不真正关心你的切身利益"。See Louis Harris, *Hearing on a Survey of Public Attitudes before the Sub-committee on Government Operations*, 93th Congress Session 7 of 1973.

㉓ Theodore Lowi, *The End of Liberalism: The Second Republic of the United States*, pp. 296-310 (New York 1979).

㉔ 每一个州的日落法都有其官方正式名称,如科罗拉多州的日落法叫作《修订法律法》(Revised Statute),而佛罗里达州的日落法叫作《管制改革法案》(Regulatory Reform Act),尽管名称各异,这些法律的主要内容是一致的,即明确一定范围内政府机构的运行期限,期限届满时这些机构将自动终止运行,在此之前这些机构还将接受州议会的强制性审查。参见冯洋:《美国"日落立法运动"的理念、过程与得失》,载《地方立法研究》2017 年第 2 期。

行的初步审查。各州日落法普遍规定,初步审查的工作主要由负责审计的政府机构,如州立法审计局承担。㉕ 各州日落法规定审查标准可以归结为两点:①该机构是否有对应的公共需要,即是否存在潜在的或者切实的公共危险需要予以规制。②该机构是否以适宜的方式充分地履行职责。初步审查工作结束后,审查机构将向议会的常设委员会提交审查报告。审查的第二个阶段是议会的正式审查。议会审议审查报告,举行听证,并在此基础上作出最后的决定。

日落法运动初期的效果明显,相当部分被审查的机构及相应组织法被州议会废止,更多的机构被勒令调整,显示出日落立法整饬政府机构的威力。1977年,在制定日落法1年后,科罗拉多州对该州13个独立管制机构展开了审查,审查的结果是撤销3个机构,合并两个机构,调整了另外两个机构的权限。㉖ 佛罗里达州议会制定日落法后,于1978年至1980年连续3年对62个机构展开了审查,结果13个机构被撤销,另有30个机构被勒令大幅调整。㉗ 总体来看,在1978年至1982年的五年间,美国实施日落法的36个州共撤销了268个机构,占被审查机构总数的23%。㉘

日落立法运动在20世纪80年代初达到顶峰,之后便开始回落。至20世纪80年代末,包括北卡罗来纳州在内的6个州宣布废除日落法。㉙ 此外,该类立法并未被美国最高立法机关所接受,未能上升到联邦法律的层面。国会议员埃蒙德·马斯基(Edmund Muskie)分别于1976年和1978年提出制定日落法的议案,在国会中,围绕法律草案的可行性和可能的实施效果,议员展开了激烈的辩论,最终这两部草案相继被国会否决。㉚ 日落立法运动的回落也体现在被撤销机构的数量逐步减少,占被审查机构总数的比例逐步降低。㉛

㉕ 州立法审计局的主要职责是,对州政府机构展开审计,确保它们经费使用的合法性和合理性,并将审计报告提交给州议会。参见路易斯安那州立法审计局官网:https://www.lla.la.gov/about/,最后访问日期:2017年5月3日。

㉖ See Dan Price, Sunset *Legislation in the United States*, 30 *Baylor L. Rev.* pp. 401, 433-435 (1978).

㉗ See Mark Blickle, *National Sunset Movement*, 9 Seton Hall Legis. J. pp. 209, 216 (1985).

㉘ See Common Cause, *The Status of Sunset in the States*: *A Common Cause Report* 42 (Common Cause, 1982).

㉙ See Common Cause, *supra* note 26, pp. 50-51.

㉚ See Mark Blickle, *National Sunset Movement*, 9 Seton Hall Legis. J., pp. 218-220 (1985).

㉛ See Brian Baugus, Feler Bose, *Sunset Legislation in the States*: *Balancing the Legislature and the Executive*, George Mason University 2015, p. 7.

在整个20世纪80年代,被撤销机构的数量占到被审查机构数量的13%,而在80年代初,这一比例高达23%。㉜

日落立法运动的回落是多种因素合力造成的结果。首先,总体来看,审查的机会成本、时间和经济成本高,导致此项审查不能常规化地持续下去。㉝其次,相当部分的日落法将所有的州政府机构都纳入审查的范围,这使得这些州的审查往往流于形式。最后,审查过程缺乏中立性。由于审查的经费和时间的限制,审查机构将大部分的资源用在审查大型机构和项目上,期望通过审查,节省大量的财政支出,相应地,花费在小型机构和项目上的资金和时间是有限的,然而这些大型机构却总是能够利用自身的影响力逃脱被撤销或者被大幅调整的命运。㉞

日落立法运动是对美国建国以来就存在的临时性立法实践的一次全面发展。传统的临时性立法是在单行法中纳入临时性条款(日落条款),使该法和相应的项目、机构在期限来临时被废止;而日落法具有基本法的性质,它将一定范围内的所有单行法和相应项目、机构都纳入到审查的范围中,并较为全面、细致地对运行期间、审查程序、标准和后续处理等问题进行了规定。日落立法运动可以被视为是杰斐逊的法律体系代际变迁理念在政府机构改革领域的一次实验,但是实验的结果却更多地证实了麦迪逊现实主义的智慧——在全国范围对所有的提供公共服务的机构展开周期性的审查,这样的制度从根本上冲击了公共组织的安定性,不具有现实的可行性。

四、临时性立法在税收和反恐领域的运用(21世纪初至现在)

自20世纪80年代初以来,临时性立法开始在美国税收优惠领域得到运

㉜ See Richard Kearney, *A Survey and Analysis of the State Experience*, 50 Public Administration Rev. 49, 52 (1990).

㉝ 1977年科罗拉多州对13个独立管制机构展开了审查,对每一个机构的审查平均耗资1.33万美元,耗时692个工作时。然而此轮审查所终结的3个机构,皆是规模小的机构,其年度预算总额仅为6810美元。See Mark Blickle, *National Sunset Movement*, 9 Seton Hall Legis. J. 209, 214 (1985).

㉞ See William Lyons, Parica K. Freeman, *Sunset Legislation and the Legislative Process in Tennessee*, 9 Legislative Studies Quarterly 151, 153 (1984).

用。美国国会于 1981 年制定的《经济复苏税法案》(Economic Recovery Tax Act)规定,从事基础性研究的机构可享受最高相当于自身研究花费总额 20%的税收减免。该法案同时规定,这一税收优惠政策在 1985 年 12 月 31 日终止。[35] 在 20 世纪 80 年代和 90 年代,美国国会相继将临时性立法用于其他税收优惠领域,如低收入家庭房屋租赁税减免、[36]雇用困难群体税收减免、[37]个体户健康保险费抵免[38]等。在这一阶段,临时性立法的对象范围还比较窄,一般是将临时性条款嵌入到永久性税收法案中,针对的是特定的税收优惠领域。

临时性立法在美国税收优惠领域的全面运用始于 2001 年。这一年 6 月,美国国会颁布了《经济增长与税收减免协调法案》(Economic Growth and Tax Relief Reconciliation Act),该法案的出台标志着美国开始实施二战后最大规模的减税措施。从内容上看,该法案显著地下调了之前《国内税收法典》(Internal Revenue Code)所规定的主要税种的税率,这些税种包括所得税、资产增值税、房地产税和赠与税。该法案首次规定,法案中的全部内容将在 2010 年 12 月 31 日失效,届时相关税种的税率将重新恢复到《国内税收法典》的规定上来。[39] 2003 年 5 月美国国会颁布了《就业与增长减税协调法案》(Jobs and Growth Tax Relief Reconciliation Act),该法案包含了 8 大类的减税项目,其中有 7 类将在 2004 年至 2008 年失效。例如,该法案规定,养育儿童的个人享受税收减免的金额,将从年均 600 美元提高至 1000 美元,这一减税政策于 2005 年失效。[40]

临时性立法在税收优惠领域的广泛运用有着特殊的背景。它的出现不仅体现了临时性立法的传统价值,如汲取新立法信息、应对易变的事项、寻求立法认同等,而且还被视为是应对严格的联邦财政预算限制的工具。美国国会为了削减联邦财政赤字,于 1990 年制定了《财政预算执行法》(Budget Enforcement Act),在直接财政支出和财税立法方面,确立了"偿付—准允"规则(pay-as-you-go rules)。该规则规定,任何增加联邦财政赤字的财税立法

---

[35] See Economic Recovery Tax Act of 1981, Title Ⅱ, Subtitle C, Sec. 221.

[36] See Internal Revenue Code of 1988, Sec. 42.

[37] See *supra* note 34, Sec. 51.

[38] See *supra* note 34, Sec. 162.

[39] See Economic Growth and Tax Relief Reconciliation Act of 2001, Sec. 901(a).

[40] See Jobs and Growth Tax Relief Reconciliation Act of 2003, Sec. 101.

(如减税或增加联邦政府支出),须在同一年度得到偿付,才能得以制定;偿付的方式要么是增加岁入,要么是减少其他领域的直接财政支出。[41] 联邦财政预算的限制催生了临时性立法的运用,相比永久性立法,临时性的税收优惠立法能够避免刺激立法者敏感的神经。对于临时性的减税立法所带来的赤字,国会常常不严格执行"偿付—准允"规则,即不严格要求联邦政府寻求财政收入上的"开源"或其他财政支出的"节流"。[42] 临时性减税立法实施期间越短,国会要求偿付的部分就越少。[43]

2001 年 10 月,为了防范大规模恐怖袭击事件的再次爆发,美国国会通过了《美国爱国者法案》(USA PATRIOT Act)。[44] 该法案第二部分扩大了国内安全机关侦查、监控和惩治恐怖主义活动的权限,这主要包括:扩大监控对象的范围;[45]扩大监听的范围,简化获取监控许可和搜查许可的司法程序;[46]授权执法机构有条件地获取公民和组织的电子通信信息等。[47] 该法案同时规定,法案第二部分纳入的上述措施将在实施 4 年后,即 2005 年 12 月 31 日失效。[48] 在该法案的上述条款失效后,美国国会分别于 2011 年 5 月和 2015 年 6 月,立法恢复了法案第二部分关于监听、对电子通信信息的审查和对"独狼恐怖分子"的追踪等关键措施,这些措施将在 2019 年 12 月 31 日失效。[49]

美国在反恐领域的另一部重要的法律是 2002 年 11 月通过的《恐怖主义风险保险法案》(Terrorism Risk Insurance Act),该法案的主要内容是强制美国本土的工商企业参与恐怖主义袭击保险,同时规定联邦政府与保险公司一

---

[41] See Collender, Stanley E., *The Guide to the Federal Budget: Fiscal* 1993, 18 (Rowman & Littlefield Publishers, 1992).

[42] See Rebecca M. Kysar, *The Sun Also Rises: the Political Economy of Sunset Provisions in the Tax Code*, 40 Georgia L. Rev. pp. 335, 360-361 (2006).

[43] See Rebecca M. Kysar, *supra* note 40, pp. 361.

[44] 《美国爱国者法案》的正式名称为《通过使用正当手段阻止或避免恐怖主义以团结并增强美国的法律》(Uniting and Strengthening America by Providing Appropriate Tools Required to Intercept and Obstruct Terrorism Act of 2001),取英文原名中每一个单词的首字母缩写,简称 USA PATRIOT Act,即《美国爱国者法案》。

[45] See USA PATRIOT Act of 2001, Title Ⅱ., Sec. 218.

[46] See *supra* note 43, Sec. 216 and 219.

[47] See *supra* note 43, Title Ⅱ, Sec. 206 and 212.

[48] See *supra* note 43, Title Ⅱ, Sec. 224.

[49] See the Patriot Sunsets Extension Act of 2011 (Expired 2015) and the USA Freedom Act of 2015.

道为恐怖主义袭击造成的损失承保。[50] 法案的制定背景是“9·11 事件”造成的史无前例的财产损失(约 400 亿美元)和人员伤亡(近 3000 人),这些损失最终落在保险公司身上。“9·11 事件”后,面对潜在的大规模恐怖袭击的威胁,受到重创的美国保险公司要么将恐怖袭击排除在保险的范围之外,要么大幅提高承保恐怖袭击的保费。为了尽快地实现美国保险业的复苏,提振投资者的信心,确保美国经济的平稳健康运行,美国联邦政府制定了这一法案。该法案的失效日期定于 3 年后的 2005 年 12 月 31 日,后来国会分别于 2005 年、2007 年和 2015 年延长了该法案的效力。[51] 根据 2015 年法案的规定,该法案将于 2020 年 12 月 31 日失效。

临时性立法在税收和反恐领域的最新运用,显示出了这一立法形式的另类功用。宏观经济政策制定者选择临时性立法来落实其税收优惠的政策,目的是规避联邦预算的限制,这体现出了临时性立法的灵活性。但是立法机关频繁使用这类立法有导致滥用减税措施,增加联邦财政赤字的风险。有美国学者甚至认为,临时性立法有可能成为助长国会不良立法行为的工具。[52] 反恐领域的临时性立法反映了美国立法机关试图运用临时性立法来应对突然爆发的社会、经济危机,为了防范潜在的大规模恐怖袭击,《美国爱国者法案》第二部分将广泛的侦查权授予执法机构,这部分内容大多采用了临时性的条款。实践证明,正是这部分临时性条款与《美国宪法(第四修正案)》所保障的人身自由构成了紧张关系。[53]《恐怖主义风险保险法案》的出台迎合了人们在“9·11 事件”后惧怕再次遭受类似大规模恐怖袭击的心理,实际上,“9·11 事件”后在美国本土爆发同等规模恐怖袭击的可能性是极小的。尽管如此,美国公众,尤其是工商业界人士惊魂未定,这导致了保险费和赔偿金额畸高,美国联邦政府通过短期内分担恐怖主义保险费和赔偿金,可以起到安抚工商业界人士的惊恐情绪,提振投资者信心的作用。

---

[50] See Terrorism Risk Insurance Act of 2002.

[51] See the Terrorism Risk Insurance Extension Act of 2005 (Expired 2007), the Terrorism Risk Insurance Program Reauthorization Act of 2007 (Expired 2014), and the Terrorism Risk Insurance Program Reauthorization Act of 2015.

[52] See Rebecca M. Kysar, *supra* note 40, 314.

[53] See Susan N. Herman, *The* USA *Patriot Act and the Submajoritarian Fourth Amendment*, 41 Harv. CR-CLL Rev. 67, pp. 130-131 (2006).

五、"他山之石":美国临时性立法对当代中国的启示

临时性立法可谓是美国联邦和州级立法机关的"原配武器",从美国建国初期起,就一直得到稳定的运用。在长期的立法实践中,临时性立法所适用的领域不断扩展,丰富的实践充实了临时性立法的内涵,也为学理的探究提供了素材。临时性立法的广泛运用深刻地影响了立法机关的立法行为,及其同其他国家机关的关系。这一立法形式的经久不衰折射出其内在的多元价值,正是这些价值赋予了临时性立法开放的外延,使其能够满足不同历史阶段的社会发展对立法的需求。

事实上,临时性立法的实践在我国近代的起源并不晚。清政府覆灭后,中华民国于1912年颁布了第一个具有宪法性质的文件——《中华民国临时约法》,该法第54条规定,本法于宪法实施后废止。改革开放以来,随着中国立法的快速发展,具有临时性质的法律法规逐渐出现。改革开放初期,全国人大常委会先后制定了《环境保护法(试行)》《国务院关于老干部离职休养的暂行规定》《律师暂行条例》《民事诉讼法(试行)》等法律。应该指出的是,虽然这些法律的临时性质非常明显,但是它们并未明确规定自身的实施期间,尚不是完全的临时性法律。

在中国行政立法和地方立法领域,临时性立法的运用更为频繁,这尤其体现在授权立法的事项上。当前,中国税收法律体系的主体仍然是国务院颁布的暂行条例。[54] 全国人大常委会于2012年和2013年授权国务院在广东省和上海自贸区暂停实施部分法律规定的行政审批,这两个授权决定的试行期间是3年。[55] 2015年修改的《立法法》对临时性立法的适用进行了进一步的规范,该法第10条规定全国人大及其常委会授权国务院制定行政法规的期限不得超过5年;第82条规定因行政管理的迫切需要制定地方政府规章的期

---

[54] 国务院制定税收暂行条例的依据是全国人大常委会于1985年通过的《关于授权国务院在经济体制改革和对外开放方面可以制定暂行的规定或者条例的决定》。时任全国人大常委会法工委主任的王汉斌在该决定的说明中指出:"这些规定或者条例是暂行的,经过实践检验,条件成熟时,再由全国人大或者全国人大常委会制定法律。"

[55] 参见《关于授权国务院在广东省暂时调整部分法律规定的行政审批的决定》和《关于授权国务院在中国(上海)自由贸易试验区暂时调整有关法律规定的行政审批的决定》。

限不得超过两年。以上实践和法条说明,临时性立法的概念逐步被立法者接受,而法律实施的期限也从初期的模糊表述变为明确的规定。

临时性立法在中国已具有相当的实践基础,且相关立法制度仍在完善过程中。在此情形下,笔者认为临时性立法在中国的运用,仍具有重大的价值,可以成为解决当前中国立法中存在的若干问题的一剂良方,这体现在以下几个方面:首先,临时性立法能够更为及时地调整、废止不合时宜的法律、法规。随着中国经济、社会的快速发展和立法的不断推进,部分法律、法规已明显同社会脱节或与其它法律规定相互不一致,这一问题在行政立法领域表现最为突出。当前现行有效的行政法规中,有相当一部分已明显不适应当前的需要,这部分行政法规大多制定于改革开放初期甚至之前。实际上,许多这类法规的标题中还被冠之以"暂行规定"、"暂行办法"和"暂行条例"字样。由于并未明确规定暂行的期限,结果它们就一直"暂行"了30年,甚至更长的时间。[56] 如果行政法规在制定时的初衷就是临时性的,那么就应该明确规定它们的实施期间,这样可以使立法机构及时、有效地调整、废止其中不合时宜的部分。此外,临时性立法的运用实际上是把法律、法规的废止放到和立法同等重要的位置,因为废止是立法机关展开审查后的必然结果,也是启动后续立法的前提。

其次,采用临时性立法能够及时、有效地终止不成功的立法实验。实验立法是否能够实现立法目的,通常具有较大的不确定性。当然,立法者总是希望立法实验能够取得预期的目标,在此基础上复制推广成功的立法经验。然而,实验并不总是成功的,当实验立法的效果不佳时,立法者应该及时废止相关立法。改革开放以后的立法实践表明,成功的实验立法的复制推广相对容易实现,但是不成功的实验立法的废止却颇为困难,例如,国务院于1984年至1994年进行的较大的市的审批工作具有明显的实验性质。[57] 随着改革开放的深入和市场经济的发展,19个获批的较大的市中,齐齐哈尔、淮南、鞍

---

[56] 如原政务院1950年制定的《革命工作人员伤亡褒恤暂行条例》目前仍处于现行有效的状态。在"北大法宝"中搜索发现,类似的仍现行有效的"古董"行政法规还有不少。

[57] 《地方各级人民代表大会和地方各级人民政府组织法》(1982年第一次修正)第27条允许国务院审批拥有地方立法权的较大的市。根据这一授权,国务院先后批准了19个较大的市,批准的大致标准是"从50万人口以上的大城市中选出"和"按照一省一个的原则";同时国务院还宣布,在取得经验后,再制定审批办法。参见李兵:《关于划定具有立法权的"较大的市"的思考》,载《法学》2005年第9期。

山等北方自然资源型工业城市，在全国经济版图中的重要性逐渐下降，这些城市的地方立法权的运用并不活跃，它们往往也不是地方立法创新的先行者。尽管如此，它们的立法权也并未被收回，这一状况一直持续到 2015 年《立法法》的修改才被终结。[58] 可以设想，如果在审批较大的市时，采用临时性立法的形式，给较大的市行使地方立法权附以明确的期限，这样不仅能够及时收回部分实施效果不佳城市的地方立法权，同时还能适时地将地方立法权授予东莞、温州、泉州等长期积极争取这项权力的南方新兴城市。

最后，临时性立法能够使立法者在面对危机或紧急状态时更为审慎地考虑与基本权利保障相关的立法。基于这一价值的临时性立法在中国也有运用的空间，最为显著的例子是《集会游行示威法》的制定。该法的立法目的是"保障公民依法行使集会、游行、示威的权利"，但是该法总共 36 个条文中规定了 11 个"不得"，使这些权利的实现受到过多限制。实践中，民众按照该法的规定获得公安机关许可而举行的集会、游行、示威活动极少（如果不是完全没有的话），但是不可否认的是，民众举行、参与这类活动的愿望是客观存在的，该法在制定后的近 30 年时间里，一直未被修改，这在改革开放时期的立法中并不常见。考虑到现行的《集会游行示威法》中严格的限制性规定（继续增加限制在实践中已无太大意义），未来《集会游行示威法》修改的导向，必然是落实总则所保障的言论自由权利，具体而言，就是要减少相关的限制性规定，拓展人民表达共同意愿的渠道。如果该法制定时是以临时性法律的形式出现，那么启动修改程序就不会太过困难。因此，临时性立法可以起到缩短立法修改周期，推动与基本权利保护相关的立法改革进程的作用。

六、结语

以汉密尔顿等美国建国领导人所创造的理念为基础，临时性立法在美国联邦和州层面得到了持久和稳定的运用，在美国两百多年漫长的历史进程中，临时性立法本身得到了长足的发展。从内容上看，其规范的对象从个别的零星事项逐步扩展到广泛的领域，并且这一立法形式在许多领域的规制中

---

[58] 修改后的《立法法》将有限的地方立法权赋予所有的设区的市。参见《立法法》第 72 条。

发挥了重要作用。从形式上看,它最初都是以单行法的面貌出现,20世纪70年代以来,出现了基本法(日落法)和法典(税法)性质的临时性法律,这显示出临时性立法逐渐受到了立法者的重视,成为重要的立法形式。从社会影响上看,20世纪70年代末至90年代初,美国各州密集地开展日落立法,在政府机构改革领域进行了大胆的制度尝试,显示出它在推动重大改革和落实重大政策中的独特运用。综上可见,美国临时性立法的长期实践折射出了其开放的外延和内在的多元价值,在美国历史的不同时期呈现了不同的样态。笔者判断,未来关于临时性立法的研究,除了继续从理论上探索它适用的范围边界和潜在价值外,还将扩展到实证的研究,探讨的重点是临时性立法的效力问题,即临时性立法有多好(或有多坏)。

临时性立法在改革开放时期的中国立法中并不是可有可无的存在,而是其中重要的组成部分。从全球范围来看,中国是开展临时性立法实践的主要国家之一。中国近40年来的立法实践既拓展了这一立法形式适用的空间,多维度地体现了它的价值,也暴露出了若干问题。笔者在本文第五部分简要地探讨了我国临时性立法存在的问题和进一步运用的空间,但是限于篇幅,系统、全面的研讨还无法展开。当前,中国法学界应重视临时性立法的研讨,在借鉴美国临时性立法的经验和理论的基础上,梳理中国临时性立法的实践并分析、提炼其中的学理,这既是解决当前面临问题的需要,也是指导未来立法实践的需要。

国家与法治研究 第 2 卷(2019)
第 175~206 页

利维坦之死

——施米特和阿甘本关于共同体构建之论战

周榆皓[*]

一、利维坦的三种死法

(一)霍布斯:尘世国度终有一死

霍布斯说,利维坦是有朽的(mortal)上帝。① 上帝自然是不朽的,唯有行走于尘世之中的上帝——利维坦,同世间的一切生灵一样不得不面对生老病死。霍布斯曾在《利维坦》中以专章讨论"国家致弱或解体的因素",他认为作为人为技艺之产物的国家,其所得的毛病要么源于外界暴力,要么出于内部失调,后者与建造国家所用之质料无关,是建造者缺乏技艺埋下的祸根。② 与之相应,霍布斯具体列举了可造成国家解体的六种疾病,虽然这些疾病的具体病因各不相同,但是一旦发作起来或将导致自然状态的复归。③ 不过霍布斯也提到,无论国家所患的疾病如

* 周榆皓,中国政法大学法学院 2016 级法学实验班学生。

① 参见[英]托马斯·霍布斯:《利维坦》,黎思复、黎廷弼译,商务印书馆 1985 年版,第 249 页。对中文翻译稍有改动。

② 参见[英]托马斯·霍布斯:《利维坦》,黎思复、黎廷弼译,商务印书馆 1985 年版,第 249 页。

③ 参见[英]托马斯·霍布斯:《利维坦》,黎思复、黎廷弼译,商务印书馆 1985 年版,第 249~260 页。这六种致死的疾病实际上与霍布斯认为的主权者所应具有的权利息息相关,诸如主权不可分割,而"被分割的主权会互相摧毁",使国家解体。参见[英]托马斯·霍布斯:《利维坦》,黎思复、黎廷弼译,商务印书馆 1985 年版,第 140 页、第 254 页。

何凶险,只要找准了病因,都可以药到病除,但这是有前提的——如果人们果真能运用其自认为具有的理性的话,毕竟,利维坦不过是“像钟表一样用发条和齿轮运行的‘自动机械结构’”而已。[④]

如果仔细品味霍布斯所提条件的前后文,可以发现他所表达之意并非如此浅显,因为他是如此绝对地说道,“寿数有限的人所造成的东西……没有可以永生的”。[⑤] 据上文所述,利维坦的死因无非出于两大类:外界暴力和内部失调。既然内部失调可以通过理性医治,外界暴力也可以由国家实力加以压制,那么究竟是什么原因使利维坦被霍布斯判处了迟早会到来的死刑呢?难道仅仅是因为历史中的所有国度都没能逃脱那两种命运?如果在当今情绪高涨的世界主义者眼中,指日可待的世界大同真的实现了,那么何来的外界暴力和内部失调?霍布斯难道从未作此考虑?在《利维坦》中,唯有上帝和自然法是永恒的,而自然法是上帝颁布的;与之相对应,主权者(君主抑或议会)只能通过继承权的法统延续而拥有“拟永恒生命”。[⑥] 也就是说,在霍布斯的严密逻辑里,利维坦之有朽的根本原因在于它属于尘世而不属于神域,无论是君主国家还是民主国家,乃至世界国家,都是尘世国度,都无法逃脱死亡的命运,天国则与这种命运轮回无涉。

(二)《约伯记》及其犹太教解释:利维坦和比希莫斯的末世决战

利维坦这一形象是霍布斯从《约伯记》第 41 章中取来的,在其中,耶和华将之描述为一个威力无比的海上怪兽;而在前一章,亦即《约伯记》第 40 章中,他还描述了一个同样强有力的陆上怪兽——比希莫斯(Behemoth)。[⑦] 耶和华之所以提及这两个怪兽,是为了平息约伯对他的不满,因为对于利维坦而言,“凡高大的,它无不藐视;它在骄傲的水族上作王”。[⑧] 施米特对这两个

---

④ [英]托马斯·霍布斯:《利维坦》,黎思复、黎廷弼译,商务印书馆 1985 年版,第 249 页、第 1 页。

⑤ [英]托马斯·霍布斯:《利维坦》,黎思复、黎廷弼译,商务印书馆 1985 年版,第 249 页。

⑥ 关于永恒的上帝,参见[英]托马斯·霍布斯:《利维坦》,黎思复、黎廷弼译,商务印书馆 1985 年版,第 78 页、第 80 页;关于永恒的自然法,参见[英]托马斯·霍布斯:《利维坦》,黎思复、黎廷弼译,商务印书馆 1985 年版,第 121 页;关于自然法是神的法律,参见[英]托马斯·霍布斯:《利维坦》,黎思复、黎廷弼译,商务印书馆 1985 年版,第 222 页;关于拟永恒生命,参见[英]托马斯·霍布斯:《利维坦》,黎思复、黎廷弼译,商务印书馆 1985 年版,第 149 页。

⑦ 参见[英]托马斯·霍布斯:《利维坦》,黎思复、黎廷弼译,商务印书馆 1985 年版,第 248~249 页。对于 Behemoth 目前存在多种中文翻译,除了比希莫斯,还有比希莫特、贝希摩斯,等等。

⑧ 《旧约·约伯记》41:34。

怪兽充满了兴趣,他曾在1938年的《霍布斯国家学说中的利维坦》和1942年的《陆地与海洋》中两度谈及利维坦和比希莫斯的神话形象。不过,真正吸引施米特的是犹太教对它们的传统解释,此解释认为,利维坦的具体形象是鲸鱼,比希莫斯则是公牛,而世界史就是两者之间斗争的展开:⑨

按照这种犹太神秘主义的解释,利维坦代表"千山上的牲畜"(《诗篇》50:10),也即异教列族。世界历史显现为异教列族相互之间的一场战斗。尤其是代表海上列强的利维坦与代表陆上列强的比希莫斯展开战斗。后者想要用他的角撕裂利维坦,利维坦则用他的鳍堵住比希莫斯的嘴巴和鼻孔,并以这种方式闷死他,这恰恰是一幅通过封锁征服一个国家的精彩画面。犹太人则在一旁坐山观虎斗,看地上万族如何互相残杀;对他们来说,这种相互之间的"生宰活屠"是合(乎犹太律)法的,是"洁净的"。他因此吃遭屠戮列族的肉,并以此为生。⑩

根据这一犹太神秘主义的解释,在世界历史的某一时刻,利维坦和比希莫斯之间展开了一场殊死战斗,最终互相杀死了对方。⑪ 不过,这场战斗发生于何时?在《陆地与海洋》中,这场战斗被施米特解读为海洋强权与陆地强权之间的不断斗争,在古代世界具体表现为雅典和斯巴达,19世纪则为英国和

⑨ 参见[德]卡尔·施米特:《陆地与海洋——世界史的考察》,林国基译,上海三联书店2018年版,第10页。通常认为,利维坦是某种跟鱼有关的生物,例如鲸鱼或者鳄鱼(《圣经》和合本的翻译即为如此),但对于比希莫斯具体是哪种动物,历来有争议。例如,施米特在《陆地与海洋》中提到了一位将军,他认为比希莫斯是北极熊,而犹太教传统则认为是公牛。关于利维坦和比希莫斯具体形象的更多讨论,参见 Tomaž Mastnak, "Schmitt's Behemoth", in *Critical Review of International Social and Political Philosophy*, Vol. 13, Nos. 2-3, June-September 2010, pp. 275-296。除此之外,值得注意的是,在霍布斯死后出版了以"比希莫斯"为题的一本著作,其副标题为"英国内战缘由史",但是该书实际上还有一个标题为"长期国会"(the Long Parliament)。也就是说,霍布斯将英国历史上的长期国会比作比希莫斯,其所代表的长期议会时期的动荡不安明显与利维坦建立的和平与安全相对立。参见[英]托马斯·霍布斯:《贝希摩斯——英国内战缘由史》,李石译,北京大学出版社2019年版。

⑩ [德]卡尔·施米特:《霍布斯国家学说中的利维坦》,应星、朱雁冰译,华东师范大学出版社2008年版,第47页;[德]卡尔·施米特:《陆地与海洋——世界史的考察》,林国基译,上海三联书店2018年版,第10~11页。

⑪ "犹太神秘主义"对应的单词是Kabbalah,亦即卡巴拉主义;但根据阿甘本的考证,这种解释与卡巴拉主义无关,而是塔木德(Talmud,亦即《犹太法典》)传统。阿甘本认为,施米特很有可能知道这是塔木德传统,他的故意扭曲则是其反犹主义的体现,后文将对此进一步论述。See Giorgio Agamben, *Stasis*: *Civil War as a Political Paradigm*, trans. by Nicholas Heron, Stanford, Stanford University Press, 2015, p. 58.

俄国。因此并不是指某一具体时刻，而是世界历史的徐徐展开。⑫ 为了阐释二战期间他对新世界秩序的构想，施米特为这一斗争赋予了地缘政治学的含义，所以脱离了犹太教的解释；而根据阿甘本的考证，在塔木德传统中，这场战斗发生于弥赛亚降临的时刻，亦即世界终末之时，在这一时刻利维坦和比希莫斯双双毙命。⑬

（三）施米特：利维坦之致命隐疾

《霍布斯国家学说中的利维坦》副标题为“一个政治象征的意义及其失败”，在施米特看来，霍布斯以利维坦为形象构建的也是必然失败的。不过施米特的着眼点与霍布斯不同，利维坦的尘世造物属性或许是其终将死亡的明证，但他关注的是利维坦被尘世之敌消灭的情形，而这源于霍布斯理论的内在缺陷。

在《利维坦》第三部分，霍布斯展开了他的圣经批判。他认为，凭借人的自然理性不可能认识超自然的神迹，因为神迹本身不可知，而圣洁亦可伪装，如若听任个人随意解释经文律法，宣称所谓先知的启示，国家岂不是会乱套？⑭ 霍布斯曾经历过国王权威消解所造成的动荡局面，以至于他不得不逃离笼罩在内战阴影之下的英国，在外流亡 10 年，《利维坦》即为他流亡后期的作品。⑮ 渴望和平与安全的霍布斯，自然将法律以及宗教的解释权尽数收归利维坦，唯有那唯一的主权者方可判断神迹和启示的可靠性与真实性，也就是说，主权者所确定的神迹才是神迹。左手持杖右手拿剑的利维坦俨然是一个政教统一体，虽然看似无懈可击，但施米特仍然发现了漏洞，他惊奇地发现，霍布斯竟然为利维坦埋下了个人主义的种子：

---

⑫ 参见［德］卡尔·施米特：《陆地与海洋——世界史的考察》，林国基译，上海三联书店 2018 年版，第 11~13 页。

⑬ See Giorgio Agamben, *Stasis*: *Civil War as a Political Paradigm*, trans. by Nicholas Heron, Stanford, Stanford University Press, 2015, p. 58.

⑭ 参见［英］托马斯·霍布斯：《利维坦》，黎思复、黎廷弼译，商务印书馆 1985 年版，第 347~355 页。就《利维坦》的文本而言，霍布斯对神迹和启示持不可知的态度，以至于施特劳斯认为，“动摇圣经的权威性，甚至动摇启示的可能性，如果不是霍布斯政治学的原始立论不可或缺的条件，也是霍布斯政治学最终得以成立不可或缺的条件”。［美］列奥·施特劳斯：《霍布斯的宗教批判——论理解启蒙》，杨丽等译，华夏出版社 2012 年版，第 137 页。

⑮ 关于霍布斯的流亡经历，参见［美］A. P. 马蒂尼奇：《霍布斯传》，陈玉明译，上海人民出版社 2007 年版，第 187~254 页。

霍布斯将奇迹和神迹问题说成是相对于"私人"理性的"公共"理性的事务;但基于普遍的思想自由,个别人在内心信或者不信,则任由他们据其私人理性自己决定,而且任由他们在心中保留自己的判断。一旦涉及信仰的公开认信,私人判断便无效,就要由主权者来决定真与不真。[16]

施米特的论断出自《利维坦》第37章,霍布斯在该章讨论了上文所述关于奇迹的认信问题,在该章结尾处,霍布斯的确宣称个人有自由决定是否在内心相信主权者确认的奇迹,但篇幅极小以至于难以发现。[17] 施米特认为,犹太哲学家斯宾诺莎随后利用了霍布斯对外在强制认信和内在自由信仰的区分,将国家权力描述为仅限于"外在的崇拜",进而将内在自由信仰极大地扩充为"思想自由、感知自由和表达自由",从而在暗地里颠覆了外在和内在的等级秩序。因此,施米特认为,"在霍布斯那里,公共和平与主权权力的权利处于前台,个人思想自由只是作为最后的后援条件空在那里"。[18] 一旦内在开始优先于外在,原本作为近现代君主专制国家之原型的利维坦的死亡,就只是时间问题,因为利维坦的漏洞为国家的中立化和技术化大开方便之门。

在霍布斯的构想中,保护—服从是利维坦的基本架构,主权者保护臣民使他们免于暴死的恐惧,臣民相应地向主权者让渡除了生存权之外的一切权利,从而绝对服从于主权者。主权者拥有决断一切事务的权威和权力,是这一架构得以正常运转的重要组成部分。然而,内与外的区分,以至于内对外的僭越,使得主权者的权威荡然无存,主权者的权力也只能止步于外在表象。中立化意味着价值中立,这难道不是现代国家价值中立(中立国家)的先声?更为严重的是,中立化无异于抽掉了利维坦的灵魂。在《利维坦》中,如前所述,霍布斯虽然将利维坦描述为一个人造机械物,但是这个机械物同样拥有人格,即订立契约从而组成利维坦之臣民向主权者转移的政治人格,而转移的过程实际上就是代表和授权的过程。[19] 既然利维坦决断一切事务之权威的根基已经支离破

[16] [德]卡尔·施米特:《霍布斯国家学说中的利维坦》,应星、朱雁冰译,华东师范大学出版社2008年版,第93页。

[17] 参见[英]托马斯·霍布斯:《利维坦》,黎思复、黎廷弼译,商务印书馆1985年版,第355页。

[18] [德]卡尔·施米特:《霍布斯国家学说中的利维坦》,应星、朱雁冰译,华东师范大学出版社2008年版,第94~95页。

[19] 参见[英]托马斯·霍布斯:《利维坦》,黎思复、黎廷弼译,商务印书馆1985年版,第131~132页。

碎,那么其政治人格必然千疮百孔,空心的利维坦只剩下了机械外壳,即一系列治理技术装置。因此,如今问题变成了谁能攫取这一中立的技术装置,用施米特的话来说就是,quis iudicabit? quis interpretabitur? quis interrogabit?(谁裁决?谁解释?谁质询?)[20]毫无疑问,实证法律已经成为了公认正当的担纲者,利维坦的"内部已经失去生命"。[21]

(四)此岸与彼岸的分离

至此,我们已经了解了利维坦的三种死法,其中,第一种和第二种死法由于其宗教和神话意涵而最为接近。实际上,我们完全可以大胆猜想,霍布斯之所以将利维坦之死的终极根源追溯到它的尘世属性,就是因为第二种死法所展示的基督教终末论传统。至于施米特所揭示的第三种死法,看似是一个政治哲学问题,与宗教或者神话无涉,但如果我们进一步追问霍布斯为何要在利维坦中为思想自由留下空间,则会发现他的基督教动机。施米特认为,霍布斯

坚持认为国王是上帝在地上的代理,而且"不只是一个凡夫俗子而已"。他运用了这些最先属于德皇而后又被教皇从其手中"夺取"的中世纪概念……不过,因此,他把君主制变成了国家法律体制的唯一表现形式,并摧毁了其君权神授的一切传统正当性基础。只有通过后退到原则性的不可知论,他才能挽救他的君主信念。那是他的虔诚从中发源的渊薮,因为我相信,对霍布斯来说,它是真正的虔诚。但其思想不再是深信不疑的……[22]

施米特看起来将中立化、技术化等导致利维坦之死的因素归咎于霍布斯,但是他又明确相信霍布斯作为基督徒的虔诚。作为基督徒的霍布斯所希望建立的是一个基督教共同体,他坚信"耶稣就是基督"的真理,利维坦的内部死亡自然是他不愿意看到也没有预想到的结果。骄傲之王怎么可能会被实证法律击败?[23] 因此,施米特所真正谴责的是作为政治哲学家的霍布斯,他

[20] [德]迈尔:《古今之争中的核心问题——施米特的学说与施特劳斯的论题》,林国基等译,华夏出版社 2004 年版,第 135 页。

[21] [德]卡尔·施米特:《霍布斯国家学说中的利维坦》,应星、朱雁冰译,华东师范大学出版社 2008 年版,第 99 页。

[22] [德]卡尔·施米特:《霍布斯国家学说中的利维坦》,应星、朱雁冰译,华东师范大学出版社 2008 年版,第 121 页。

[23] 参见[德]卡尔·施米特:《霍布斯国家学说中的利维坦》,应星、朱雁冰译,华东师范大学出版社 2008 年版,第 122 页。

不可避免地受到了培根、笛卡尔等人的影响,并且为了抵挡罗马天主教会对国家主权的削弱,他的思想完全站在了宗教改革一方,而这些只能通过削弱除主权者之外的一切权威来完成,其中也包括不可知论和内在自由信仰对圣经权威的削弱。㉔

至此,我们可以发现利维坦三种死法的共通之处,即此岸与彼岸的绝然分离。第一种和第二种死法于此而言不言而喻,第三种死法涉及的内外之分也与之脱不开干系。不过,这也引发了诸多问题。如若施米特对霍布斯的理解滴水不漏,那么在政治思想上,世俗化的霍布斯何苦构建出世俗化的利维坦(既然尘世国度终有一死),难道仅仅是为了维系终末之前尘世的虚假和平?这与利维坦和比希莫斯的末世决战又有何关联?在回答这一系列问题之前,我们有必要先考察一下施米特是如何应对利维坦之致命隐疾的。毕竟,作为一个对于秩序(ordnung)有着不懈追求的思想家,施米特无疑会竭尽全力挽救濒死的利维坦。如果施米特开出的药方能够药到病除,确保利维坦在尘世的万世一系,那么上述问题就缺乏了讨论的必要,因此,我们不仅要考察施米特的补救方案,还要对之进行检讨。利维坦之死关乎共同体的构建问题,实际上,施米特和阿甘本之间就这一问题曾展开过一场隐秘对话,其中涉及的核心概念就是施米特所开出的药方——同质性。在这场对话中,施米特企图以同质性作为他理想中共同体的核心要素之一,而阿甘本试图揭示的就是这一方案的不可能性。因此,为了构建出这场对话的样貌,下文将深入分析两人的相关论著,进而回答上述问题。

二、同质性:施米特拯救利维坦之药方

(一)《政治的概念》:敌友划分的生存性与政治性

“划分敌友是政治的标准”可以说是施米特最为耳熟能详,或者说是最为

㉔ 参见[德]迈尔:《古今之争中的核心问题——施米特的学说与施特劳斯的论题》,林国基等译,华夏出版社2004年版,第128~130页。在《完成了的宗教改革》一文中,施米特认为,霍布斯的利维坦“冲破了罗马教会的决断权垄断。……它是在教派纷争的战火中成熟的一个时代的成果”,并且“只有利维坦才是已完成了的宗教改革运动的表达”。[德]卡尔·施米特:《完成了的宗教改革——〈利维坦〉晚近诠解疏议》,载[德]卡尔·施米特:《霍布斯国家学说中的利维坦》,应星、朱雁冰译,华东师范大学出版社2008年版,第164~170页。

臭名昭著的一句话。[25] 立场不同之人对之自然褒贬不一,但若将之理解为施米特对仇恨和战争的鼓吹,要么是故意为之,要么是断章取义。因为施米特明确提到,所谓的敌人绝不是"为某人所痛恨的私敌""敌人只意味着公敌",亦即敌意只存在于群体之间。[26] 这种群体自然不可能是随便的一群人或者某个团体,在施米特看来,它至少要具有政治性。何谓政治性?施米特所描述的政治性不能被理解为亚里士多德本体论意义上的一种属性,它是一种人与人之间关系的强度,"描绘人类联合或分裂的强度",因而"它并不描绘自己的实质"。[27] 这是施米特之定义的独到之处,使这一概念从一种固定的属性转变为了在人与人之间流动着的关系,政治性从而扩散到了世间每一个有人存在的角落。那么联合或者分裂需要达到怎样的强度才能被称为具有政治性呢?施米特认为是冲突的可能性,亦即战争的可能性。[28] 这就意味着"如果各种经济、文化和宗教等反对力量实际上已经强大到足以根据自己的立场决定这种极端可能性的程度,那么这些力量就会在事实上成为政治统一体的新内容"。[29] 政治不再是一个特定的领域,与之相反,一切领域都潜在地是政治的。

政治性要求划分敌友,群体之间战争的可能性意味着政治性,这未免有循环论证之嫌。因此,还需要进一步探求敌友是如何划分的,即敌意产生的根源为何?对此,施米特在字里行间其实已经挑明,"政治敌人就是他者(der Andere),外邦人(der Fremde);就他的本性(Wesen)而言,它足以使他以极其

㉕ 参见[德]卡尔·施米特:《政治的概念》,刘宗坤等译,上海人民出版社 2015 年版,第 30 页。

㉖ [德]卡尔·施米特:《政治的概念》,刘宗坤等译,上海人民出版社 2015 年版,第 35 页。

㉗ [德]卡尔·施米特:《政治的概念》,刘宗坤等译,上海人民出版社 2015 年版,第 47 页。实际上,一旦政治性成为一种关系而不是一种属性,再称其为政治性就不甚妥当了,但为了表达和阅读之便利,本文仍旧如此使用。除此之外,根据迈尔的考证,作为人类联合或分裂之强度的政治性这一概念,并不是施米特一开始就有的想法。《政治的概念》历经了从 1927 年到 1933 年的漫长修改,而这与施特劳斯对 1932 年版的《政治的概念》所作的评注是分不开的。参见[德]迈尔:《隐匿的对话——施米特与施特劳斯》,朱雁冰等译,华夏出版社 2008 年版,第 21~30 页。

㉘ 参见[德]卡尔·施米特:《政治的概念》,刘宗坤等译,上海人民出版社 2015 年版,第 47 页。需要注意的是,施米特所强调的是战争的可能性,而不是现实性。

㉙ [德]卡尔·施米特:《政治的概念》,刘宗坤等译,上海人民出版社 2015 年版,第 47 页。

强烈的方式,在生存性(existenziell)上是某种他者和外邦人”。[30] 紧接着,施米特谈及了生存性的具体所指:“只有那些实际的参与者才能正确地认识、理解和判断具体的情况并解决极端的冲突问题。每个参与者均站在自己的立场上判断,敌对的一方是否打算否定其对手的生活方式(Art von Leben),从而断定他是否必须为了维护自己的生存方式(Art Existenz)而反击或斗争。”[31]因此,敌意以及随之而来的政治性源于生存性上的根本差异,而生存性意味着生存方式或者生活方式(施米特似乎并没有明确区分这两个概念)。

(二)《宪法学说》:同质性作为同一性与代表之间的整合

施米特认为,一国之人民有两种实现和保持共同体的方式——同一性和代表。[32] 同一性类似于直接民主制,在绝对的同一性之下,人民自身直接就是共同体;代表则与之相反,其意味着共同体是由部分人所体现的。同一性和代表看似在理念上互斥,但是产生这种想法的根源在于忽视了它们的服务对象均为共同体。共同体当然需要同一性,否则何来的“共同”,但是又从未存在过一个看得见摸得着的共同体实体,真正实存的只有个人的身体,因此共同体“始终要有人来代表它,这是一种人格化代表”。[33] 也就是说,在现实政治生活中,同一性和代表互相需要彼此,因为代表所表现的就是同一性,同一性则是代表的前提和展开的场域。因此,没有哪个国家能够完全抛掉其中任

---

[30] 原文为“Er ist eben der Andere, der Fremde, und es genügt zu seinem Wesen, daß er in einem besonders intensiven Sinne existenziell etwas Anderes und Fremdes ist”, Carl Schmitt, *Der Begriff des Politischen*, München: Duncker & Humblot, 1932, S. 14。与之相对应的中文翻译为“政治敌人毕竟是外人,非我族类;他的本性足以使他在生存方面与我迥异”。[德]卡尔·施米特:《政治的概念》,刘宗坤等译,上海人民出版社2015年版,第31页。笔者认为,中译本将der Fremde翻译为“非我族类”不甚妥当,因为Fremde的本义为陌生人、外地人、外国人,并没有强调民族差异。虽然民族与国家的关系十分紧密,但还是应该作出区分,因为对于施米特是否为一个民族主义者这一问题尚存争议。比如,迈尔就坚持认为施米特作为启示信仰的坚定崇拜者,不可能同时是民族主义者。参见[德]迈尔:《古今之争中的核心问题——施米特的学说与施特劳斯的论题》,林国基等译,华夏出版社2004年版,第155~158页。由于《政治的概念》主要讨论的是政治和政治性的问题,因此笔者认为将其翻译为具有政治意涵的外邦人更为合适。

[31] [德]卡尔·施米特:《政治的概念》,刘宗坤等译,上海人民出版社2015年版,第31页。除此之外,还有一处:“如果一个人在肉体上毁灭人类生命的动机不是出于他自己的生活方式(Existenzform)在生存意义上受到威胁,那么,这种毁灭行为就无法正当化。”[德]卡尔·施米特:《政治的概念》,刘宗坤等译,上海人民出版社2015年版,第58页。

[32] 参见[德]卡尔·施米特:《宪法学说》(修订译本),刘锋译,上海人民出版社2016年版,第272页。

[33] [德]卡尔·施米特:《宪法学说》(修订译本),刘锋译,上海人民出版社2016年版,第272页。

何一方,同一性和代表也成了共同体光谱的两极,所有共同体都能在两者之间找到其位置。[34]

对于共同体而言,只强调同一性和代表之间的协同合作是不够的,更为关键的问题在于如何维持共同体的政治性,这是施米特花费大量篇幅试图说明的问题。在施米特所处的时代,他认为同一性和代表已经丧失了维持共同体之政治性的能力。就同一性而言,问题主要表现为统治者和被统治者之间的巨大鸿沟。统治者之所以成为统治者,固然是因其在某些方面有优于常人之处,但是如果是因为“他具备一个性质上更优秀的上层社会的素质,而这个优秀的上层社会又与低劣的下层社会相对”,那么这个共同体就从内部分裂了,因而也丧失了政治性。[35] 施米特认为,统治者之所以获得治理权,根本原因还是在于“他取得了人民的信任”,而不应是因为他来自一个特殊阶层。[36] 就代表而言,问题主要表现为代表的私人化,最典型的例子就是秘密投票选举。按理来说,公民或者议员参加投票选举,应该“是以公民的身份,而不是以个人和有利害关系的私人的身份出现的”,他们代表共同体而共同出场,但是秘密和不记名原则取消了投票选举的公开性,本应最为重要的政治性也难以为继。[37] 在施米特看来,理想的投票选举应该在实实在在地公开聚集的人民之中完成,只有他们才是“真正的人民”,这个政治实体可以通过欢呼或者沉默来表达对一项提议的赞同或者拒绝。[38]

为了解决上述问题,施米特首先从同一性的定义上着手。施米特援引了胡塞尔的《逻辑研究》中的一段话来说明同一性的具体含义,在这段话中,胡塞尔强调了同一性的相同性和区分性两个属性:同一性不仅要求同一种类内

---

[34] 施米特认为,“在每个国家,要么这种可能性占上风,要么那种可能性占上风,但两者都为一国人民的政治存在所必需”。[德]卡尔·施米特:《宪法学说》(修订译本),刘锋译,上海人民出版社2016年版,第273页。对于共同体而言,绝对的同一性和绝对的代表均为不可能,因为它们只有在单个人作为共同体的情况下方可实现,但这同时也意味着共同体的解体。

[35] 参见[德]卡尔·施米特:《宪法学说》(修订译本),刘锋译,上海人民出版社2016年版,第313页。

[36] 参见[德]卡尔·施米特:《宪法学说》(修订译本),刘锋译,上海人民出版社2016年版,第313页。

[37] 参见[德]卡尔·施米特:《宪法学说》(修订译本),刘锋译,上海人民出版社2016年版,第273~274页。关于代表的公开性,参见[德]卡尔·施米特:《宪法学说》(修订译本),刘锋译,上海人民出版社2016年版,第276~278页。

[38] 参见[德]卡尔·施米特:《宪法学说》(修订译本),刘锋译,上海人民出版社2016年版,第321页。但实际上,这种政治实体无论如何仍旧是政治统一体的代表而已。

部的趋同,更为关键的是与其他种类的相异。[39] 具体落实到宪法制度中就是统治者和被统治者之间的内在的同类,即实质的同类。这样的设计防止了"一个处于人民之外、凌驾于人民之上的人或机构"之情况的出现,同时也保证了领袖和国权实质性地出自人民,因为他们内在的同一。[40] 同一性问题的解决,意味着统治者与被统治者之间的裂缝被弥合,与此同时,这也从根本上保障了代表的真实性,原因与之相同——代表者与其所代表的共同体内在的同一。

这种内在的同一就是所谓的同质性,我们可以如此表述同一性和同质性之间的辩证关系:从同一性(Identität/identity)到同质性(Homogenität/homogeneity),是一个从外在同一到内在同一的过程,同一性不一定意味着同质性,但是同质性则从内在保障了同一性。在施米特的诊断中,霍布斯构建的利维坦出现的毛病就源于同质性,社会契约和建国契约虽然能确保主权者代表和臣民的外在同一,但是无法保证两者之间的内在同一,因而留下了致命的缺口。这一缺口经过有心之人的利用,足以使作为共同体的利维坦丧命。既然同质性有如此强大的疗效,那么如何才能打造一个同质性共同体呢?在回答这一问题之前,我们可以先对比一下同质性和前文所论述的政治性。同质性关注的是内在的同一,同一性则意味着同一种类,将同一种类放入人世间,就与人与人之间的联合或分裂毫无差别。因而,同质性就意味着政治性,它的着眼点也就同样落在了生活方式或者生存方式的同一之上。

(三)《国家、运动、人民》:同质性共同体之落实

1933年,施米特出版了一部臭名昭著的著作——《国家、运动、人民》(State,Movement,People)。当时的德国,纳粹势力已经掌权,施米特也成为了纳粹党内的高层人物,这本书就是施米特为纳粹德国新宪制的背书之作。在施米特的构想中,国家是相对固定的政治元素,运动则是动态的政治元素,人民处于国家和运动相互作用之下,受到它们的保护,位于非政治的一端。如何理解运动的作用?施米特直截了当地指出,运动的承担者就是纳粹党,更具体地说,也就是元首。阿甘本对此评论道,人民和运动,政治实体和

---

[39] 参见[德]卡尔·施米特:《宪法学说》(修订译本),刘锋译,上海人民出版社2016年版,第311~312页。

[40] 参见[德]卡尔·施米特:《宪法学说》(修订译本),刘锋译,上海人民出版社2016年版,第313页。

非政治身体,就是作为双头雅努斯(Janus)之元首的两个方面。[41] 如若回到前文对《宪法学说》的分析,国家显然是同一性的象征,元首则是代表的范例。那么施米特为纳粹德国打造同质性共同体的具体方案如何?结果出人意料而又可以预见:

鉴于此,元首这一概念,因其政治性的紧迫性,意味着领袖与其追随者之间在种族上的绝对同一。……唯有这一种族上的同一,才能够防止领袖武断而残暴地使用权力;并且唯有将领袖权力从异质的意志之控制中分离出来,才能使之永远保持优越或者明智。[42]

三、利维坦之幻象:阿甘本对施米特的挑战

阿甘本于2015年出版了其神圣人(Homo Sacer)系列的最新一部著作——《内战/均势/动乱:内战作为一种政治范式》(*Stasis*: *Civil War as a Political Paradigm*)。[43] 阿甘本在这部书第二部分(利维坦和比希莫斯,Leviathan and Behemoth)细致地解读了《利维坦》封面铜版画的政治意涵,他认为在以利维坦为原型的共同体之中,人民与诸众,即同一性与代表之间存在构成性的断裂,这一结论表明了施米特同质性方案的先天不可能性。

(一)《利维坦》封面铜版画引出的问题

1. 两处异常

作为一名对艺术有着精深研究的学者,阿甘本首先将目光聚集在1651

---

[41] See Giorgio Agamben, "A Jurist Confronting Himself: Carl Schmitt's Jurisprudential Thought", trans. by Leland de la Durantaye, in Jens Meierhenrich and Oliver Simons eds., *The Oxford Handbook of Carl Schmitt*, New York, Oxford University Press, 2016, pp. 457-470.

[42] Carl Schmitt, *State, Movement, People*: *The Triadic Structure of the Political Unity*, trans. by Simona Draghici, Corvallis, OR, Plutarch Press, 2001, p. 48.

[43] Stasis目前尚无正式中译本,笔者所见到的对书名的翻译有两种:"一治一乱"和"内战"。前者源于上海师范大学教师姚云帆的书评,在书评中,姚云帆将阿甘本的论述与"中国政治治理史的'治乱循环相因'的宿命循环"相对应,并指出西方社会也难逃"治乱循环"的宿命。参见姚云帆:《"家—国"与"治—乱"——阿甘本"内战学"的核心价值与当下意义》,载《中国图书评论》2017年第7期。因此,"一治一乱"的译法可以说是姚云帆对全书的理解和总结。然而,南京大学蓝江教授则根据Stasis的通常译法,将书名译作"内战"。笔者认为,阿甘本使用Stasis自有其深意,需要通过一番考察方可确定,因而后文将保留原书名不做处理。

年版《利维坦》封面的著名铜版画上。对于这幅具有丰富政治象征的图像,以往的学者“不断地聚焦于其作为国家象征的意义”,比如由无数小人身体组成的利维坦巨人的躯干与“霍布斯将众人‘统一于唯一人格’之中的契约学说”相对应,以及长剑代表世俗权力、权杖代表精神权力,等等。但是,阿甘本指出,更为关键的问题是“相对于组成画面的其他要素来说,利维坦被安置于什么位置上”?[44] 通过分析,阿甘本发现了画中的两处异常。第一处异常在于利维坦巨人并不寓居于城市中,而是在城市之外,也就是说,作为政治实体(body political)的共同体(common-wealth)与城市这一物理实体并不一致。第二处异常在于画面里的城市存在住宅却不见普通居民的身影。[45] 阿甘本认为,这两处异常所隐含的政治象征亟待揭示。

2. 作为光学幻象的利维坦巨人

在解答前述两个政治谜题之前,阿甘本插入了布拉姆霍尔(John Bramhall)的一项研究。众所周知,霍布斯在《利维坦》中明确将利维坦界定为“像钟表一样用发条和齿轮运行的‘自动机械结构’”。[46] 然而,布拉姆霍尔依据霍布斯同时期涉及光学的论文,推论出利维坦的身体其实并不是一个实体,而是经由光学设备将众多臣民的自然身体投影集合而成的。也就是说,“统一于唯一人格”的利维坦实际上是光学幻象,“政治的再现只是光学的再现”。[47] 布拉姆霍尔的推论或许没有坚实的基础,但是阿甘本仍然将其紧紧抓住,并作为后文论述的关键之一。

(二)人民进行统治的前提是分裂自身

阿甘本认为,为了解开前述两个政治谜题,首先需要考察霍布斯对“人民”(populus/people)和“诸众”(multitudo/multitude)的区分——霍布斯将之

---

[44] Giorgio Agamben, *Stasis: Civil War as a Political Paradigm*, trans. by Nicholas Heron, Stanford, Stanford University Press, 2015, pp. 33-34.

[45] See Giorgio Agamben, *Stasis: Civil War as a Political Paradigm*, trans. by Nicholas Heron, Stanford, Stanford University Press, 2015, p. 37.

[46] [英]托马斯·霍布斯:《利维坦》,黎思复、黎廷弼译,商务印书馆1985年版,第1页。

[47] Giorgio Agamben, *Stasis: Civil War as a Political Paradigm*, trans. by Nicholas Heron, Stanford, Stanford University Press, 2015, pp. 38-41.

称为“悖论”。[48] 在《论公民》(*De Cive*)中,霍布斯说道,“在君主制中,臣民是诸众,[尽管这是一个悖论(quamquam paradoxum sit)],君主就是人民(rex est populus)”。[49] 也就是说,在利维坦——国家中,作为人民的君主和诸众并存,并且诸众臣服于人民,听从人民的意志,因为君主即人民。这就出现了两个吊诡之处:其一,“人民”和“诸众”难道不是同一的,何以会出现这样的分裂;其二,真正看得见摸得着的自然身体位于何处又属于什么,这与前述画面中的第二处异常紧密相关。

对于第一个吊诡之处,阿甘本继续在《论公民》中寻求解释。霍布斯说道,一旦人民选出了君主,“人民将不再是唯一人格(one person),而是已经消散的诸众(dissolved multitude),因为人民唯有凭借主权权力才能是唯一人格,而现在这一权力已经转移给了君主”。[50] 这说明了选出主权者,即国家按约成立,同时意味着人民的消散,因为主权权力发生了移转,而更为彻底的解释或许在于《利维坦》第16章中关于代表的论述。霍布斯说道:

> 一群人经本群中每一个人个别地同意、由一个人代表时,就成了单一人格;因为这人格之所以成为单一,是由于代表者的统一性而不是被代表者的统一性。承当这一人格而且是唯一人格的是代表者,在一群人中,统一性没法作其他理解。[51]

分析这段论述可以发现,“统一于唯一人格”只能存在于由一个人代表之时,虽然代表者的产生源于被代表者的授权,但是拥有唯一人格的只能是代表者。实际上,代表者和被代表者的区分,与“人民”和“诸众”的区分相一致;群体意志真正出现的时刻,仅仅是选择君主的那一瞬间,在那之后,剩下的只是代表群体意志的君主意志,以及微不足道的诸众“意志”。因此,阿甘

---

[48] See Giorgio Agamben, *Stasis*: *Civil War as a Political Paradigm*, trans. by Nicholas Heron, Stanford, Stanford University Press, 2015, p. 42;参见[意]吉奥乔·阿甘本:《什么是人民?》,载[意]吉奥乔·阿甘本:《无目的的手段——政治学笔记》,赵文译,河南大学出版社2015年版,第37~46页。

[49] [英]托马斯·霍布斯:《论公民》,应星、冯克利译,贵州人民出版社2003年版,第126页,转引自Giorgio Agamben, *Stasis*: *Civil War as a Political Paradigm*, trans. by Nicholas Heron, Stanford, Stanford University Press, 2015, p. 42,对翻译有改动。

[50] [英]托马斯·霍布斯:《论公民》,应星、冯克利译,贵州人民出版社2003年版,第81页,转引自Giorgio Agamben, *Stasis*: *Civil War as a Political Paradigm*, trans. by Nicholas Heron, Stanford, Stanford University Press, 2015, p. 44,对翻译有改动。

[51] [英]托马斯·霍布斯:《利维坦》,黎思复、黎廷弼译,商务印书馆1985年版,第126页。

本总结道，"政治实体因此是不可能的概念，它仅仅存在于诸众和人民—君主(populus-rex)的紧张关系之中"，而后者作为一个统一体(unity)是"光学装置或者面具的效果"(在投影或者面具之后的只是那个代表者/君主的真实面孔)。[52]

(三)没有政治价值的诸众

阿甘本认为，在区分了"人民"和"诸众"的基础之上，需要深入考察诸众的政治地位，进而解答前述两个画面异常和第二个吊诡之处。对于第一个政治谜题，即为何利维坦巨人并不寓居于城中，阿甘本的解释是，在霍布斯看来，"诸众没有政治价值"。[53] 为了说明这一点，阿甘本提出了两处佐证：其一，霍布斯在《法律要义》(*The Element of Law*)中认为，人民的身体和君主的身体别无二致，也就是说，"人民并没有自己的身体"；其二，霍布斯在《利维坦》第18章"按约建立的主权者的权利"中明确禁止了臣民之间订立新信约、抛弃君主政体或者另立新君主等行为。[54] 事实上，这两处佐证所阐明的是上一部分的延伸。由诸众集合而成的人民的政治身体仅仅存在于选择君主的那一瞬间，随后立即消失在了君主之中，或者说即刻转移给了君主。进而甚至可以认为，在霍布斯那里，唯一真实存在的诸众自始至终都没有政治身体，也即"诸众没有政治价值"。既然如此，作为唯一政治身体(在阿甘本看来，这只不过是光学幻象而已)的利维坦巨人又为何要寓居于市井中，毕竟城市(而非城邦)只是诸众自然身体吃喝拉撒的地盘而已。

(四)诸众自然身体的生命政治意涵

1. 政治人格和自然人格的界分

解谜游戏继续推进。第二个政治谜题和第二个吊诡之处均关涉诸众自然身体的去向问题，既然城市属于诸众的自然身体，那么为何画面里的城市没有普通居民的身影？依循"人民"和"诸众"的区分，或许可以这样解释：画面中利维坦巨人的躯干由无数小人的身体组成，这就说明诸众的自然身体并

---

[52] Giorgio Agamben, *Stasis*: *Civil War as a Political Paradigm*, trans. by Nicholas Heron, Stanford, Stanford University Press, 2015, p. 45.

[53] Giorgio Agamben, *Stasis*: *Civil War as a Political Paradigm*, trans. by Nicholas Heron, Stanford, Stanford University Press, 2015, p. 47.

[54] See Giorgio Agamben, *Stasis*: *Civil War as a Political Paradigm*, trans. by Nicholas Heron, Stanford, Stanford University Press, 2015, p. 45；参见［英］托马斯·霍布斯：《利维坦》，黎思复、黎廷弼译，商务印书馆1985年版，第133页。

不在城市,而是已经被包含进了利维坦—君主—人民之中。但是,这一看似合理的解释恰恰忽视了"人民"和"诸众"的一大差异,即唯有利维坦—君主—人民方可拥有政治身体,而诸众只能拥有自然身体。在政治身体和自然身体的界分之下,利维坦根本不需要诸众的自然身体,又怎么会将其纳入自身。事实上,霍布斯也已在《利维坦》中指出,臣民向君主转移的不是自然人格/身份,而是政治人格/身份,这才是"统一于唯一人格"的真意。霍布斯说道:

> 具有主权的人或会议都代表着两重人格,用更普通的话来说便是具有两重身份,一重是自然的身份,另一重是政治的身份。由于君主不但具有国家的人格,而且具有自然人的人格;一个主权会议也不但具有国家人格,而且具有会议的人格……[55]

主权者和臣民作为自然人当然拥有自然人格,而主权者还额外拥有政治人格,至于臣民是否拥有政治人格,霍布斯在此没有明确说明。接着往下看,霍布斯说道:

> ……指定一个人或一个由多人组成的集体来代表他们的人格,每一个人都承认授权于如此承当本身人格的人在有关公共和平或安全方面所采取的任何行为、或命令他人作出的行为……这就不仅是同意或协调,而是全体真正统一于唯一人格之中……像这样统一在一个人格之中的一群人就称为国家,在拉丁文中称为城邦。……承当这一人格的人就称为主权者,并被说成是具有主权,其余的每一个人都是他的臣民。[56]

代表和授权是"统一于唯一人格"的关键,而主权者所代表的和臣民所授权的是臣民的人格。既然臣民依然拥有其自然人格,那么向主权者所转移的就只能是政治人格。不过,这还无法说明"统一于唯一人格"中的"唯一"究竟意味着什么。如果"统一于唯一人格"意味着政治人格是唯一的,并由唯一的主权者承担,那么这一唯一人格就只能是由臣民的人格经社会契约集合而成。或许可以得出这样的推论:在霍布斯看来,政治人格作为集合而成之物,是一种人为创造,而不是自然存在的。因为在自然状态中,并不存在政治

---

⑤⑤ [英]托马斯·霍布斯:《利维坦》,黎思复、黎廷弼译,商务印书馆 1985 年版,第 187 页。

⑤⑥ [英]托马斯·霍布斯:《利维坦》,黎思复、黎廷弼译,商务印书馆 1985 年版,第 131～132 页。

人格,或者说人格就是人格,不存在政治人格和自然人格的界分。既然如此,如同作为光学幻象的利维坦一样,主权者的政治人格也就是一份“虚无缥缈的”契约。

2. 作为治安对象而被再现的诸众

既然诸众的自然身体/自然人格并没有被纳入利维坦巨人之中,我们就不得不通过其他方式寻找诸众自然身体的下落。施米特曾在《政治的概念》中提到,古希腊语 polis(政治/城邦)在现代语境中有三种语言派生物,即对外政治、对内政治和政治礼节(politesse)。[57] 其中,对内政治指的是“治安”(polizei),即“在国家范围内创造安宁、安全与秩序”。施米特对这种“政治”嗤之以鼻,因为“这种国家内部实际上只有治安,却不再有政治”。[58] 可以发现,与霍布斯将人格分为政治人格和自然人格相类似,施米特区分了政治和治安,如同诸众没有政治价值一般,施米特也认为治安缺乏政治性。

从治安的视角出发,阿甘本提请我们注意,虽然画面中的城市没有普通居民,但是仔细观察画面,可以发现若干小人伫立在城市的街道,并且他们具有鲜明的职业特征——卫兵和医生。[59] 这与下落不明的诸众自然身体有何关联?我们知道,卫兵负责维护公共安全,医生则负责维持居民的身体健康。结合主权者的最高职责是“为人民求得安全”,阿甘本直截了当地说道,“未现身的诸众只能通过监视他们的卫兵和治疗他们的医生而被再现”。[60] 不同于主权者,这些卫兵和医生才是直面居民各类琐碎事务之人,他们直接执行了对居民的治理。因而阿甘本认为,霍布斯以卫兵和医生的形象象征了居民自我保存的直接欲望,这些小人数量虽少,却代表了众多诸众的自然身体。至此,第二

---

[57] 参见[德]卡尔·施米特:《政治的概念》,刘宗坤等译,上海人民出版社 2015 年版,第 8 页注 1。

[58] [德]卡尔·施米特:《政治的概念》,刘宗坤等译,上海人民出版社 2015 年版,第 9 页。

[59] See Giorgio Agamben, *Stasis*: *Civil War as a Political Paradigm*, trans. by Nicholas Heron, Stanford, Stanford University Press, 2015, pp. 47-48.

[60] [英]托马斯·霍布斯:《利维坦》,黎思复、黎廷弼译,商务印书馆 1985 年版,第 260 页; Giorgio Agamben, *Stasis*: *Civil War as a Political Paradigm*, trans. by Nicholas Heron, Stanford, Stanford University Press, 2015, p. 48。

个政治谜题得以解决,阿甘本则评论道,这是“主权权力的生命政治转向”。[61]

四、从统治转向治理

(一)无法弥合的裂缝

外在强制认信与内在自由信仰、同一性与代表、人民与诸众、政治人格与自然人格,关涉的核心都是同一个问题——共同体何以可能。共同体,即 community,拉丁语为 communitas。从词源学的角度来看,communitas 由 communis 和 munus 组合而成。其中,前者意为非专有的(not proper),即共同的(common);后者则有义务(obligation)、职责(office)和责任(duty)的意思。[62] 因而,意大利学者埃斯波西托(Roberto Esposito)将共同体界定为“通过责任联合之人的全体”。[63] 可以这么说,共同体首先是一个共同的全体,而利维坦之死,也就意味着共同体共同性的破裂。

施米特试图通过同质性确保共同体的内在同一,从而弥合共同体内部可能出现的一切裂缝。暂且不论他的同质性方案导向了何种阴暗的现实,就其理论设想而言,同质性方案看起来确实能够一劳永逸地解决共同体共同性的构建问题,从根源上拯救垂死的利维坦。但是,我们也无法忽视阿甘本对《利维坦》的细致分析,正如他所揭示的,利维坦建立在人民—君主与诸众之间的区分之上,即人民进行统治的前提是分裂自身。弃绝神性而生于尘世的利维

---

[61] Giorgio Agamben, *Stasis*: *Civil War as a Political Paradigm*, trans. by Nicholas Heron, Stanford, Stanford University Press, 2015, pp. 48-49. “生命政治”(biopolitics)这一概念的发扬光大与福柯脱不开干系。在《生命政治的诞生》中,福柯将生命政治理解为“从 18 世纪起,人们以某种方式试图使那些由健康、卫生、出生率、寿命、人种等这些在人口构成中的活人总体之特有现象向治理实践所提出的各种问题的合理化”。[法]米歇尔·福柯:《生命政治的诞生》,莫伟民、赵伟译,上海人民出版社 2011 年版,第 280 页。显然,福柯不会将“生命政治的诞生”追溯到霍布斯的头上,但是阿甘本另有想法,后文对此亦有分析。

[62] See Roberto Esposito, *Communitas*: *The Origin and Destiny of Community*, trans. by Timothy Campbell, Stanford, Stanford University Press, 2010, pp. 3-4. 关于共同体中责任的起源,亦参见 Giorgio Agamben, *Opus Dei*: *An Archaeology of Duty*, trans. by Adam Kotsko, Stanford, Stanford University Press, 2013, pp. 1-3。在文中,阿甘本将这种责任追溯到古希腊城邦中最富裕的 15 位公民需要承担公共礼拜仪式(liturgy)的举办、为全体公民支付财产税的制度。

[63] Roberto Esposito, *Communitas*: *The Origin and Destiny of Community*, trans. by Timothy Campbell, Stanford, Stanford University Press, 2010, p. 6.

坦除了分裂自身之外,又能从何处获得否定自然状态的伟力?[64] 这是一种构成性的断裂,无论施米特在理论上打造出了何种程度的同质性,都无法回避统治者与被统治者、代表者与被代表者之间的根本性区分。

因此,在阿甘本眼中,施米特的一切努力注定都是徒劳的,他所能做的唯有竭尽全力缔造共同体的神话,在神话的光芒/光学幻象中掩盖一切裂缝。但是,同样熟读《利维坦》的施米特难道会对此一无所知?构成性的断裂意味着分裂的危险无时不在,徒有光芒万丈的外表加以掩盖当然远远不够,利维坦需要更加强有力的手段时刻镇压分裂势力,否则现实中的共同体如何能够存活至今。为此,我们需要进一步考察施米特和阿甘本之间关于共同体构建的论战。

(二)定乱学与三一论

已届 80 岁高龄的施米特,在其《政治的神学续篇》的跋中,同样提到了 stasis 这一概念。[65] 施米特将 stasis 衍生出的 stasiology 定位为基督教三一论(Trinity)教义的核心,并称其具有真正的政治——神学性质(genuine politico-theological)。[66] 毫无疑问,stasis 以及 stasiology 在施米特的政治神学中占据了核心位置,因而考察 stasis 的确切含义确有必要。"stasis"一词出自柏拉图的《智术师》和《理想国》,在之后的发展中具有了诸多相矛盾的含义:静止/运动、(政治上的)安定/动乱、稳定/内战。这样一个令人费解的概念与基督教三一论教义有何关系?

我们知道,《政治的神学续篇》是施米特专为反驳教会神学家佩特森(Eric Peterson)的论断而作的。1935 年,佩特森在其《作为政治问题的一神论》一文中宣称:"'政治的神学'在神学上是不可能的。"[67]佩特森对政治神学的死亡宣告建立在三一论教义之上,该教义与一切神性君主制相悖,因为基

---

[64] See Sergei Prozorov, "The Katechon in the Age of Biopolitical Nihilism", in *Continental Philosophy Review*, Vol. 45, No. 4, 2012, pp. 483-503.

[65] 或许前文分析的阿甘本所著之书名(Stasis)与施米特对这一概念的使用有直接关系,因为两人对 stasis 的使用所试图阐释的理念实际上十分相近,但阿甘本并未在这本书中提及,反而在先前的《王国与荣耀》中有所分析。

[66] See Carl Schmitt, *Political Theology II: The Myth of the Closure of any Political Theology*, trans. by Michael Hoelzl and Graham Ward, Cambridge, Polity, 2008, p. 123.

[67] Carl Schmitt, *Political Theology II: The Myth of the Closure of any Political Theology*, trans. by Michael Hoelzl and Graham Ward, Cambridge, Polity, 2008, p. 36.

督徒的君王(上帝)虽然只是一个实体,却分有三个位格(现实中的君主制仅仅只是一位君主),更为关键的是,基督徒所盼望的和平,不应该是罗马皇帝创造的俗世和平,而应是终末之时耶稣基督所带来的天国和平。也就是说,纯粹神学不应该沾染上俗世邪恶的政治。[68] 施米特对佩特森所使用的论证材料逐一进行了驳斥,但是其着眼点在于论证的严谨程度上,反而是在前文所提及的跋中,施米特不经意地发起了致命一击。施米特指出,基督教三一论教义处理的核心问题是"一总是处于针对自身的动乱之中"(The One—to Hen—is always in uproar—stasiazon—against itself—pros heauton)。[69] 也就是说,基督教三一论教义的内部存在着动乱(stasis),相应地,作为三一论核心的 stasiology 就是关于动乱的学问,或许我们可以将之称为定乱学。[70]

根据施米特的考证,三一论是正统教会对抗灵知二元论(gnosticism)之努力的结果。[71] 在基督教神学中,上帝承担着创造和救赎两种工作,正统教会认为圣父和圣子分别承担了这两种工作,灵知二元论则将这两种工作分属于两位上帝——创造上帝和救赎上帝。创造上帝创造了人类所生活的世界,以及尘世中的一切邪恶和苦难;救赎上帝则与之相反,他为人类发放赎罪和拯救,但又同时绝对地超然于尘世。因此,这两位上帝的形象截然对立,一方代表冷漠,一方代表仁爱。[72] 施米特对此评论道:"这两位上帝处于公然的战争状态之中,抑或至少处于与冷战相似的无法逾越的异质关系之中……"[73]灵知

---

[68] See Carl Schmitt, *Political Theology Ⅱ: The Myth of the Closure of any Political Theology*, trans. by Michael Hoelzl and Graham Ward, Cambridge, Polity, 2008, pp. 103-104.

[69] Carl Schmitt, *Political Theology Ⅱ: The Myth of the Closure of any Political Theology*, trans. by Michael Hoelzl and Graham Ward, Cambridge, Polity, 2008, p. 122.

[70] 中译本将 Stasiologie/stasiology 翻译为"动乱学",参见[德]卡尔·施米特:《政治的神学》,刘宗坤等译,上海人民出版社 2015 年版,第 212 页。除此之外,亦有"定乱学"的译法,参见孙健:《拦阻者与弥赛亚——施米特和本雅明的末世论政治神学》,华东师范大学 2018 年硕士学位论文,第 47 页。本文选取"定乱学"的译法,理由将在后文揭示。

[71] 对于 Gnosticism,亦有人将之音译为"诺斯替主义"。至于"灵知二元论"这一译法,则是刘小枫教授的主张,参见刘小枫:《真理为何要秘传?——〈灵知派经书〉与隐微的教诲》,载乐黛云、[法]李比雄主编:《跨文化对话》(第 6 辑),上海文化出版社 2001 年版,第 124 页。

[72] See Carl Schmitt, *Political Theology Ⅱ: The Myth of the Closure of any Political Theology*, trans. by Michael Hoelzl and Graham Ward, Cambridge, Polity, 2008, pp. 124-125;参见[意]吉奥乔·阿甘本:《创造与救赎》,载[意]吉奥乔·阿甘本:《裸体》,黄晓武译,北京大学出版社 2017 年版,第 3~7 页。

[73] Carl Schmitt, *Political Theology Ⅱ: The Myth of the Closure of any Political Theology*, trans. by Michael Hoelzl and Graham Ward, Cambridge, Polity, 2008, p. 124.

二元论的说法公然违背了一神论，不啻为对唯一上帝的分裂，正统教会对此无法容忍，但是创造和救赎之间确实如灵知二元论所认为的那样，存在难以弥合的裂缝（施米特则将之延伸为人性善恶、新旧世界、安治与革命之间不可解脱而无法根除的矛盾，这也是他敌友划分之学说的根基之一）。毕竟，超绝于尘世的上帝（救赎上帝）怎么可能同时是世界的创造者（创造上帝），遑论上帝对俗世的治理？[74] 这一矛盾必须被解决，否则后果不堪设想。根据阿甘本在《王国与荣耀》（*The Kingdom and the Glory*）中的考证，初代教父的解决方案是将 oikonomia 引入基督教神学。[75]

（三）作为治理装置之典范的经世

oikonomia 如今通常被翻译为 economy，亦即经济，然而其原意指的是对家庭的管理，亚里士多德称为“家政”，我们在此称为“经世”。[76] 在古希腊政治传统中，城邦和家庭分属两个完全不同的领域，城邦是司法政治体系权威施展统治的场域，家庭之中的景象则与之大不相同。[77] 在亚里士多德的论述中，oikonomia（对家庭的管理）由主奴关系、父子关系和夫妇关系组成，这三类关系是一种“实践的且与知识论无涉的知识”，它完全依据目标和具体情况而定。[78] 因而，家政是一种技术化的具体管理行为（administration），能够跳脱出规范和原则在抽象层面上的限制，直面生活中的琐碎事务。

初代教父认为，灵知二元论的多神论倾向源于将上帝的本体和实践混为一谈，经世则是极佳的区分装置，因为正如阿奎纳所言：“经世（*dispositio*）指

---

[74] See Carl Schmitt, *Political Theology II*: *The Myth of the Closure of any Political Theology*, trans. by Michael Hoelzl and Graham Ward, Cambridge, Polity, 2008, pp. 124-126.

[75] 初代教父具体指的是希波利特（Hippolytus）、德尔图良（Tertullian）、奥利金（Origen）、亚历山大的克莱蒙特（Clement of Alexandria）、爱任纽（Irenaeus）等。

[76] 对于 oikonomia 的翻译，除了通常的“经济”，还有“安济”和“经世”。前者由蓝江教授提出，后者参见潘佑达：《拦阻终末者——政治神学家 Carl Schmitt 与 Katechon 学说》，台湾大学 2013 年硕士学位论文，第 57 页。

[77] 阿甘本将古希腊政治传统中对城邦和家庭的区分总结为 *zo¯e¯*（生物性生命/赤裸生命）和 bios（政治性生命）之间的分离，这也是其《神圣人》的主旨之一。参见［意］吉奥乔·阿甘本：《神圣人——至高权力与赤裸生命》，吴冠军译，中央编译出版社 2016 年版，第 97 页。

[78] See Giorgio Agamben, *The Kingdom and the Glory*: *For a Theological Genealogy of Economy and Government*, trans. by Lorenzo Chiesa, Stanford, Stanford University Press, 2011, p. 17.

的是一种秩序(*ordinem*),秩序不是本体(*substantia*),而是一种关系(*relatio*)。"[79]秩序的创设和治理与本体无关,而是一种实践中的关系,这就为调和创世上帝和救赎上帝之间的矛盾创造了可能,但其哲学上的代价是存在(being)/本体(ousia)与行动(acting)/实践(praxis)之间的分离。存在/本体只有一个,但行动/实践以及与之相对应的关系和秩序却可以有多种,放在基督教神学中,前者关涉的是神圣生命中的内在组织,即作为本体的上帝,后者则指的是救赎史奥秘之展开,即作为实践者的上帝。[80] 本体上的同一确保了创造和救赎本质上的同一,圣父和圣子归于同一本体,因而在本体上只有唯一的上帝,创造和救赎则仅仅是圣父和圣子在实践或者行动上的差别。至此,令正统教会头疼的灵知二元论就这样被经世所解决。

通过阿甘本的考证,前文施米特将基督教三一论教义定位为定乱学也就可以得到理解。与人民和诸众之间的分裂类似,"一"(基督教一神论)和"多"(灵知主义多神论)之间的矛盾看似无可调和,却可以通过将之分属为不同的层次而进行压制。不过,若将施米特的想法局限于基督教神学的内部,则不啻为一种过度简化。施米特和佩特森之间的论战围绕着政治神学是否可能而展开,佩特森希冀一种纯粹神学,因而否认政治神学的可能性,但是施米特的政治神学实际上是一种法理学和国家学。在《政治的神学》中,施米特就已经指明了"现代国家理论中的所有重要概念都是世俗化了的神学概念",他认为通过神学和法理学方法论上的类比,可以更好地廓清主权这一概念。[81] 既然如此,我们可以认为施米特的国家理论同样具有一种定乱学的

---

[79] 参见[意]圣托马斯·阿奎纳:《神学大全》(第3册·第1集),刘俊余译,中华道明会、碧岳书社2008年版,第490页,对翻译有改动;Giorgio Agamben, *The Kingdom and the Glory: For a Theological Genealogy of Economy and Government*, trans. by Lorenzo Chiesa, Stanford, Stanford University Press, 2011, p. 136。阿甘本指出,拉丁语 dispositio 和 dispensatio 均是对古希腊语 oikonomia 的翻译。See Giorgio Agamben, *The Kingdom and the Glory: For a Theological Genealogy of Economy and Government*, trans. by Lorenzo Chiesa, Stanford, Stanford University Press, 2011, p. 2.

[80] See Giorgio Agamben, *The Kingdom and the Glory: For a Theological Genealogy of Economy and Government*, trans. by Lorenzo Chiesa, Stanford, Stanford University Press, 2011, pp. 50-52;参见潘佑达:《拦阻终末者——政治神学家 Carl Schmitt 与 Katechon 学说》,台湾大学2013年硕士学位论文,第59页。除此之外,本体和实践的区分肇始于亚里士多德,阿甘本在本体论层面上对此亦有精彩分析。See Giorgio Agamben, *The Use of Bodies*, trans. by Adam Kotsko, Stanford, Stanford University Press, 2015.

[81] 参见[德]卡尔·施米特:《政治的神学》,刘宗坤等译,上海人民出版社2015年版,第49~54页。

品格。

仍然是在《王国与荣耀》中，定乱学在世俗之域中的样貌被阿甘本所揭示。接续对经世的谱系学考察，阿甘本将之确定为现代治理装置的起源，而他之所以要考察这一段历史，是为了进一步推动福柯在《安全、领土与人口》中的工作。福柯在书中具体区分了权力关系的三种机制，即允许/禁止之二元划分的法律机制（统治权）、由监视和矫正构成的规训机制和以人口学、统计学、现代医学为基础的安全机制（治理）。这三种机制互相配合，以统治权—规训—治理的三角关系构成了新自由主义背景下的权力装置。[82] 福柯认为，以安全机制为代表的现代治理装置对人的政治治理，尽管与中世纪基督教牧领制度对灵魂的治理相类似，但两者之间并不存在一种谱系学上的关联，因为16世纪的宗教改革导致了两者之间的断裂。[83] 但是，阿甘本认为，福柯对治理的谱系学考察不够彻底，现代治理装置完全可以被溯源到三一论，而作为三一论之核心的家政——经世就是后世治理装置的典范。[84]

（四）对论战的重新定位

可以发现，无论是亚里士多德和阿甘本，还是施米特和福柯，都在不同的意义上区分了统治和治理。这一区分肇始于何处？阿甘本同样将之溯源到基督教三一论教义。在三一论之中，圣子作为圣父的道成肉身（logos），具体地施展对尘世的治理并分发救赎，其行为（acting）就是对作为本体之上帝的存在（being）的证明。这是三一论中圣子的一端，那么圣父的那端如何？简单

---

[82] 参见［法］米歇尔·福柯：《安全、领土与人口》，钱翰、陈晓径译，上海人民出版社2010年版，第3～8页。福柯的《安全、领土与人口》是他1978年在法兰西学院讲授的题目，前一个课题是《必须保卫社会》，后一个则是《生命政治的诞生》。在《必须保卫社会》中，福柯讨论了统治权和惩戒/法律、立法和惩戒机器之间的关系，他认为“把对权力的分析缩减为由统治权的法律建构提出的图式”这种做法应该被放弃，而应该“用力量关系的术语来思考权力”。参见［法］米歇尔·福柯：《必须保卫社会》，钱翰译，上海人民出版社2010年版，第201页。

[83] 参见［法］米歇尔·福柯：《安全、领土与人口》，钱翰、陈晓径译，上海人民出版社2010年版，第200～224页。装置，亦即apparatus/dispositif，因而也与oikonomia息息相关。装置是阿甘本总结福柯有关论述的结果，其主要指的是对人的生活的全面而深入的治理机制，因此阿甘本同样将装置的历史溯源到基督教三一论教义。参见［意］吉奥乔·阿甘本：《什么是装置？》，载［意］吉奥乔·阿甘本：《论友爱》，刘耀辉、尉光吉译，北京大学出版社2017年版，第1～28页。

[84] See Giorgio Agamben, *The Kingdom and the Glory: For a Theological Genealogy of Economy and Government*, trans. by Lorenzo Chiesa, Stanford, Stanford University Press, 2011, pp. 109-111. 关于阿甘本在《王国与荣耀》中对福柯所做之工作的推动，张一兵教授认为是一种过度和对福柯原意的歪曲。参见张一兵：《安济：权力有序性部署的一个谱系学研究——阿甘本的政治哲学话语之三》，载《理论探讨》2018年第3期。

地说,圣父负责荣耀(glory)。实际上,圣子的治理行为还起到了一种看似与秩序无关的作用——荣耀圣父。在《约翰福音》17:4中,圣子对圣父说道:"我在地上已经荣耀你,你所托付我的事,我已成全了。"[85]圣子的工作是对圣父的荣耀,但更有意思的是,圣子对圣父的荣耀实际上源于圣父(作为本体的上帝),因为"你从世上赐给我的人,我已将你的名显明与他。他们本是你的,你将他们赐给我,他们也遵守了你的道。如今他们知道,凡你所赐给我的,都是从你那里来的"("他们"指的是信奉耶稣的人们)。[86] 我们可以如此阐述圣父、圣子和信徒之间的荣耀关系:一切荣耀源于并归于圣父(作为本体的上帝),圣子通过治理行为分发圣父的荣耀,与此同时,圣子和信徒通过赞颂荣耀圣父。这就构成了圣父与圣子之间和神人之间互相荣耀的关系。[87] 就天主教而言,恰恰是这种看似无用的荣耀关系为圣座与主教之间、主教与信徒之间、教会与信徒之间的共融(communion)奠定了基础,在荣耀循环的耀眼光芒之中,信徒融入了上帝之内。

阿甘本认为,与经世大相径庭的荣耀,在尘世之中亦有其对应之物,即前文所提及的,施米特眼中的喝彩和欢呼:

> 民意是现代喝彩/赞颂方式。或许,这是一种松散的喝彩/赞颂方式,其问题既没有在社会学上,也没有在国家法上获得解决。但是,民意的本质和政治意义恰恰在于,它能够被解释成喝彩/赞颂。[88]

需要注意的是,千万不能认为荣耀是一种与权力无关的全然无能,与之相反,荣耀是权力的直接彰显:

> 如果一项法律经人民立法程序而获得较大多数甚至压倒多数的国民的认可并被制定出来,它就赢得了人民的喝彩,就可以是一项真正的主权行为,并且凭借政治力量突破法治国规范的框架。[89]

荣耀和经世的交相辉映,充分体现了"君主统而不治"的微妙之处。君主

---

[85] 《新约·约翰福音》17:4。

[86] 《新约·约翰福音》17:6-7。

[87] See Giorgio Agamben, *The Kingdom and the Glory: For a Theological Genealogy of Economy and Government*, trans. by Lorenzo Chiesa, Stanford, Stanford University Press, 2011, pp. 202-204.

[88] [德]卡尔·施米特:《宪法学说》(修订译本),刘锋译,上海人民出版社2016年版,第325页,潘佑达:《拦阻终末者——政治神学家Carl Schmitt与Katechon学说》,台湾大学2013年硕士学位论文,第61页。

[89] [德]卡尔·施米特:《宪法学说》(修订译本),刘锋译,上海人民出版社2016年版,第344页。

代表了共同体的整体形象,他彰显的是共同体的“同一性”,为了维护他的权威,他不得不如同创造上帝一般,与臣民保持距离,除此之外,他还必须恪守繁文缛节,时刻注意自己的言行。通过臣民在盛大礼仪中的庄严肃穆抑或喝彩欢呼所带来的荣耀,君主从中获得了直接的权力,他的光芒在其中历久弥新,并且这种荣耀是相互的,因为荣耀了君主,也就是荣耀了共同体,最终荣耀的是臣民。至此,我们也可以理解阿甘本之所以将神学—本体—荣耀—统治和法学—实践—经世—治理两类装置视为权力装置的一体两面,是因为两者互相依赖、互相配合、缺一不可。不过,我们应该注意到,治理装置在现代权力装置中的比重急剧上升,这是世俗化带来的结果,这与阿甘本在 Stasis 一书中对共同体之构成性断裂的判断相一致。毕竟,弃绝神性的世俗政治共同体,怎么可能达到基督教“共融”程度的同一性。尽管如此,治理装置的 oikonomia 和 stasis 品质却延续至今。在此,我们可以将前文施米特和阿甘本围绕共同体共同性构建的论战定位为统治问题,那么我们接下来的考察就应该定位在治理/定乱问题之上。

五、例外状态作为共同体的治理装置

(一)施米特的例外状态

“主权就是决断例外状态”是施米特另一为人耳熟能详而又臭名昭著的话语。[90] 这句话位于《政治的神学》的开篇,施米特一开始就直截了当地为他的主权概念下了定义。主权概念历来都被表述为最高权力,施米特则认为这一定义空洞无物,唯有在生死攸关的时刻才能展现出主权的内在实质。[91] 因而,施米特所说的例外状态指的是“一种极端危险的情况,威胁到国家的存亡,或诸如此类的情况”;但是,这仅仅是对例外状态所对应现实的描述,例外状态更为根本的特征是“没有被纳入现有的法律制度中”。也就是说,例外状

[90] 参见[德]卡尔·施米特:《政治的神学》,刘宗坤等译,上海人民出版社 2015 年版,第 24 页。对中文翻译稍有改动。

[91] 参见[德]卡尔·施米特:《政治的神学》,刘宗坤等译,上海人民出版社 2015 年版,第 26 页。

态是法治状态的例外。[92] 法律规范的效力将在例外状态中被悬置(suspend),但并没有被废除,而是退居幕后。

施米特认为,法律规范无法在共同体生死攸关的时刻继续运作,因为"所有一般性规范都要求一种正常的日常生活框架"。毫无疑问,在例外状态之中,这种框架荡然无存,当务之急是竭尽全力挽救风雨飘摇的共同体,之后再重建法律规范运作的土壤。[93] 在保卫共同体的斗争中,不受日常法律限制的主权直接展现出它的伟力,但此时的主权也不是丝毫不受限制的,根据前文对《政治的概念》和《宪法学说》的分析,主权内在地受到同质性原则的限制,其必须与之相符。也就是说,法律规范被悬置并不意味着无秩序的无政府状态,此时为共同体奠基的生存方式所构建的根本秩序从幕后浮现了出来,施米特在文中将之称为"法之意义的秩序"。[94]

施米特所定义的主权之伟力不单单展现于例外状态之中,更为关键的是对例外状态开始和结束的主权决断。凯尔森将国家等同于法律规范体系,进而消解主权这一概念;施米特将之视为虚妄,正如上文所述,法律规范的运作需要日常框架,而日常框架的构建则需要主权的努力。也就是说,施米特认为法律规范的运作必须依靠外部力量的推动,主权承担了类似于第一推动力的作用,它垄断了最终决定权,也"无需在法律的基础上制定法律"。[95] 因而,法律规范无力承担对例外状态开始和结束的决断,毕竟法律怎么可能自己悬置自己,[96]主权者可以凭借自己的判断宣布例外状态的开始和结束,而不受任何法律规范的限制。在这一决断中,主权宣告了自身高于法律规范的权威,施米特对此有一充满悖论的表述:"主权者位于规范上有效的法律体系之

---

[92] 参见[德]卡尔·施米特:《政治的神学》,刘宗坤等译,上海人民出版社2015年版,第25页。"例外状态"所对应的德语为Ausnahmezustand,对其的英文翻译有两种:the state of exception(例外状态)和the state of emergency(紧急状态)。《政治的神学》英译本选取的是前者,相较于后者,前者的确更加符合施米特的原意。因为紧急状态目前所指的主要是《紧急状态法》所确立的一种宪法制度,施米特在《政治的神学》中所讨论的例外状态则更多地具有政治哲学和法哲学的意涵。

[93] 参见[德]卡尔·施米特:《政治的神学》,刘宗坤等译,上海人民出版社2015年版,第30页。

[94] [德]卡尔·施米特:《政治的神学》,刘宗坤等译,上海人民出版社2015年版,第29页。

[95] [德]卡尔·施米特:《政治的神学》,刘宗坤等译,上海人民出版社2015年版,第30页。

[96] 参见[德]卡尔·施米特:《政治的神学》,刘宗坤等译,上海人民出版社2015年版,第31页。

外,但仍属于这一体系,因为正是由他来决定是否要完全悬置宪法。"[97]

(二)阿甘本的例外状态

阿甘本重新叙述了施米特用于定义主权概念的例外状态。我们知道,法律规范和现实世界在传统法理学上是相分离的两个领域,前者的规范性与后者的事实性之间存在不可逾越的"鸿沟"。施米特正是利用这一区分向凯尔森发起了尖锐的挑战——纯粹法律"如何在保持纯粹性的情况下实现自身"?[98] 也就是说,施米特认为凯尔森之"法学思想的中立活动"无法仅凭自身的力量逾越规范与现实的鸿沟,从而将规范适用于现实。[99] 很显然,在施米特看来,唯有通过主权决断的帮助,方可逾越规范与现实之间的"鸿沟"。阿甘本在《神圣人》中将施米特的洞见提升到了政治哲学的高度,他的讨论同样从规范与事实的分离入手。法律规范与非法律性的事物无关,因而诸如暴力、生命、罪行等纯粹事实性的事物都被置于法律规范的外部。而根据阿甘本的考证,例外(exception)就其词源学的源头而言,也意味着"被置于外面"(ex-capere)。[100] 如若法律规范一直持有着它的潜在性(阿甘本将之称为潜能),而蜷缩于规范世界之内,那么现实世界(非法律性的事物)则始终笼罩于缺乏法律的状态(非法状态)之下,因为此时法律规范并没有被废止,而仅仅是没有对现实世界发挥效力(实现自己的潜能,即从潜在性转变成现实性)。

接续施米特对主权决断和例外状态的叙述,阿甘本将之概括为一个悖谬的表达:"主权例外(作为自然和正确之间的无区分地带)——在法律的悬置

---

[97] Carl Schmitt, *Political Theology: Four Chapters on the Concept of Sovereignty*, trans. by George Schwab, Chicago, The University of Chicago Press, 2005, p. 7. 相应地,中译本为"他置身于正式生效的法律秩序之外,他绝不属于这种秩序,因为正是由他来决定是否完全搁置宪法"。[德]卡尔·施米特:《政治的神学》,刘宗坤等译,上海人民出版社2015年版,第25页。参照英译本和阿甘本所引用的文本,中译本疑似存在错译。另外需要注意的是,在本文对于例外状态的讨论之中,并不区分"主权"和"主权者",因为主权者就是主权的具体承担者,就《政治的概念》而言,其并不需要讨论诸如如何产生主权者等具体问题,这是《宪法学说》需要处理的问题。

[98] [德]卡尔·施米特:《政治的神学》,刘宗坤等译,上海人民出版社2015年版,第36页。

[99] 参见[德]卡尔·施米特:《政治的神学》,刘宗坤等译,上海人民出版社2015年版,第36页;[德]卡尔·施米特:《论法学思维的三种模式》,苏慧婕译,中国法制出版社2012年版,第64~69页。

[100] [意]吉奥乔·阿甘本:《神圣人——至高权力与赤裸生命》,吴冠军译,中央编译出版社2016年版,第25页。

这一形式中——是法律指涉的前提。"[101]主权者通过主权决断所创设的例外状态,悬置了法律规范,从而将确定的规范"指派到确定的领土之上",进而为规范世界和现实世界、法律规范与非法律性的事物之间建立了联系。[102] 相较于施米特将例外状态局限于共同体的危急存亡之时,阿甘本则将之放在了规范与现实的原初联结之处。在这一看似悖谬的结构中,主权决断与例外状态紧紧地捆绑在了一起,它们共同位于规范世界和现实世界的接合之处,可以这么说,恰恰是主权决断架起了跨越规范和现实之间鸿沟的桥梁,例外状态就是两者互通的通道。因此,阿甘本修正了前文提及的施米特对主权者所处位置的悖谬表述(主权者位于法律体系之外,但仍属于这一体系):主权者和与之紧密相连的例外状态犹如一道界槛(threshold),伫立于自然(非法状态)和正确(法治状态)的无可区分之处。[103] 同样地,这个混沌世界(例外状态)并不是毫无秩序,因为主权将在其中直面一切法与非法。

(三)例外状态与自然状态

阿甘本看似在复述施米特的理论,但是他赋予例外状态中的无可区分性,相较于施米特意义上的为法律和现实建立联系,具有更加深刻的意义。我们必须注意到,既然例外状态为主权决断所创设,那么例外状态中的混沌世界同样是主权者有意为之。在施米特的表述中,例外状态的创设是为了便于主权者扫清一切对共同体秩序的威胁,亦即无序状态的危险;主权者运用

---

[101] Giorgio Agamben, *Homo Sacer: Sovereign Power and Bare Life*, trans. by Daniel Heller-Roazen, Stanford, Stanford University Press, 1998, p. 21.

[102] 参见[意]吉奥乔·阿甘本:《神圣人——至高权力与赤裸生命》,吴冠军译,中央编译出版社2016年版,第31页。

[103] 界槛,亦即threshold,原本是人类学中通过仪式的重要概念。通过仪式,亦称过渡礼仪,被概括为一种仪式模式。相较于诸如泛灵性礼仪和动力性礼仪、感应礼仪和感染礼仪等,聚焦于某一礼仪的静态特性而将之归入对应分类的做法,过渡礼仪关注的是仪式进程的特征,即"对仪式进行由始至终的完整分析"。典型的过渡礼仪包括丧葬礼仪、成人礼仪、订婚与结婚礼仪等。这些仪式都关系到仪式主体身份、地位、境况的改变,正如范热内普所言,过渡礼仪都"伴随着从一境地到另一境地,从一个到另一个(宇宙或社会)世界"的进程。过渡礼仪可以分为分离阶段、阈限(threshold)阶段和聚合阶段,每一阶段对应不同的仪式,或者说是不同的符号。以去别人家做客为例,在进入主人的房子之前,客人需要跨过一道门槛,门槛绝不仅是门的一个组成部分,它是"外部世界与家内世界之界线",因此跨越门槛就意味着与新世界的结合。作为界线的门槛因而成为神圣区域,其神圣性具体表现为"被掸上血或洁净的水"、门框上挂有神圣物件等。与此同时,过门槛本身也成了一种仪式。范热内普认为,过门槛仪式就是阈限仪式,而入门之后的共餐等就是聚合仪式,在客人离开房屋、跨出门槛之前,也会有相应的分离仪式。参见[法]阿诺尔德·范热内普:《过渡礼仪》,张举文译,商务印书馆2010年版,第9~17页。

各种手段排除无序状态,从而为法治状态的恢复运行奠基。因此,主权者仅仅是位于法律规范之外。但在阿甘本的表述中,主权者则直接站在了法律规范和现实世界之上,凌驾于二者。这不仅仅是因为主权决断所创设的例外状态沟通了法律规范和现实世界,更为关键的是,主权者在例外状态中对一切所谓的法与非法的明确区分和定义。我们知道,例外状态的特征在于法律被悬置,而恰恰是这一被悬置的状态,意味着法律与现实之间的明确区分——人为的明确区分。无论法律与现实的分离始于何处,但至少在例外状态中,是主权者通过主权决断实现了两者的人为分离。这与前述例外状态中的无可区分性并不矛盾,因为主权者首先需要将现实世界(无序状态)和法律规范主动纳入例外状态的混沌之中,方可人为区分二者,从而将法律规范指派到相应的现实世界,进而为现实生活的方方面面确立法律制度。[104] 因此,如果说施米特的例外状态只是"试图将暴力重新铭刻于法律脉络中",那么经由阿甘本发展的例外状态则阐明了主权对一切秩序的重新奠基,因其直接掌握了法律与现实之间的区分以及前者对后者的指涉。[105]

基于上述分析,阿甘本得出了如下结论:例外状态就是真实的自然状态。[106] 我们知道,自然状态是社会秩序和政治秩序建立之前的原初状态,其特征是"一切人反对一切人的战争"。但自然状态终究是霍布斯的思想实验,在人类历史的原初之时究竟是否存在一个这样的自然状态无可得知。但是在阿甘本看来,"自然状态就是处于潜在性之中的法",[107]因为根据前文的论述,法律被悬置(法律处于潜在性之中)的情形真实存在于例外状态之中。不过,令人费解的是,在主权伟力直接掌控下的例外状态,怎么会成为一直处于战争之中的自然状态呢?实际上,一旦我们稍微转变视角,从政治哲学而不是法理学的角度看待前文对例外状态的讨论,困惑便能迎刃而解。例外状态

[104] 《例外状态》一书的中译者薛熙平认为,事实与法律之间的原初分离就肇始于悬置这一"特殊的法律行动"。参见薛熙平:《例外状态之战:施密特与阿冈本的法哲学对话》,台湾交通大学2016年博士学位论文,第39~40页。

[105] 参见[意]吉奥乔·阿甘本:《例外状态》,薛熙平译,西北大学出版社2015年版,第92页。

[106] 参见[意]吉奥乔·阿甘本:《神圣人——至高权力与赤裸生命》,吴冠军译,中央编译出版社2016年版,第152页。关于阿甘本的例外状态就是自然状态,薛熙平亦有精彩分析,参见薛熙平:《例外状态之战:施密特与阿冈本的法哲学对话》,台湾交通大学2016年博士学位论文,第40~41页。

[107] Giorgio Agamben, *Homo Sacer: Sovereign Power and Bare Life*, trans. by Daniel Heller-Roazen, Stanford, Stanford University Press, 1998, p. 35.

纳入了一切所谓的法与非法,其中当然包括了生命、暴力,等等。也就是说,生命和暴力将在例外状态之中直接面对主权的洗礼。除此之外,由于法律被悬置,这些生命与自然状态中的自然生命(赤裸生命)无异。基于此,当主权者面临着共同体的构成性断裂所带来的分裂危险之时,他需要在具体的治理中时刻识别分裂势力,这也就是敌友划分;完成识别工作之后,主权者随即将共同体内部的敌人从法治状态下的公民之中抽离,从而纳入例外状态;在例外状态之中,这些敌人既不是公民,也不是外邦人,而是赤裸生命,他们直接面对的是从未(也无法)在法治状态中露面的主权,而他们即将被消灭的命运则是对主权伟力的直接彰显。在例外状态之中,这些敌人的生存状态与法律毫无关系,因而与始终暴露在暴死危险之中的自然状态无异,主权者对他们发动了永无休止的战争,以此来维系共同体的虚假同一。

不过,吊诡的是,我们必须注意到,例外状态的每次运行,并非同时意味着共同体的解体,因为例外状态所造成的共同体内部的敌友划分必然将共同体划分成两个部分。主权者所代表一方之公民对另一方原先属于前者之公民的消灭与内战有何差别?至此,我们已经揭示了共同体同质性幻象之下悖谬而又残酷的治理逻辑:共同体必须悬置自身精心构建的虚假同一,即通过共同体的解体,从而维持共同体的持存。stasis所具有的相矛盾的含义在此可以得到理解,在这一治乱循环中,屹立不倒的是主权决断和例外状态,消逝的则是鲜活的生命/生命力(并不一定是肉体上的消灭,现代国家可以通过监禁、以精神病学为代表的现代医学等看似文明的手段将共同体的敌人抹去/排除出共同体)。针对能够直接捕捉生命之治理装置的全面崛起,阿甘本表达了他的担忧:

> 准确地说,当*polis*(政治/城邦)展现为一种被反复确证的*oikos*(家庭)形象的时候——"共同的欧洲家园"(Common European Home),抑或是作为全球经济管理之绝对空间的世界——*stasis*将不再能够被定位于*oikos*和*polis*之间的界槛之上,它会成为一切冲突(conflict)的范式,并以恐怖(主义)的形式重新浮现。[108]

(四)利维坦之死

通过本文的第二、三、五部分,我们已经构建出了施米特和阿甘本之间关

---

[108] Giorgio Agamben, *Stasis: Civil War as a Political Paradigm*, trans. by Nicholas Heron, Stanford, Stanford University Press, 2015, p. 24.

于共同体之构建的一场隐秘对话。围绕着共同体何以可能这一核心问题，这场对话分别从统治和治理两个方面聚焦于利维坦的尘世之死。在统治方面，阿甘本对《利维坦》封面铜版画的精彩阐释，已经向我们展示了共同体内部构成性的断裂，因此施米特通过同质性方案的努力只能被视作对这一裂缝的掩盖。在治理方面，例外状态则向我们揭示了构成性断裂的共同体如何悖谬地维系自己的生存，似乎除了在不断的死亡（解体）中再生之外，利维坦别无他选。正如阿甘本在《例外状态》中所说的：

在不惜一切代价企图使它们保持关系的运动之侧，有一股对抗的运动，以相反的方向在法中与生命中运作着，并且总是试图松脱那被人为地和暴力地联结起来的东西。也就是说，在我们文化的张力场域之中，有两股相反的力量运作着，其中一股建制与订立，另一股则解除与废止。而例外状态既是它们之间张力最强之处，然而当其与常态重合时，便也是今日使得它们陷入无法区辨之威胁的所在。[109]

在此，（前文所述利维坦之第二种死法中的）怪兽利维坦和比希莫斯的政治意涵得以彰显，前者代表主权者，后者代表的则是没有政治价值的诸众，他们分立于政治场域的两极，并永远处于潜在抑或现实的战争状态之中，而例外状态就是现代主权者针对这一永恒战争的治理/定乱学装置。如何才能跳脱出这一杀戮不断的治乱循环？我们似乎别无他法。毕竟，无论我们如何厌恶霍布斯所构建的利维坦，都无法否认它“已经是现代国家理论的范式之一”。[110] 在此，我们或许可以回答本文一开始提出的问题。回顾前文所述利维坦的第一种和第二种死法，似乎霍布斯和犹太教都将希望寄托于流俗时间和世界历史的终末时刻，唯有那时，全能的耶稣基督才会使用真正的伟力废除尘世间的一切主权和例外状态。或许是他们才看得真切，生于尘世的利维坦除了利用人性恶之力压制人性恶，又能有什么样的手段？同样的道理，在弃绝一切之后，人们从何处找寻尘世秩序的正当性根基？人怎么可能仅凭己力拯救自己于水火之中？

---

[109] ［意］吉奥乔·阿甘本：《例外状态》，薛熙平译，西北大学出版社 2015 年版，第 136～137 页。

[110] Giorgio Agamben, *Stasis*: *Civil War as a Political Paradigm*, trans. by Nicholas Heron, Stanford, Stanford University Press, 2015, p. 69.

六、余论:来临中的共通体

在阿甘本的早年著作《来临中的共通体》(*The Coming Community*)中,他设想到,组成未来共同体的成员将会是"一有万有的存在者"(whatever being)。[111] 一有万有,即quodlibet,通常被翻译为whatever。但阿甘本指出,这一翻译并不能展现quodlibet原初的丰富含义。quodlibet指的是既不特别(particular)又不普遍(common),既非个体(individual)亦非属类(generic)之物,阿甘本认为,相较于whatever,singularity(独一性)更为接近quodlibet的原意。[112] 未来共同体成员的独一性意味着什么?首先,他们之间毫无可通约之处,他们每一个人都是自足的个体;其次,由于quodlibet的特征,他们与所有的属性无关,也就与一切归属无关。但是,我们不能将他们理解为现代社会中的孤立个体,恰恰因为他们所共同享有的独一性,他们共同分有了这一最为本真属己的存在方式,因而统一于独一性之下。[113] 具有独一性之人组成的共同体不能再称之为"共同的"(common),他们跳脱了利维坦之死的困境,而生活在透明而通透的"共通体"之中。

---

[111] Giorgio Agamben, *The Coming Community*, trans. by Michael Hardt, Minneapolis, University of Minneapolis Press, 1993, p. 1. 对于"一有万有"的翻译,参见姚云帆:《"求公意志":阿甘本、埃斯波西多和内格里对"公共"概念的讨论》,载《马克思主义与现实》2017年第2期。

[112] See Giorgio Agamben, *The Coming Community*, trans. by Michael Hardt, Minneapolis, University of Minneapolis Press, 1993, pp. 9-12.

[113] 参见姚云帆:《"求公意志":阿甘本、埃斯波西多和内格里对"公共"概念的讨论》,载《马克思主义与现实》2017年第2期。

【书　评】

book reviews

国家与法治研究 第2卷(2019)
第209~222页

法学的学科文化与法学学术中的女性参与

——评《法律与事实:法学女教授们》一书

卜元石*

一、引言

性别与法律,不是一个新话题。① 但提到女性与法学,一般人们会想到女性主义法学,也就是法律中的性别问题,对于女性与法学的另一个方面,即女性在法学学术中的参与,在中国的讨论还没有真正起步。② 之所以把《法律与事实:法学女教授们》③这本德文专著介绍给中国的读者,是出于两个原因。一是与德国类似,中国法学界同样是一个男性主导的世界,女性从事法学学术的道路更

* 卜元石,德国弗莱堡大学法学院教授、东亚法研究所主任。

① 参见周安平:《性别与法律——性别平等的法律进路》,法律出版社2007年版。《环球法律评论》2005年第1期就"性别与法律"组织了几篇文章进行讨论,两位学者指出女性法学在中国仍处于边缘地位。参见但淑华:《女性法学研究的新进展——基于2006—2015年硕博论文选题和内容的分析》,载《妇女研究论丛》2018年第3期;马姝:《我国女性主义法学研究的回顾与展望》,载《河北法学》2012年第11期。

② 参见刘小楠:《走出私人领域:法学教育、法律职业中的女性》,载《政法论坛》2008年第6期,第142页简短地讨论了美国法学院女教师的比例。

③ Ulrike Schultz/Anja Böning/Ilka Peppmeier/Silke Schröder: De jure und de facto: Professorinnen in der Rechtswissenschaft-Geschlecht und Wissenschaftskarriere im Recht, Nomos Verlag, 2018. 本文正文中括注的页码均为该书页码。

为艰辛。已经在高校、研究机构开始了学术之路的学者,在最有创造力的年龄段,因为家庭负担,可支配的时间、精力急剧缩减,才华还未开始充分施展,便已逐渐淡出学术生涯,这直接影响很多有潜力的学生过早选择放弃继续深造。一直以来,法学学术中的两性平等,是一个研究很少却又非常敏感的话题。但是,笔者近几年愈加感到唤醒这方面的意识的必要。随着生育政策的放宽,如果不及时采取必要的补救措施,生育与就业冲突的加剧,会导致女性人才流失更为严重。学术研究不能功利,但学术生涯需要规划,女性尤其需要这方面指导、鼓励与制度层面的保障。因此,我们当前非常需要心平气和、客观而有建设性意义的讨论,共同推动性别平等的实现。

一个积极的变化是,中国近两年来,就这一问题的社会氛围在变,法学界的关注度也在增加。④ 但在性别实质平等的问题上,仅有意愿与动力是不够的,更需要的是解决问题的思路。虽然"中国问题+外国经验=中国方案"的研究方式一直为人所诟病,但在中国人口结构越来越与西方靠拢,由此产生的社会问题也越来越相像,参考他国作法仍不失为拓展思路的一种途径。抱着这种想法,笔者试图收集德国的相关资料,在这一过程中接触到这本书,惊叹于该书对德国法学学术界女性参与现状研究的全面性,很多细节的介绍在其他文献中也比较罕见,同时也为其以德国法学学科文化为入手点所吸引。这本书包含了很多花絮逸事,多处引用访谈记录,生动直白,具有很高的可读性,不仅适合法律学人阅读,而且适合对于德国学术界的运行方式感兴趣的其他领域人士。这也是把本书推荐给中国读者的第二个原因。

《法律与事实:法学女教授们》一书的第一作者与主要执笔人为 Ulrike Schultz 女士,她出生于 1947 年,是德国研究法律领域两性平等的先驱人物与专家,曾经在哈根远程大学工作,著述颇丰。该书共 531 页,是一个长达 3 年研究课题的成果,内容非常丰富,作者们在材料的收集方面花费了巨大的精力,在写作过程中投入了很多情感。这本书主要分为以下几个部分:第一章到第五章为导言以及研究现状总结、历史回顾与研究方法;第六章与第七章

---

④ 2018 年 4 月 21 日,北京交通大学法学院与中国法制出版社联合主办的"法律职业女性:现状与思考暨《温柔的正义》新书研讨会"。2018 年 5 月 25 日中国法学会研究部、中国社会法学研究会、中国法学会婚姻家庭法学研究会在北京共同主办了首届"法律与女性发展"圆桌论坛。参见宋灵珊、刘方权:《法律职业中的女性:从法学院到法院》,载《法律和社会科学》2016 年第 15 卷第 2 辑。当然,一般传统的法律职业是指法官、律师、检察官等,不包括在高校与研究机构的工作。

解析了德国女性在学术界及法律职业中的比例与数据,讨论了德国法学教育的体制;第八章、第九章与第十章介绍了德国法学的学科文化与学术生涯的各个阶段,这里对于学科文化的剖析主要是根据相关学者的访谈来进行的,通过这些访谈,读者可以了解到法学学术道路中存在哪些障碍以及困难;在最后一部分作者根据与大学性别平等代表以及相关院系管理层的访谈,试图找到扶持女性从事学术道路的措施和可能性。

二、第一章到第五章:研究目的、历史、现状与方法

在《法律与事实:法学女教授们》第一章,作者介绍了开展这项研究的原因。在20世纪80年代,德国766名法学教授中,只有10位是女性,[⑤]而今天,德国大学里法律系女教授的比例大约为15%。虽然这一比例已经比30年前高很多,但法律系女生比例提高更快,在过去10年,已经从20世纪70年代的15%提升到目前的超过半数。可以说,在德国,法学已经从一个男生为主转型为女生为主的专业。尽管如此,有些大学仍然只有一位或者两位女性法学教授,在作者看来,显然法学界存在一些特殊体制上的原因,阻碍了女性的学术生涯,使女性被迫触碰到所谓的"玻璃天花板"。作者认为,这项研究课题的意义就在于,在未来的几年中(指的大概是2008年以后的几年)将有大概1/3的法学教授会因为年龄的原因退休,由此会产生一个规模比较大的代际更替,如果能够找出掣肘女性进入法学领域的原因,那么可以通过排除这些障碍,利用这样一个历史机遇,提高女性在法律系教授中的比例(第19页)。

在第二章,作者对德国学术生涯的特点进行了介绍,并指出在德国高校,除了教授这个职位之外,几乎没有任何其他长期研究型岗位。因此,在德国学术生涯是一条直线,没有岔路,直线的终点是成为教授,如果不能成功,直线就只能戛然而止(第24页)。这种高度的不可预见性和高度的不稳定性,构成了德国学术生涯的显著特点,这就要求学者必须要满足对于工作的机动灵活性与工作地点多变性的要求,而这种工作方式必然与学者结婚生

⑤ 德国大学中开始出现女性代表大致也在1980年中期,《法律与事实:法学女教授们》第141页。

子的愿望发生冲突，所以学术生涯更加适合男性。此外，学术与一般的职业不同，不区分工作时间与业余时间，在德国，学术被理想化为一种内心的召唤，要求特别的职业伦理，学者必须全身心投入，具有高度的热情与自觉性，把自己的一切献身给学术，学者与学术不可分地融合在一起(第29页)。就此，作者引用马克斯·韦伯的观点，其于1919年就已经指出，学者要具备受难与牺牲的精神。⑥ 但在学术界中性别的不对称表明了，学术界本身就是一个社会化体制，在这一体制中，参与和成功的概率在不同性别中的分配是不平等的，学术界也不是纯粹地根据理性定理而运行，学术的社会性决定了学术界必然无法回避性别问题(第31页)。学术在大学以及科研机构中进行，学者都必须经过复杂的社会化过程，从了解什么是好的学术开始，到自己也可以从事好的学术。一言以蔽之，学术有其客观性，也有其社会性，其社会性的存在是由学者的社会角色所确定的。在该书第38页作者指出，法学的特殊性就在于，它不仅仅只是一个研究学科，其研究对象还是一个政治统治与调控的工具，并依赖于社会所赋予的合法性。而法学界也不是一个社会性别中立的领域，而是一直以来就为由男性所主导，这一点也体现在招聘程序中，教授职位主要在男性之间竞争并为男性所获得，女性要进入这个世界，必须要接受并改造自己以适应这种男性文化(第46页)。

第三章阐述了该书的研究方法，特别是为访谈的设计作出了说明，为了获取最真实的信息，被访谈对象的姓名原则上不予公开。在第四章作者探讨了法学是如何逐渐成为一个威望极高的主导学科的，并举例说明了法学重要性的一个表现就是法律人在政界的参与程度。在德国2013年选举产生的第18届联邦议会中，议员总数为634名，其中136名议员为法律人，法律与权力的紧密关联，也促成了法学的男性主导地位。

该书第五章从历史的角度回顾了女性如何逐渐进入法学学术界。作者把历史分为六段，分别为19世纪、1900~1933年、1933~1945年、“二战”之后、1990年后。从作者的介绍中，读者可以了解到，德国最初允许女性在大学里学习法律始于1900年，而第一位在德国获得教授资格学位的女性是1887年出生的Schoch女士。通过对德国早期女教授生平的详细介绍，作者展示了

⑥　因为学术之路的投入太大，又充满了变数，同时法学毕业生可以从事很多其他具有吸引力的职业，使该书的一位女性受访对象认为，只有失去理智的人，才会选择学术道路(《法律与事实：法学女教授们》第308页)。

这些先驱人物所经历的艰辛与面对的困难。“二战”后,最初在西德获得教授资格以及教授职位的女性都没有孩子,有些甚至一生未婚。为了能够进入男性一统天下的法学圈,这些女性都变得比较强势,可以说更男性化。在该书第 129 页到第 133 页,作者把 1959 年到 1997 年所有在德国获得教授资格的女性学者的基本信息进行了逐一列举。根据作者的统计,20 世纪 50 年代有 2 名妇女获得教授资格,20 世纪 60 年代有 3 名,20 世纪 70 年代有 5 名,20 世纪 80 年代有 16 名,之后逐渐增加,最多的是 2000~2009 年,共有 94 名女性获得教授资格。目前,从事民法的女性教授最多,其次是公法,最后是刑法,当然,这主要是由这三个法学方向教席数量的配置所决定的。作者指出,在历史上男性曾经以各种各样荒谬的理由来反对女性从事与法律相关的职业,其中包括女性身体与心理的特性不适合在法院工作,法律职业工作强度太大,应该保护妇女免受其害,只有很少的人承认,他们反对女性从事法律职业是因为不希望来自女性的竞争(第 75 页)。

三、第六章、第七章:数据与法学教育

《法律与事实:法学女教授们》第六章对女性在学术界、法院以及律师事务所的数据进行了统计。数据表明,在西方所有国家中,学习法律的女性比例都在逐渐增加,而且已经超过半数。在过去 20 年间,法学在德国女生中是最受欢迎的专业之一,远比在男生中更受欢迎。这是因为一方面大学女性数量总体在增长,而法学对于那些在专业选择上犹豫不决的人来说,是一个安全的备选,因为法学专业毕业生就业面比较宽广。另一方面,如果能够在法院工作,不但工资报酬与性别无关,工作稳定,而且还可以半职工作,基层法院法官还可以主要在家办公,只有在开庭的时候才需要到法院上班,因此对于有生育意愿的女性来说具有很强的吸引力。该书中一名接受访谈的女性感叹道,“法院是妈妈们的天堂”(第 135 页)。

在学术界,在 1975 年只有 8.2%的女性攻读博士学位,而在 2015 年女性获得博士学位的比例已经增加到 39.2%。与其他专业不同,攻读法学博士学位,通常不仅仅是出于特别的学术兴趣,而更多的是为了获得一个头衔,尽管在法院或政府工作,博士学位对于职业生涯并没有附加值。2014 年在德国首

次获得教授职位学者的平均年龄为38.5岁,其中女教授的平均年龄为35岁,男教授的平均年龄为40.4岁。这一差异主要是因为男性要服兵役而女性不需要所致,此外,在2014年获得教授职位的女性年龄分别为32岁、34岁、35岁、37岁、43岁、50岁,其中年龄比较轻的人数较多,因此拉低了平均值。一般来说,女性法学教授首次获得教职的年龄段是38~42岁。但在男女性别分配比例上存在所谓的"管漏现象"(leaky pipeline),学历越高,女性越少,男性和女性的比例呈"剪刀差"分布(第174页)。在医学和法学这两个职业教育专业,学生的选择受家长职业的影响最大,德国不少法学家出自法律世家。但女性走上法学学术道路,家庭的影响更大,出生于知识分子家庭的女性法学教授比例远远高于男性(第186页)。

该书第七章介绍了德国法学教育的多个方面,如学制、教学方法、学生特征、考试与分数、传统意识。德国法学专业的学制在7~9年,学生需通过两次国家考试并经过实践培训,才能成为真正的"完全法律人"。在作者眼中,法学专业同学之间的竞争特别激烈,同学之间喜欢相互比较谁学习时间更长,谁的考试分数更好。女生无法认同法学的男性特征,因此影响了学习的动力,这也被作者解读为导致了女生在大学期间考试成绩比男生要低的一个可能原因(第221页)。因为法学本身是一个保守的学科,所以在大学期间所学的案例,很多都还来自德意志帝国法院的判决。在20世纪六七十年代,法学的一些教学资料或者考试以及练习所用的案例,不乏丑化女性的情形出现,比如给女性起类似于"大胸丽塔""情人交际花""傻小娘"等低俗、黄色的侮辱性名称,或是描述她们行为愚蠢、头脑简单(第226页)。当然,在今天这种公然的歧视与贬低已经消失,但微妙的性别偏见依然存在。读到此处,笔者非常震惊,也更加理解为何作者对于德国法学的学科文化抱有很强的批判态度。显然,出生于1947年的第一作者本人,就是在这种氛围中接受的法学教育,可以说是这种歧视的直接受害者,求学期间的经历显然也影响了作者本人的世界观。

四、第八章:法学的学科文化

《法律与事实:法学女教授们》第八章的标题是"法律系与其学科文

化”,共概括了下面这些方面:法律系、教席、教学、科研、兼职工作、发表情况、大学自治、如何出名、理想中的法学教授、人际网络。这方面在现有文献中,来自内部视角的信息有限,所以在这里笔者将作比较详细的解析。

首先作者指出,一个高校只有拥有了法律专业,才能被称为一个真正的大学。法律系历史悠久,所以在大学组织结构中处于一个强势地位,这也体现在教席配置方面与大学的谈判态度。作者把法律系中的权力分配分为官方与非官方两种。官方的权力主要集中在系主任、副系主任与教务长,以及民、刑、公法三个学科的召集人手中,非官方的权力主要建立在教师资历的基础上,但这种权力的内容不是能够积极地促成某事,更多的是破坏捣乱型的,即以阻碍他人做成某事为内容。就高校教师是否有权力欲的问题,作者认为教授最初肯定不是出于权势的考虑才选择学术生涯,但在高校工作时间长了,就会发现作为教授并没有什么实权,难免心理会不平衡,反而会发展出对权力的欲望(第 250 页)。权力欲也体现在学科之间的重要性之争,该书受访的刑法学者,认为民法无法参与社会对话,因而重要性低,公法学者又觉得刑法完全是学派之争,只有自己是独一无二的,因此公法的自己定位是国家法,而不只是宪法(第 251 页)。

从第 254 页开始,作者介绍了德国法学的教席文化。⑦ 传统上很多教席都形成了一种家庭式的结构,教授扮演父亲的形象,秘书扮演母亲的形象,其他的工作人员是所谓的孩子。这样的一个家庭有自己的仪式,也有自己的文化。同一师门的弟子自称是学术上的“一奶同胞”(Milchbruder、Milchschwester),⑧而且德国除了“中性的导师”(Betreuer/in)一词,使用更多的是“博士父亲”(Doktorvater)、“博士母亲”(Doktormutter)、“教授资格父亲”(Habilitationsvater)、“教授资格母亲”(Habilitationsmutter)等名词。教席与教席之间有的关系紧密,有的非常疏远。教席中存在一种强烈的师徒关

⑦ 在德国大学法律系教席设置的数量方面,存在不小的差异,小的法律系如杜塞尔多夫大学、波茨坦大学、康斯坦茨大学有 15~18 个教席,中等规模的如奥古斯堡大学、巴洛伊特大学、比勒费尔德大学、汉诺威大学有 20 个教席左右,大的如波恩大学、弗莱堡大学、哥廷根大学有 26 个教席,最大如科隆大学、明斯特大学、法兰克福大学、慕尼黑大学有三十多个教席,参见《法律与事实:法学女教授们》第 141 页。

⑧ 这里多少是一种夸张的说法,一般中性的表达是 Habilitationsschwester/Habilitationsbruder,相当于中文的师姐、师妹与师兄、师弟。更让人侧目的是同门师兄弟一般被戏称为来自“同一个窝”(gleicher Stall),用的是形容动物的语言。

系,一名比较年轻的受访对象提及自己的导师时,不是直呼其名,而是使用尊称“我尊敬的学术导师”(mein verehrter akademischer Lehrer)。[⑨] 该书几次提到,这种师徒关系也可能会异化成一种剥削与被剥削的关系,这是因为年轻学者要想打开学术生涯的局面,离不开导师的提携。可以说,导师的声望、人际网络以及学术界的地位,就是学生进入学术界的敲门砖。[⑩] 例如,各学科的学会对于年轻学者进入学术界具有重要作用,一般在学会组织的专业活动中,导师会把自己的学生介绍给其他知名学者,以便学生可以建立自己的人际网络。在找工作方面,导师也可以启动他的人际关系帮助其学生。作者认为,师出名门在公法领域尤为重要,这是因为公法问题涉及的不仅是学术观点之争,更是政治立场之争(第 286 页)。而要获得导师的青睐,学生首先要通过自己的工作让老师欣赏。一般来说,学生对导师存在一定的人身依附关系,如果导师和学生的关系交恶,无疑就会成为学生学术生涯中的障碍或者绊脚石。所以作者借一位受访学者之口总结到,在学术生涯中,最关键的是要找到一个完全没有私心的导师。总体上,导师在挑选学生时,强调三观一致,攻读教授资格论文的学生最好在各个方面与自己相似,不少教授的确与其导师思考、说话方式都很相像。因为绝大多数法学教授为男性,所以有可能会存在因性别不同的负面影响,虽然现有例证并没有证明这一点。这种对师承关系的重视来源古罗马,这也正是德国法学重视传统的一个表现。学生在导师退休后接手导师的教科书、法律评注、期刊主编等继承导师衣钵的情况很普遍。

在教学方面,作者讨论了女性的教学方式是否与男性不同,是否更加生动、贴近生活、通俗易懂。因为女性一般比较重视教学,但教学水平的好坏对于个人的学术声誉影响不大,所以女性在教学中的额外投入也鲜有回报。在兼职方面,无论男女教师通常都是通过自己的人际关系才被聘用,所以收入与性别关联不大,也有的访谈学者认为,真正赚钱的仲裁领域的工作,女性完全不能沾边。在发表著作方面,德国的杂志一般不采取同行评审制度,而是由主编决定是否采用稿件,这样稿件发表的比较迅速,无论对司法实践还是涉及法律问题的政治决定而言,这种时效性都具有积极的意义。但这样一

⑨　但把教师资格导师称为 akademischer Lehrer 是比较通行的做法。

⑩　该书的一位受访学者指出,教职不像其他工作,到人才市场投投简历或者参加招聘工作坊就能找到,必须由导师引路把自己带入行才行(《法律与事实:法学女教授们》第 354 页)。

来，一些重要的期刊主编就有很大的权力，他们可以决定期刊讨论话题的比重以及主题的选择，这些期刊主编主宰了相关学科的发展与调控。在发表方面，除了质量之外，数量也很重要，有人戏称这一现象为“学术资本主义”（akademischer Kapitalismus）。而女性学者中存在理想主义倾向，对这种注重数量的写作目的并不认同，也会导致其发表作品数量偏低或者产生写作心理障碍。在大学自治方面，很多委员会都需要有女性参加，而法律系的女教授人数比较少，导致了女教授在学校自治管理方面的精力付出要更多（第283页）。

从第283页到第287页，作者探讨了学者如何出名的问题。首先，作者借鉴了《学生眼中的20世纪德语区民法泰斗们：一部个体叙述的思想史》⑪一书中所使用的评判学术成就的标准。这种标准可以是提出了某种新的方法或是新的理念，或是在国际上引起了强烈反响。其次，对于如何出名，访谈对象的看法不一。有的学者认为，法律评注最重要，所以能参与贝克出版社出版的评注可以赢得学术地位；也有的学者认为，法律评注与教科书数量日益增加，二者的影响力都在下降，期刊论文才是真正可以提高一个人声誉的重要手段（第285页）。这里比较有趣的是，作者是非常直接地、毫不掩饰地讨论学者如何才能尽快出名的问题，一般情况下，对这一问题的讨论在正式出版物中多少要比较含蓄。

什么是理想中的法学教授形象？作者认为祝词、贺词、讣告，或者是学生对老师的追忆性文章对法学教授的描绘，一般都会突出其积极的一面，对被祝贺、追忆的对象进行美化，所以从这类文章中经常用的表述方式，可以勾勒出理想的法学学者形象。法学家经常被提及的美德包括观点明确、论理直接、立场坚定，有的还会强调联系实际的能力以及学者的文化修养、对文化的广泛热爱，比如说喜欢歌剧、绘画、文学、哲学，并强调这种爱好已经达到了专业水平，等等。在作者眼中，对于导师的赞誉也不是毫无私心的，导师的光辉形象能够折射到学生身上。此外，一些教授也会自我表演、制造噱头吸引大家注意，其中一位公司法教授回忆自己的导师在参加报告时，常穿一件有传奇色彩的白色裘皮大氅，戴着宽檐礼帽，以精神贵族的姿态，在报告开始后的

⑪ Stefan Grundmann/Karl Riesenhuber, Deutschsprachige Zivilrechtslehrer des 20. Jahrhunderts in Berichten ihrer Schüler – Eine Ideengeschichte in Einzeldarstellungen, De Gruyter, Bd. 1, 2007, Bd. 2, 2010.

第一分钟,当主持人已经开始致辞时进入会场。在一片寂静中和所有观众的瞩目下,从最后一排走到第一排,在学生们对自己的仰慕和崇拜的目光中落座。显然,女性对这种刻意营造某种形象的做派难以认同,甚至反感。

作者在本书中多处提到了法学的服饰文化,并指出法学的学科文化非常保守,这也体现在正统的着装礼仪方面,如果对法学服饰文化不认同,衣着标新立异,就会被认为是异类,也可以被理解为对法学学科文化的不认同。这一穿着习惯也影响了学生,法律系的学生同样比较注重自己的个人形象,看中品牌。波恩大学的学生曾经玩过一个游戏,“告诉我你身上穿什么牌子,我来猜你学什么专业”,结果这个游戏命中率最高的是法学专业的学生。绝大多数男教授只要上班,无论有事无事,都穿西装;女性教师如果穿着比较随意或女性化,就有可能被人当成教授的秘书,因此女性也通常穿着比较正式,衣服色彩偏中性。总体上,德国的法学教授都特别严肃,给人以距离感,而德国的法学书籍的封面一般是黑色、灰色、棕色,封面很少用图片。

五、第九章、第十章:学术生涯

在《法律与事实:法学女教授们》第九章,作者就哪些人适合从事学术道路的问题进行了访谈。受访者认为,学者们应具备如下素质:工作能力强、毕业成绩优异、耐力、自律性、不气馁、可以超长时间工作以及原生动力。女性这方面的素质并不比男性差,但在德国法学界,女性之所以排斥学术生涯,是因为为了获得教职就必须要完成教授资格论文,而撰写教授资格的时间,即30 岁到 40 岁,正好是人生最忙碌的阶段。在这个年龄段,年轻学者需要组建家庭、生儿育女、照顾老人,这些工作很多都由女性来承担。虽然德国也引入了助理教授这一制度,但在法学界这项改革措施被证明是失败的。这是因为法学界要求助理教授也必须完成教授资格论文,而助理教授的教学任务比非助理教授的年轻学者更重,所以反而更加难以完成教授资格论文。在德国,教授资格论文是评判学者的学术水平最重要的一项标准。该书也提到,因为有完成教授资格论文的需要,所以学者才会投入几年的时间只研究一个问题,而这种深入的研究对于推动德国法学的发展起到了不可替代的作用。作者在第 406 页写到,在完成教师资格论文的阶段,女性一旦有了孩子，导师可能就会觉得她受家庭的羁绊太大，背叛了学术，所以会不再提携或者减少提携的力度。

根据作者的统计，60%的人会在获得教授资格以后的两年内获得教授职位，20%的人需要4年，剩下的20%则需要10年或者更长的时间。等待的时间越长，找到教职的难度就越大，会被认为是无人问津的滞销产品。在招聘程序中，选拔标准不仅包括专业水准，也包括团队精神，⑫而对于团队精神的判断经常是口口相传，这就需要应聘者人脉广，招聘委员会有人替自己进美言。在应聘时，有时也会出现同一师门的学者相互竞争的情形，此时有的导师还会规劝女学生要谦让自己的师兄弟，因为男性要养家糊口，而女性则可以依靠丈夫的收入。招聘委员会可以使用很多策略把自己心目中的理想人选放在第一位，该书作者也介绍了一些，如夸大缺点、打压优点，或者以学校财力不足无法提供高配置为理由，排除一些大牌候选人，⑬对于有争议的后选人直接在第一轮淘汰。当然应聘者对于招聘结果不满时可以起诉高校，但是这样可能导致没有高校敢再聘用这样的候选人，所以真正提起诉讼的候选人，一般都已经拥有了一定的地位，才能无所畏惧。笔者的观察也验证了德国高校教师的流动性整体下降的趋势，老一代教授在多个大学工作过的情况比现在更为普遍。如今很多男性教授的配偶也都工作，无法或者不愿意跟随丈夫经常搬迁，这导致了配偶子女住在外地，两地通勤的德国男教授人数不低，不乏单程要坐六七小时火车的情形。

作者在第342页到第353页对法学专业国家考试成绩的异常重要性进行了大篇幅描述。对于德国法学专业毕业生而言，考试分数就是身份和职业生涯的入场券，成绩好的学生可以一生依靠分数，成绩不好就是人生的一个巨大挫折。对于法学的后起之秀，也只有分数好的学生才能得到教席工作，而这种工作通常是进入学术界的第一步。甚至有的教授戏称，国家考试分数会刻在一个人的墓碑上，一名学者认为，考试成绩不好给他带来了永远的创伤，即便今后作了教授也有可能会被人轻视。可以这样说，德国国家考试的

⑫ 这一点对于院系管理尤为重要，如果没有团队精神，有的教师不愿意分担管理任务，或不具备妥协精神，就可能导致就院系事务难以达成一致意见。

⑬ 这是因为一些没有跳槽意愿的教授也可能会应聘，借此测验一下自己的“市场价值”和学术地位，该书的一个受访对象把这种行为称为“赌一把”（《法律与事实：法学女教授们》第338页），而一旦把聘用邀请发给这类应聘者，就会导致招聘程序的迟延。参见卜元石：《德国法学界的现状与发展前景》，载方小敏主编：《中德法学论坛》（第12辑），法律出版社2015年版，第52页。

分数就相当于中国高考的分数。这是因为学习法律的学生人数特别多,而德国大学又不看重排名,只有通过分数才能够看出一个人的专业能力。国家考试的分数在法律人中区分了阶层,法律系学生也不例外,分数达到良(vollbefriedigend)就跻身上层社会。事实上,法律系多数学生都是高中时的尖子,但开始学习法律后,因为没有掌握方法,考试成绩经常会刚刚及格,所以法律系学生在开始学业之初,会对自己的能力产生怀疑,背负着巨大的心理负担。

值得注意的是,作者在多处提到学者人际网络的重要性,并指出女性教授人数偏少,所以在人脉方面女性处于劣势,此外,女性因为要照顾家庭,能够参与的学术活动也比较少,这进一步影响了她们人际网络的扩展(第 358 页)。一名受访的男老师坦言,在学术会议期间,和法学界同行一块喝啤酒对自己学术的发展比发表还要重要。⑭ 在引用方面,也有熟人之间互相引用,形成了所谓的引用卡特尔的情形,这当然对于女性来说也是一个阻碍。

最后,作者总结到法学界对于女性是否需要优待与扶植有三种看法:第一种认为,女性已经获得了足够的扶植;第二种认为,女性太过消极被动,总是等着被人发现;第三种认为,女性没有勇气,不能创造、把握机会(第 390 页)。根据笔者观察,对男性而言,在德国获得教授职位,除了学术能力与学术成就外,也要靠机遇,因为设置新的教席很罕见,一般只有当现有教席出现空缺时,才产生应聘的机会,男性的学术之路一样充满了不确定性,所以对于优待女性的做法也不无怨言。不少人私下认为,没有小孩的女性学者根本就不值得优待,因为她们也没有额外的家庭负担。

六、第十一章、第十二章:扶持措施

《法律与事实:法学女教授们》第十一章作者提出了很多可以在法学界提高女性比例的措施,包括减压措施,用长聘制度(tenure track)取代获得教授资格论文,引入其他可替代性的职位,比如参考英国与美国的制度,引入讲师、高级讲师,给予这些教师长期聘用合同。德国高校中也应该鼓励有潜力的女

⑭ 这是因为德国法律评注的盛行,很多评注主编倾向于在自己认识的同行中寻找撰稿人,这样主编对于撰稿人的性格至少有一个基本判断,合作起来比较放心。

生深造,提高女性学者的自信心、进取心,在这方面,大学和高校教师联合会提供很多具体的职业辅导项目,包括如何选导师、怎样应聘、怎样与学校谈判教席配置、提高领导才能。最后第十二章是对全书的总结,法学学科的男性传统,对于教授资格论文的要求,使学术道路对女性吸引力不足。事实上,在德国法院工作可以不用坐班,而且工作压力没有高校那么大,所以可以这样说,在德国法学选择学术生涯的女性所需要的勇气要更大。

七、对中国的借鉴意义

这本书对中国的借鉴意义至少有两个方面,一是学科文化,二是对女性学术生涯的政策倾斜。在学科文化方面,通过这一研究我们可以从一个性别研究的视角深入了解德国法学文化。这本书揭示了德国法学界不是象牙塔,也不是一个远离利益纷争与人际关系的世界,而是一个微缩的社会,有自己的游戏规则。虽然真正的人才不会被埋没,但是初出茅庐的学者也需要有平台来发挥自己的才能。学术能力的提高、学术自信心的培养、学术成就的积累,都离不开前辈的提携和同行的支持,这就需要一定的人际关系作铺垫。总体上,这本书对于德国法学学科文化的描述是具有批判性的,指出了不少弊端,一些内容是比较忌讳的话题,通常学者只是私下交流,不能搬到台面上讲,比如学生为导师代写文章等有违学术规范的情况。因此,公开讨论这一类问题需要很大的勇气,作者作为性别问题专家的身份,多少为其提供了一定的保护。如果说 2014 年德国科学委员会发布的《德国法学的前景》⑮是德国法学文化的浓缩官方版,这本书就是德国法学文化的未删节民间版。可以想见,这本书多少也会颠覆中国读者心目中德国法学的正统形象。有人的地方就有政治,学术界也难免沾染江湖气,认识到这一点,可能会让很多年轻学者,特别是女性,对学术的崇高形象产生幻灭感。但德国的经验表明,社会价值观转变的外部压力和学界、高校管理层的共同努力,可以推动学科文化向积极的方向发展,两性实质平等的提高就是一个明证,德国今天的法学学科文化较之三四十年前已经更为平等、宽松与开放。另外,这本书多次引用了

⑮ 参见卜元石:《德国法学界的现状与发展前景》,载方小敏主编:《中德法学论坛》(第 12 辑),法律出版社 2015 年版,第 46 页及以下。

两本其他关于法学学科文化的文集,一本为2013年出版的由Helmuth Schulze-Fielitz教授所著的《作为微观宇宙的国家法学:构建公法学社会学与理论的基石》,⑯值得一提的是,该书把德国公法教授之间的师承关系制作成了大型的家谱。另一本为前文所提到的Stefan Grundmann与Karl Riesenhuber两位教授编辑,于2007年、2010年出版的两卷本《学生眼中的20世纪德语区民法泰斗们:一部个体叙述的思想史》。这两本文集对于了解德国公法文化与民法文化提供了非常有价值的信息,这里顺带推荐给读者。

在第二个方面,中国法学院里女生比例也很高,但法学院教授中女性的比例就比较低。一方面,中国女性要面临更大的婚嫁与生育的社会压力,使得不少父母反对女生深造,攻读博士,而且中国家庭花在下一代教育上的精力要比德国高出许多。另一方面,有学者认为,女性法学教师容易出现职业倦怠现象,⑰这无疑加重了女性对自身能力的怀疑,对前途的忧虑。学术研究不同于其他职业的一点在于,其性质是一种不具备重复性的创作型活动,需要连续的时间可以不受干扰地思考、写作。但大学及研究机构时间上的自由,在很大程度上把家庭的负担转嫁到了女性身上,在事业与家庭必须进行取舍时,女性往往会牺牲自己的追求。这是因为社会更能接受女性缺乏进取心,而当学术生涯不顺利时,女教师承受的社会压力也比男性要低。如何解决这些问题,还需要我们深入思考,第一步就是要培育平等的观念。女性就业是个大问题,法科学生只是一部分,学术界更只是就业的一个小领域,但女性就业平等的改观,也是靠一点一滴努力才能实现,德国法学界30多年的经验已经证明了这一点。一个完善的社会制度应该能吸纳最优秀的人才,而无论其性别。人尽其才,也应该是社会发展进步的一个终极目标。

---

⑯ Staatsrechtslehre als Mikrokosmos: Bausteine zu einer Soziologie und Theorie der Wissenschaft des Öffentlichen Rechts, Mohr Siebeck, 2013.

⑰ 参见梁文永:《女性法学教师职业倦怠现象调查与分析》,载《教育研究》2008年第7期。

国家与法治研究　第2卷(2019)
第223~236页

忠诚命题与哲学进路

——读《宪法解释的基本问题》

马　允[*]　康有华[**]

巴伯和弗莱明合著的《宪法解释的基本问题》①一书,致力于探寻宪法是什么样的事物以及如何寻找宪法含义的最佳路径。在对包括文本主义、共识主义、原旨主义等在内的当代宪法解释方法中的主要流派进行逐一梳理和比较后,他们旗帜鲜明地提出"哲学进路"(philosophic approach)在所有的解释方法中是最好的。用王本存的话说,"哲学进路"这盏路灯指引着读者一探盘根错节的美国宪法解释方法的"洞穴奇观"。② 在该书中,作者把寻找最佳的宪法含义等同于寻找最忠实于宪法的含义,这意味着宪法忠诚(fidelity)是全书在宪法解释方法的讨论中所隐含的问题,甚至是前提性的问题。这一点与既有的有关宪法解释忠诚命题的讨论无异。然而需要指出的是,宪法忠诚这一宪法解释的前提性问题,亦需建立在必要的前提基础之上。既有研究往往把解释者的忠诚义务与解释方法的忠诚性混同,并未将法官/法院作为解释者的忠诚义务置于宪法解释方法讨论的前提。而巴伯和弗莱明在本

---

* 马允,中国政法大学法学院讲师。

** 康有华,中国政法大学2016级学术精英班本科生。

① 参见[美]索蒂里奥斯·巴伯、詹姆斯·弗莱明:《宪法解释的基本问题》,徐爽、宦盛奎译,北京大学出版社2016年版。

② 参见王本存:《洞穴里的飞升——读〈宪法解释的基本问题〉》,载《政法论坛》2017年第6期。

书中则基于对上述两个问题的区分,将宪法为解释者设定的忠诚义务作为讨论宪法忠诚命题的前提,为完成“哲学进路”的辩护进行了必要的铺垫。那么,忠诚在巴伯和弗莱明的语境下所谓何意?解释者的忠诚义务缘何是忠诚命题的逻辑起点?而他们所批判与反思的宪法解释方法的诸路径与其所极力主张的哲学进路,对宪法忠诚命题的理解有何差异?

为回应上述问题,本文将首先回顾关于忠诚、宪法忠诚和忠诚命题的学术讨论,并提出了宪法解释者的忠诚义务作为宪法解释方法的前提,从而对忠诚命题的主体构成进行重构;其次,笔者将从宪法忠诚所要求的解释者的自主思考程度这一角度出发,对当代宪法解释方法进行从低到高三个程度的归类,并呈现巴伯和弗莱明对哲学进路为何是对宪法最高程度的忠诚的完整论证逻辑。但本文无意全盘接受巴伯和弗莱明对忠诚命题的理解,因而也将在最后就宪法目标中进行批判性反思。笔者认为,巴伯和弗莱明的解释进路虽然在以忠诚命题为前提的论证中已得到了充分的证立,但基于“哲学进路”理论内在的道德理念与民主观念之冲突,“忠诚”是否真的能通过所谓自主思考一以贯之,仍需要我们进一步反思。

一、作为忠诚义务的忠诚命题

(一)忠诚、宪法忠诚以及忠诚命题

在宪法解释的原旨主义和非原旨主义的争论中,宪法忠诚始终是一个隐含的命题。那么忠诚所谓何意?宪法忠诚的对象在不同解释方法中有何差异?宪法忠诚命题包含哪些内容呢?

巴尔金在其所著《宪法的救赎》一书中就“忠诚”问题进行过不同角度的表述。首先,从哲学的角度来看,忠诚意味着道德哲学家们称为“美德”的品德特质(character trait),而宪法忠诚意味着持有这种品德特质的人倾向于以一种符合宪法的方式行为。巴尔金言道:“忠诚是一种以某种方式被社会化且规训自己以某种方式思考和主张的本我的特征。忠诚是进入语言和思想的特定实践并允许自己被这种实践所塑造而表现出来的结果。忠诚是关于解释客体的一种解释态度,该客体对我们产生了心理压力并以或好或坏的方

式影响着我们。"③

其次,巴尔金指出,对宪法的忠诚与宪法解释的文字游戏规则有紧密的关联。"忠诚……是一种前提。它并不仅仅是一种善,而是宪法解释实践的关键。一个人声称去解释宪法就已经是声称要忠实于宪法。相反,如果一个人坚持说不关注忠诚问题,这并不仅仅是让他在说服别人接受其观点方面处于严重的不利地位,而是直接把这个人带出了宪法解释的语言游戏之外。这个人可能是在做诸如政治理论、经济学、社会学的研究,但肯定不是宪法研究。当我们说忠诚对我们而言并不重要,我们将不再是解释宪法,而是批判宪法。"④

最后,忠诚意味着一种精神状态,是对宪法所蕴含的价值充满信心的一种态度。巴尔金曾言"宪法解释中的忠诚……成为宪法忠实(faith)的问题。这可以从语源学的角度分析得之,'忠诚'一词的词根是拉丁文 fides,意思是信任或忠实。所谓信任,是指'对一个人、一种观念或一件事情的真理、价值或诚信的坚定不移的信仰'。因此,忠诚意味着忠实——字面意义上而言,要充满信念,充满对于所信仰之价值的充分信心"。⑤

索罗姆在其评论文章中指出,巴尔金有关宪法忠诚的观念,可能与宪法的原初含义产生了上述三种意义上的关联。尽管巴尔金本人并未明示这三种视角的关联,但宪法解释的忠诚命题可以被阐释为"以一种忠实于那些由稳定的品德特质(或美德)产生的宪法价值的态度,去遵守文字游戏规则"。⑥在巴尔金那里,宪法忠诚要求参与宪法争辩的法官、官员、律师和学者,要对宪法的原初含义抱有坚定的信念,这种态度体现出一个人一以贯之的品德特质。那些仅仅从文本出发却缺乏对宪法价值的真诚和坚定的信仰的诡辩者们,不可谓之"忠诚"。尽管巴尔金为理解"宪法忠诚"提供了不同的视角,但是这一命题仍然是抽象的,例如宪法解释的文字游戏规则究竟是什么?忠诚

---

③ Jack M. Balkin, *Constitutional Redemption: Political Faith in an Unjust World*, Cambridge, Massachusetts, Harvard University Press, 2011, pp. 103-104.

④ Jack M. Balkin, *Constitutional Redemption: Political Faith in an Unjust World*, Cambridge, Massachusetts, Harvard University Press, 2011, p. 106.

⑤ Jack M. Balkin, *Constitutional Redemption: Political Faith in an Unjust World*, Cambridge, Massachusetts, Harvard University Press, 2011, p. 123.

⑥ Lawrence B. Solum, "Faith and Fidelity: Originalism and the Possibility of Constitutional Redemption", 91 (2012) *Texas Law Review* 147, p. 159.

意味着信仰宪法文本所体现的价值,但信仰的具体内容是什么？宪法忠诚之美德的结构又是什么？⑦

忠诚命题也是索罗姆提出的语义原旨主义(semantic originalism)主张的重要构成。他归纳了语义原旨主义的四个基本命题,分别是:①固定命题(the fixation thesis),即宪法的语义内容在宪法通过之时即已固定;②条款含义命题(the clause meaning thesis),即宪法的语义内容是其原始公共含义;③贡献命题(the contribution thesis),即宪法的语义内容造就了美国法律的内容;④忠诚命题(the fidelity thesis),即宪法的语义内容是高级法的组成部分,我们有服从它的义务,除非有与之相反的更重要的道德理由。⑧ 那么有哪些重要的道德理由可以偏离对宪法语义内容的忠诚呢？索罗姆指出,这包括法律系统在满足最低限度的道德和正义标准上的系统性失败;在一个合理和道德的法律体制中,一部特定法律或一批法律实质上却是不公正或不道德的,以及将某部有着合理内容的法律适用到特定情形以实现实质正义的情况。⑨ 宪法忠诚命题意味着为原旨主义寻找规范性基础,它建立在法律忠诚的基础之上,而法律忠诚可以从两种角度得以论证,一种是宽泛的道德和政治理论,另一种是公共理性。就前者而言,义务论主张,遵守法律是一种可废止的(defeasible)道德义务;结果论主张,法律忠诚可以较无法律状态产生更好的结果;道义论主张,所谓正义的美德即合法的美德,指遵循那些承载着政治群体中被广泛认同的社会规范的宪法性规则。就后者而言,它特指有关法律忠诚和法治的公共价值。这些公共价值获得了广泛认同,构成了公共政治文化的一部分,正是这种认同,生成了适用于所有公民的一般的宪法忠诚(general constitutional fidelity)和只适用于官员的特定的宪法忠诚(special constitutional fidelity)。⑩ 索罗姆同时还指出,法律忠诚和宪法忠诚究竟是道德层面还是义务层面的,是可能产生争议的。即便公共理性认可这样一种忠诚义务的存在,公共

---

⑦ Lawrence B. Solum, "Faith and Fidelity: Originalism and the Possibility of Constitutional Redemption",91 (2012) *Texas Law Review* 147,p. 160.

⑧ See Lawrence B. Solum, "Semantic Originalism", *Illinois Public Law and Legal Theory Research Papers Series* No. 07-24 (November 22,2008),p. 2.

⑨ See Lawrence B. Solum, "Semantic Originalism", *Illinois Public Law and Legal Theory Research Papers Series* No. 07-24 (November 22,2008),p. 150.

⑩ See Lawrence B. Solum, "Semantic Originalism", *Illinois Public Law and Legal Theory Research Papers Series* No. 07-24 (November 22,2008),p. 9.

政治文化也很有可能是错误的。因此他并不把忠诚命题视为语义原旨主义的必要组成部分——即使忠诚命题不成立,也并不必然影响前三个命题的成立。[11]

弗莱明认为宪法忠诚命题需要回答两个问题:第一,忠诚于什么?如果说忠诚的对象是宪法,那么引申的问题是何为宪法?例如《美国宪法(第十四修正案)》包含的是抽象的道德原则还是相对具体的历史规则?宪法是以多数民主还是宪制民主为其政治理论的预设前提?第二,何为忠诚?换言之,法院如何解释宪法才算是忠诚于宪法?例如对《美国宪法(第十四修正案)》的忠诚是要求诉诸政治理论来解读一般性的道德概念,还是要求进行历史研究来发现相对特定的原初理解?因此,弗莱明把宪法忠诚的问题等价于何为宪法以及如何解释宪法的问题。[12]

在《美国宪法解释中的原旨主义》一书中,侯学宾在上述弗莱明二分法的基础上进一步提出,忠诚命题还应包括忠诚的正当性的问题,换言之,他将忠诚命题分解为三个子问题:忠诚什么(忠诚的对象)、为什么应当忠诚(忠诚的正当性)和如何忠诚(为了实现忠诚如何做)。[13] 就为什么应当忠诚的问题,对于原旨主义阵营而言,该问题的核心是为何应当坚持宪法原旨,即原旨主义正当性的问题。侯学宾概括了两种分析进路:第一种来自对宪法原旨效力来源的追问,即经典的“死手问题”。概言之,原旨主义阵营有两种论证策略:一是将效力和权威建立在民主的基础上,诉诸于人民主权和同意的外部论证;二是将效力和权威建立在宪法成文性的基础上,诉诸宪法的本质的内部论证。第二种进路是对宪法解释制度本质的追问,即为避免司法寡头,三权分立制衡制度要求法院解释宪法时,必须忠诚于宪法原旨。[14]

(二)忠诚命题的重构:作为前提的宪法解释者的忠诚义务

上文讨论了宪法忠诚的内涵以及忠诚命题构成的不同分类方式。值得注意的是,在宪法解释的忠诚命题中,解释方法的忠诚性与解释者的忠诚义务在过去的论述中往往是不加区分的,这种做法的结果是,解释者或否定宪

---

⑪ See Lawrence B. Solum, “Semantic Originalism”, *Illinois Public Law and Legal Theory Research Papers Series* No. 07-24 (November 22, 2008), p. 9.

⑫ See James Fleming, “Fidelity to Our Imperfect Constitution”, 65 (1997) *Fordham Law Review* 1335.

⑬ 参见侯学宾:《美国宪法解释中的原旨主义》,法律出版社 2015 年版,第 95 页。

⑭ 参见侯学宾:《美国宪法解释中的原旨主义》,法律出版社 2015 年版,第 97~98 页。

法解释的忠诚性,而将对宪法问题的讨论脱逸于宪法设定的空间场域和义务限定,或将忠诚命题等同于对宪法文义的忠诚性,忽视宪法解释的多种可能性。笔者认为关于忠诚命题的讨论,应建立在对法官/法院作为解释者的忠诚义务的基础上,这一忠诚义务构成了对宪法解释方法讨论的前提。首先,这一义务不必来源实证法的规定。巴伯和弗莱明在讨论宪法解释的前提时,指出美国人预设了这样一种"国家经验",即联邦法官不管自己的解释可能引发多少争议,都宣称自己的解释是忠于宪法的。⑮ 然而这样一种内嵌的、自我宣称的、不证自明的"忠诚",并非来源实证法的规定——在巴伯和弗莱明的语境下,其只是法官职业道德的体现。即便法官在就职时宣誓忠于宪法,这也只是一种仅具形式意义的仪式,并不能直接产生法律效力。⑯ 进一步言之,无论宪法忠诚以何种形式得以表达或宣称,其对忠诚义务存在与否的判断都是没有实际意义的,这也是巴伯和弗莱明在《宪法解释的基本问题》一书中并不关注的。然而,这一非实证法上的忠诚义务,却构成了两位作者讨论宪法解释方法的前提。在成文的美国宪法存在诸多解释可能的情况下,法官对宪法的忠诚,无疑构成了对这一"司法裁量权"的重要约束。换言之,法官对宪法的忠诚义务即宪法对法院解释权的约束。在明确解释者负有忠诚义务的前提下,巴伯和弗莱明才能通过反思我们对"忠诚"的理解,探讨不同宪法解释方法的正当性,并得出哲学进路而非"活的宪法"能够作为对宪法"最佳解释"的结论。相反,在没有忠诚义务作为前提的情形下,正如"活的宪法"支持者和实用主义者的主张,都不得不面临"反多数难题"等诸多方面的质疑。虽然忠诚义务不至于排除一切对宪法解释方法正当性的挑战,但巴伯和弗莱明通过设定这一义务存在的前提,很好地将讨论范围限定在了对"忠诚"的理解当中,也便于读者理解和接受其所主张的哲学进路。

需要指出的是,忠诚问题不应当与解释方法的正当性问题相混淆,即忠诚义务的存在是否具有正当性,并不属于解释方法正当性讨论的范围之内。法官/法院受到宪法的约束是任何法治社会普遍接受的观念,存疑的只是对宪法"忠诚"的理解。侯学宾在其书中虽并未混淆这两个问题,但似乎也没有明确解释者忠诚义务的存在。他对忠诚问题的讨论更侧重于忠诚的客体,而

---

⑮ 参见[美]索蒂里奥斯·巴伯、詹姆斯·弗莱明:《宪法解释的基本问题》,徐爽、宦盛奎译,北京大学出版社 2016 年版,第 4 页。

⑯ 参见陈新民:《德国公法学基础理论》(第 2 版),法律出版社 2010 年版,第 110 页。

非忠诚的主体——虽然反复提及“在宪法解释中只有坚持原旨主义才能做到对宪法的忠诚”,[17]但在这一语境下,需要去忠诚宪法的似乎是“宪法解释”,而非作为解释者的法官/法院。在笔者看来,本文对于忠诚义务的强调并非在玩弄文字游戏,宪法解释之所以需要去忠诚宪法,并非因为解释活动本身具有忠诚性,而是受到了解释者忠诚义务的约束,所以,忠诚义务不能成为宪法解释方法正当性讨论中的内容,而只能是其前提。承认忠诚义务的存在,弥合了解释者在对具体忠诚对象上的矛盾,而可将忠诚命题从原旨主义上升到更高的层次。因此,在本文看来,侯学宾所讨论的为什么应当忠诚的问题,在本质上是原旨主义关于如何实现忠诚义务的主张,即诉诸宪法原旨和人民的立宪意志。

综上所述,作为宪法解释者的法官/法院受到忠诚义务的约束,在进行宪法解释时必须忠于宪法。因而,忠诚命题需要讨论的并非“忠诚”的正当性,而是上文弗莱明提出的两个问题,即什么是忠诚以及如何忠诚。在《宪法解释的基本问题》一书中,巴伯和弗莱明通过从不同解释方法对忠诚的理解出发,探讨了解释者为了尽可能履行自身的忠诚义务,应当选择何种解释方法。

二、何为忠诚:从宪法解释方法展开

在巴伯和弗莱明看来,“忠诚”意味着解释者在解释时应当做到自主思考,而非盲从或逃避选择,这是宪法本身的内在要求,即“解释在确定含有一般性概念的宪法条款之含义时,必须保持自我批判的精神”。[18] 从这一角度出发,巴伯和弗莱明指出了解释者在选择哲学进路外的其他解释方法时,并未完全履行其对宪法的忠诚义务——“当你开始反思自己,就已经进入了哲学领域。因为哲学是认识自己的最精致的形式;而道德和政治哲学更是在认识自己的过程中,处理……(宪法)问题的最精致的形式”。[19]

---

[17] 侯学宾:《美国宪法解释中的原旨主义》,法律出版社 2015 年版,第 219 页。

[18] [美]索蒂里奥斯·巴伯、詹姆斯·弗莱明:《宪法解释的基本问题》,徐爽、宦盛奎译,北京大学出版社 2016 年版,第 35 页。

[19] [美]索蒂里奥斯·巴伯、詹姆斯·弗莱明:《宪法解释的基本问题》,徐爽、宦盛奎译,北京大学出版社 2016 年版,第 35~36 页。

在该书中，巴伯和弗莱明总结了如下的宪法解释方法：文本主义、共识主义、哲学进路、严格原旨主义、宽泛原旨主义、结构论、原则论、实用主义等。对于这些解释方法，可以从不同角度进行归类。例如，王本存可以将之归为A类（文本主义、共识主义、原旨主义、结构论、原则论）、B类（哲学进路）与C类（实用主义），其中A和B都认可宪法文本构成了解释的最基本约束，可以视为“解释论”内部的争议，而C则基本上否定了宪法文本的约束，并不存在所追求的宪法真实含义以及最佳解释。[20] 本文从宪法忠诚所要求的解释者自主思考的程度这一角度，将上述解释方法进行了从低到高三种程度的划分，其中程度最低的是文本主义、严格原旨主义，中等程度的包括共识主义、宽泛原旨主义、结构论和原则论，而程度最高的则是哲学进路。值得注意的是，在巴伯和弗莱明看来，实用主义并非宪法解释方法，它是解释论的外部批判者，是“对宪法解释整体事业的挑战”，[21]因为实用主义完全否认忠诚义务的约束力，故不在本文讨论范围之内。

（一）最低程度的“忠诚”

文本主义者和严格原旨主义（具体意图主义）者虽然自认为是成文宪法及其制定者最忠实的信徒，但在巴伯和弗莱明看来，他们反而是与宪法原意最为背道而驰之徒。首先，文本主义者认为，宪法文本的字面含义就是其全部意义，即宪法的含义就是宪法文件词语的平白含义。文本主义者无法解决《美国宪法（第九修正案）》未列举权利的问题，未列举权利不可能在宪法文本中具体写明，但宪法文本中却又确实承认了未列举权利的存在。因而，对于文本字面含义的忠诚，最终只能走向布莱克大法官所面临的二律悖反：“要么放弃修正案，要么认为不成文权利是没有意义的。”[22]因而，既然宪法文本要求解释者不局限于文本，局限于文本平白含义的文本主义又如何能“忠诚”于宪法？其次，严格原旨主义者认为，解释者对制宪者具体意图的忠诚才是对宪法的忠诚。但既然制宪者无意为后人树立所谓的权威，即制宪者的具体意图就是不希望后人忠于自己具体的意图，所谓对制宪者意图的忠诚又如何可

---

[20] 参见王本存：《洞穴里的飞升——读〈宪法解释的基本问题〉》，载《政法论坛》2017 年第 6 期。

[21] ［美］索蒂里奥斯·巴伯、詹姆斯·弗莱明：《宪法解释的基本问题》，徐爽、宦盛奎译，北京大学出版社 2016 年版，第 235 页。

[22] ［美］索蒂里奥斯·巴伯、詹姆斯·弗莱明：《宪法解释的基本问题》，徐爽、宦盛奎译，北京大学出版社 2016 年版，第 89 页。

能是一种"忠诚"？综上所述，这两种最为严格的解释方法，在忠诚问题上都存在不可化解的内在矛盾，采取这些方法的解释者只能是对宪法最低程度的"忠诚"，甚至是"不忠"。

（二）中等程度的"忠诚"

共识主义、宽泛原旨主义、结构论和原则论都要求解释者对宪法文本保持一定程度的反思。对于共识主义者而言，文本字面的含义理解取决于所处时代的社会共识；对于宽泛原旨主义者而言，对文本的理解还需参考宪政史上的实践；对于结构论者而言，宪法解释取决于宪法文本对"职位、权力以及关系"的总体安排；㉓对于原则论者而言，遵循先例确立的原则才是对宪法文本的正确解读。在巴伯和弗莱明看来，上述宪法解释方法对宪法的忠诚性依然是可疑的：首先，共识主义的忠诚性问题在于，将社会共识对宪法的理解作为终极理解，最终的结果只是忠实于社会多数人，而非宪法本身，甚至在独裁政府主导社会共识的时期，会沦为单纯对独裁政府的忠实。其次，宽泛原旨主义对宪政实践的忠诚，将宪法原意与政治现实混淆，而且宪政历史也不具有天然的正当性，这一忠诚依然是缺乏反思的。最后，结构论者和原则论者的忠诚，只是相比于文本主义和严格原旨主义作出了最为有限的突破，依然是过分受限于具体的文本。综上所述，中等程度的"忠诚"虽然相比于文本主义和严格原旨主义在自主思考程度上有了许多进步，但并非解释者能够实现的最大程度的反思，因而离巴伯和弗莱明心目中最高程度的"忠诚"尚有较大空间。

（三）最高程度的"忠诚"：宪法解释的哲学进路

在巴伯和弗莱明看来，只有采取哲学进路的解释方法，解释者才能做到尽可能地履行其忠诚义务。在《宪法解释的基本问题》一书中，巴伯和弗莱明主要从哲学进路的忠诚对象和思维模式两个方面，论证其作为最高程度"忠诚"的"最佳解释"。

1. 忠诚对象：作为一般性概念的宪法目标

哲学进路所理解的"忠诚"，并非对宪法文本含义的忠诚，而是通过宪法解释"兑现"宪法中所提出的目标（aspirations）和承诺（commitments）。区别于具体的规定，宪法目标是德沃金笔下的一般性的概念（concept），而非特定

㉓ ［美］索蒂里奥斯·巴伯、詹姆斯·弗莱明：《宪法解释的基本问题》，徐爽、宦盛奎译，北京大学出版社2016年版，第161页。

的观念(conception)。就美国宪法而言,“建国一代表现出的兴趣,不在他们对后辈的权威,而在后辈的福祉,也就是我们的福祉”——宪法是因“共同防卫”和“公共福利”而作出的规定和建立的制度。㉔

这种一般性的概念构成了抽象的法律命题,被置于法律三段论的大前提之中。巴伯和弗莱明认为,在这样的法律推理中,法官的自主性思考得以施展——对宪法目标构成的大前提能有一个“道德及科学上的合理解释”,对小前提中的世界也能有“真实或合理的解释”。㉕ 相比于文本的具体含义或制宪者的具体意图,哲学进路所效忠的宪法目标为法官“一本自我批判精神”的反思留有了空间和时间双层维度的延伸,这在德沃金的思想实验中得以揭示:父母对孩子的教导,只是提供一个希望孩子日后能够遵行的概念,而非某种自己曾有过的特定观念,因而孩子能够随自身成长为行动确定具体的方向。在此意义上,“对于宪法的的忠诚使得我们应当遵照怎样的宪法才是最好的宪法来解释宪法”,就像我们会按照“一个好父亲应该是什么样”的要求,来解释父亲的话。㉖

2. 思维模式:哲学家式的自主思考

在哲学进路的解释过程中,由于被解释的对象是宪法目标,法官不能逃避关于道德的哲学选择,并且必须对自己作出的选择负责。在巴伯和弗莱明看来,法官需要采纳哲学家的思维模式,这意味着法官必须采用哲学的方法和态度,而非特定哲学家的哲学理念,即愿意在真相或最佳解释的自省式探索中自主思考。法官在此种思维模式下对案件中出现的疑难问题进行法律推理,正是此种哲学思考的理想形态。一方面,解释者能够对所有有争议性的问题进行思考并作出回答;另一方面,解释者也不会因此被指责背离宪法文本,即一个人可以通过解释改变宪法文本的文字原意,同时亦忠于不变的宪法文本。在巴伯和弗莱明看来,事实上,无论法官宣称自己采取的是何种解释方法,最终都会面临此种哲学选择。如坚持文本主义解释方法的布莱克大法官,对《美国宪法(第九修正案)》的否定,并非只是因为文本缺乏具体的

㉔ [美]索蒂里奥斯·巴伯、詹姆斯·弗莱明:《宪法解释的基本问题》,徐爽、宦盛奎译,北京大学出版社 2016 年版,第 39 页。

㉕ [美]索蒂里奥斯·巴伯、詹姆斯·弗莱明:《宪法解释的基本问题》,徐爽、宦盛奎译,北京大学出版社 2016 年版,第 214 页。

㉖ [美]索蒂里奥斯·巴伯、詹姆斯·弗莱明:《宪法解释的基本问题》,徐爽、宦盛奎译,北京大学出版社 2016 年版,第 38 页。

含义,同时也受到了其自身民主观的影响。既然这种哲学选择在宪法解释时不可回避,那么解释者无论是逃避选择还是掩盖选择,无疑都算不上对宪法尽可能地忠诚——“法官若要尽职尽责,就不能逃避哲学进路”。[27]

此外,值得注意的是,在巴伯和弗莱明笔下,尽管忠诚义务和自主思考的主体被设定为法官,但就谁应当忠诚于宪法的问题,若隐若现的另外一个主体是公民,即索罗姆所述的适用于所有公民的“一般的宪法忠诚”的主体。巴伯和弗莱明主张哲学家式的法官,即本着公共精神与自省态度关注成文宪法下的职责的法官,而“宪法之下的好公民支持这类法官,并且支持生成这些法官的制度”“公众允许法官自主思考,不会去剥夺他们作为法官的权力”“公众认可那些自主思考的法官对习俗造成损害……公众认可与哲学行为相类似的司法行为”,[28]这些表述无不反映出作者对哲学式法官的期待,以及对能够包容法官此种思维模式的“好公民”的期待。

综上所述,巴伯和弗莱明在《宪法解释的基本问题》一书对宪法解释方法的阐述中,回答了关于忠诚命题的两大问题:宪法忠诚意味着忠于宪法目标,并且应当以自主思考的方式实现;而哲学进路作为自主思考最为理想的形态,是解释者实现宪法忠诚所能采取的“最佳解释”。

三、对“宪法目标”的批判性反思

(一)忠诚对象的反思:抽象概念与具体对象

值得进一步思考的是,忠于宪法目标的哲学进路与忠于文本、意图等其他解释方法相比,是否真的是同一层次的问题?例如在一场足球比赛中,双方球队的球员都忠诚于体育竞技的精神,但是,每一方的队员都只能效忠于自身的球队。换句话说,这里实际上存在两个层次的效忠的目标:第一个层次是对抽象概念的效忠;第二个层次则是对具体对象的效忠。

巴伯和弗莱明所批评的诸多解释方法中的效忠包含了两个层面:其对文

---

[27] [美]索蒂里奥斯·巴伯、詹姆斯·弗莱明:《宪法解释的基本问题》,徐爽、宦盛奎译,北京大学出版社2016年版,第222页。

[28] [美]索蒂里奥斯·巴伯、詹姆斯·弗莱明:《宪法解释的基本问题》,徐爽、宦盛奎译,北京大学出版社2016年版,第226~227页。

本等特定观念的效忠,实际上是将宪法作为具体的对象而非抽象的概念;其效忠的抽象概念,在各自对自身的理解当中,都指向了民主这一概念。相反,巴伯和弗莱明所引用的德沃金的道德解读和他们所提出的哲学进路,缺乏一个具体的效忠对象,而只是强调对与宪法相关的抽象道德概念的效忠。而这些抽象的道德观念,在巴伯和弗莱明的语境中,披上了宪法目标和承诺的外衣,让读者产生了误以为是具体对象的错觉。换言之,其他解释方法既有着文本、历史、结构等基本的要素作为具体的效忠对象,也有着民主政治等一般概念作为抽象的效忠对象,而巴伯和弗莱明提出的哲学进路所效忠的只是一种抽象的道德观念,缺乏其他具体的要素。宪法目标并非宪法中的具体组成,而只是对文本中特定语词的抽象化和一般化。因而,在本文看来,巴伯和弗莱明在对哲学进路和其他解释方法进行比较时,过分强调其他解释方法受到宪法文本具体含义的限制,似乎有意忽视了其他解释方法所包含的抽象概念,并且未能为哲学进路设定具体的效忠对象,在实践中遵循这一解释方法反而可能会带来更大的不确定性。

(一)忠于宪法目标=忠于宪法?

在《宪法解释的基本问题》一书中,巴伯和弗莱明在对道德实在主义和建构主义的问题上持不同观点,并在书中采取了不可知论的立场,[29]他们所提出的对宪法目标的忠诚,纯粹成了对一般性道德概念的忠诚。就这一点而言,哲学进路与德沃金式的道德解读并没有本质的区别,或许用道德解读的称谓更能反映其本义。尽管在前言中,两位作者对哲学进路和道德解读进行了区分,他们指出,对宪法文本的忠诚不仅需要“宪法与道德理论的结合”,还有赖于整个社会科学的发展,而德沃金将注意力放在权利制约政府这一问题上,而忽视了权力架构及政府目的。[30]

巴伯和弗莱明对哲学进路的论述似乎并不能得出这样的结论,即哲学进路的方法能够涵盖宪法所提出的所有一般性概念。这里我们可以举两个例子进行说明:首先,原则论以既有的先例作为效忠的具体对象,其所包含的观念是维护法的确定性和可预期性。美国宪法成文的呈现形式即可表明这样

---

[29] [美]索蒂里奥斯·巴伯、詹姆斯·弗莱明:《宪法解释的基本问题》,徐爽、宦盛奎译,北京大学出版社2016年版,第13页。

[30] [美]索蒂里奥斯·巴伯、詹姆斯·弗莱明:《宪法解释的基本问题》,徐爽、宦盛奎译,北京大学出版社2016年版,第1~2页。

一种概念——美国宪法希望能够具有确定性。但巴伯和弗莱明所提出的宪法目标一概要求解释者能够自我批判性思考，恐怕难以涵盖“法的确定性”这一概念。其次，文本主义者坚持以文本平白含义或历史含义作为效忠的具体对象，也包含了对宪法的民主理念的效忠。既然民主理念要求解释者将争议性问题交由代表人民的立法机构进行自主性思考，如果巴伯和弗莱明提出的宪法目标也包含民主理念，那么其他宪法目标的存在将失去意义。通过以上两个例子，我们可以发现，巴伯和弗莱明提出的“宪法目标”或者是狭隘的，或者是自相矛盾的。如果哲学进路超出了宪法中包含的道德概念的范围，则其所主张的自主性思考只能背离其所追求的目标。

在本文看来，巴伯和弗莱明所主张的哲学进路面临的问题或许不是政治哲人的罕见，[31]而是其“忠诚”是否真的能通过所谓自主思考一以贯之，而无需面对道德理念与民主观念之间的内在冲突。或许，法官/法院对解释方法选择的真正难题，正是忠于宪法所提出的何种一般性概念才可谓“忠诚”？

四、结论

宪法忠诚是宪法解释的原旨主义和非原旨主义争论中一个隐含的命题。在巴伯和弗莱明看来，传统有关宪法忠诚命题的讨论中，对解释方法的忠诚性与解释者的忠诚义务的不加区分，阻碍了我们对最佳宪法解释方法的认识。有鉴于此，他们在《宪法解释的基本问题》一书中，基于对上述两个问题的区分，通过确立宪法为解释者设定的忠诚义务，进而具体分析了何种解释方法是最忠诚于宪法的方法，避免落入传统解释路径的窠臼，即或否定宪法解释的忠诚性，或将忠诚命题等同于对宪法文义的忠诚性。在此种逻辑进路下，巴伯和弗莱明经由对宪法解释方法忠诚性的思考，得到了“哲学进路”作为最佳解释的结论。

以宪法忠诚性立论，在确定解释者忠诚义务的前提下，反思我们对“忠诚”的理解，进而提出自主思考式的“忠诚”和哲学进路，巴伯和弗莱明的论述无疑是精彩而层次清晰的。在逻辑严整的同时，巴伯和弗莱明得出的结论也

---

[31] 参见王本存：《洞穴里的飞升——读〈宪法解释的基本问题〉》，载《政法论坛》2017 年第 6 期。

是令人向往的——忠于我们不完美的宪法,也意味着用哲学反思推动它走向完美。对于宪法爱好者而言,《宪法解释的基本问题》一书可谓是一本有益知识而又充满理想光辉的行动指南——去自主地批评、反思我们对于宪法的理解。但是在我们接受巴伯和弗莱明的论证之余,也并非没有值得反思的空间。巴伯和弗莱明的解释进路,虽然在以忠诚命题为前提的论证中已得到了充分的证立,但基于"哲学进路"理论内在的道德理念与民主观念之冲突,"忠诚"是否真的能通过所谓自主思考一以贯之,仍需要我们进一步反思。现实生活从来不是理想中的玫瑰色,我们注定要面对的,是不同的宪法理念与美好承诺之间永恒的冲突。

国家与法治研究　第2卷(2019)
第237~249页

拉德布鲁赫论法律解释

——以《法哲学入门》为基础的考察

宋旭光*

虽然德国法学家古斯塔夫·拉德布鲁赫(Gustav Radbruch)的法哲学思想很早就被引介到汉语法学圈中,但关于他对法教义学以及法律解释的见解,目前的讨论并不算多。通过对拉德布鲁赫在法哲学方面的三部代表作《法哲学纲要》(Grundzüge der Rechtsphilosophie, 1914)、《法哲学》(Rechtsphilosophie, 1932)以及《法哲学入门》(Vorschule der Rechtsphilosphie, 1948)的对比,①不难发现,虽然拉德布鲁赫的法哲学(尤其是关于法的安定性、合目的性与正义等三种法理念的看法)有了较大的变化,但他对于狭义法律科学(法教义学)以及法律解释的看法却是一以贯之的。本文将以《法哲学入门》及其附录中所收录《解释的类型》一文为主要根据,并结合其他文献,对拉德布鲁赫有关法律解释的观点展开讨论,并以他的法哲学为基础对这些观点予以更进一步的延伸。

---

* 宋旭光,深圳大学法学院助理教授,研究方向为法哲学与法学方法论。本文系2019年度教育部人文社会科学研究青年基金项目“基于推论主义语义学的法律解释理论研究”(19YJC820051)的阶段性研究成果。

① 中文译本参见[德]拉德布鲁赫:《法律哲学概论》,徐苏中译,中国政法大学出版社2007年版;[德]拉德布鲁赫:《法哲学》,王朴译,法律出版社2005年版;[德]拉德布鲁赫:《法哲学入门》,雷磊译,商务印书馆2019年版。

一、法律解释在法学知识体系中的位置

正如前文所述,在其主要作品中,拉德布鲁赫对于法律解释的论述并未见明显之变化,这也包括他对法律解释之知识属性的理解。与大多数法学家一样,他将法律解释看作是属于狭义之法律科学(教义法学或体系法学)的内容。② 在他看来,作为探求实在法秩序之客观意义的学问,法教义学对于实在法之客观意义的探索或"法律科学式加工"的工作,主要包括解释、建构和体系论三个层面。③ 这种法律科学所关注的是实在法的客观意义,因此不属于法哲学和法政策学的范围,也与法律史、比较法、法社会学和法律心理学的研究有很大不同。

除了法律解释外,法教义学还包括建构和体系论两个层面。法学建构是"从其先前思维上孤立的部分中重构出整个法律制度,先分析后综合。它是对特定法律制度之法条的无矛盾性与充分性的检验"。④ 由此看来,法律制度被看作一致的、完全的、相互联系的体系,法学建构是把已经被分解成不同部分的法律制度再重新整合成这样的一个整体。尤其在民法领域中,因为不能拒绝裁判案件,这就预设了"法律必为无缺点、无矛盾、完全明了之物……要求法律之武断的决定性",⑤因此,当有的法律问题无法在法律各部分中找到解答的时候,往往就应当按照法律制度最合目的的方式对其进行建构。与法学建构服务于法律制度的目的不同,法学体系性则属于更广的范畴,它"服务于法秩序的更大部分或者整体:根据某个单一的理念阐释整个法秩序的所有具体法条或者它的一部分"。⑥ 也就是说,法学建构对应的是法律制度,而体系性对应的是法律秩序,二者是不同于解释的,在另外两个层面上对客观意义的探索。

除了目的论建构或体系化之外,《法哲学入门》中并没有明确指明,还

---

② 有关法律解释的内容,《法哲学纲要》是在第六章"法律科学之本质",《法哲学》是在第十五章"法律科学的逻辑",《法哲学入门》是在第一章"法的科学"中进行探讨的。

③ 参见[德]拉德布鲁赫:《法哲学入门》,雷磊译,商务印书馆2019年版,第8页。

④ [德]拉德布鲁赫:《法哲学入门》,雷磊译,商务印书馆2019年版,第9页。

⑤ [德]拉德布鲁赫:《法律哲学概论》,徐苏中译,中国政法大学出版社2007年版,第164页。

⑥ [德]拉德布鲁赫:《法哲学入门》,雷磊译,商务印书馆2019年版,第9页。

有何种非目的论建构或体系化，只是以“将程序建构为一种分层递进的法律关系”作为非目的论建构的例子进行了说明。⑦ 但在《法哲学》中，拉德布鲁赫则明确了所谓双重的建构和体系性，即范畴论的以及目的论的，“其任务在于对其材料作双重加工：一是范畴论的工作，即将法作为法概念以及组成法概念的各种法律范畴的实现加以显示；二是目的论的工作，即将法阐明为法理念尝试性的现实化”。⑧

当然，拉德布鲁赫并不认为这三个层面是截然分开、独立进行的，在他看来，“解释、建构和体系化这三项法律作业之不同阶段的位置……可以相互更换，解释不单单是建构与体系化的前提，而且其自身也往往以目的论的建构与体系作为先决条件”。⑨ 因此，在这个意义上，我们似乎不能认为，拉德布鲁赫是将法学建构和体系性简单地看作是法律续造，而将之与法律解释完全对立，法律解释同样可能以一种目的论的建构和体系性作为前提。这一点后面还会再讨论。

二、法律解释的目标

关于法律解释的目标，德国学界长期有客观说和主观说的争论，两者往往此消彼长，孰优孰劣，至今没有定论。一般而言，客观说所主张的是，法律解释的目标在于探究立法文本的客观、理性、正确的意义，而主观说认为，法律解释应当寻找立法者的真实意图。⑩ 拉德布鲁赫明显地站在了客观说的阵营，⑪他明确表示，法律解释的目标并不是去寻找历史上真实存在的立法者意图：“法律解释取向于实在法的客观意义，也即法条本身所体现

⑦ 参见[德]拉德布鲁赫：《法哲学入门》，雷磊译，商务印书馆2019年版，第9页。

⑧ [德]拉德布鲁赫：《法教义学的逻辑》，白斌译，载《清华法学》2016年第4期（本译文即《法哲学》第十五章“法律科学的逻辑”，也可参见[德]拉德布鲁赫：《法哲学》，王朴译，法律出版社2005年版）。

⑨ [德]拉德布鲁赫：《法教义学的逻辑》，白斌译，载《清华法学》2016年第4期。

⑩ 参见雷磊：《再论法律解释的目标——德国主/客观说之争的剖析与整合》，载《环球法律评论》2010年第6期。

⑪ 当然，这种立场同样是一以贯之的。例如，在《法哲学纲要》中，他指出：“若法律的解释则其所理解者，将较胜于立法者自身之所理解。”[德]拉德布鲁赫：《法律哲学概论》，徐苏中译，中国政法大学出版社2007年版，第166页。在《法哲学》中，他也同样表示：“法律学解释的目标则在于探究法律条文在客观上的合理意义。它并非止于确定由法律制定者意图赋予的意涵。”[德]拉德布鲁赫：《法教义学的逻辑》，白斌译，载《清华法学》2016年第4期。

出来的意义,而非取向于主观意义,也即参与了法条形成过程之人的想法。”⑫

拉德布鲁赫为此给出了较为具体的理由。第一个理由在于,制定法只能在一种意义上被解释和运用,但却并不存在一个唯一的立法者意图,因此不可能按照立法者意图对法律进行理解。那么,这里的问题又转化为,为什么不存在一个唯一的立法者意图呢?在拉德布鲁赫看来,其一,制定法往往并不是由某一个单独的人制定的,而是有大量的立法者参与到立法过程中,这时候有没有一种统一的立法意图是存疑的,而且即使有,也很难确定立法意图是什么;其二,如果立法者中存在多数派的话,那么他们的观点也未必能够形成统一的意志,他们对于相关制定法的意见未必是统一的;其三,立法者并不是起草法律的人,即使起草者有特定的目的或意图,立法者可能并不清楚其真正的立法意图,甚至起草者自身可能也并不清楚自己的意图。⑬

第二个理由在于,即使存在一个唯一的立法者意图,寻找这种主观意图也并不是一个好的解释目标。其一,法律的起草者并不是立法者,因为立法者只能是国家,在拉德布鲁赫看来,国家的意志并不会在立法过程中表达,而是体现在制定法文本之中。其二,解释者能从制定法中得到的东西要比它的作者还要多、还要好,因为制定法还要适用于那些立法者根本没有考虑过,但解释者却要面对的一些情境,在拉德布鲁赫看来,“法学是一门实践科学,它必须即刻为每个法律问题提供答案,且不能借口制定法存在漏洞、矛盾或晦涩不明之处而拒绝做出决定。因而它对于制定法的理解必然要比参与它形成过程之人的理解来得更好,从制定法中取出的东西要比这些人有意放入的东西来得更多”。⑭ 其三,解释者能够帮助法律与现实社会和时代需要相符合,因此在很大程度上更加符合法律制度和法律秩序的精神。⑮

---

⑫ [德]拉德布鲁赫:《法哲学入门》,雷磊译,商务印书馆 2019 年版,第 9 页。

⑬ 参见[德]拉德布鲁赫:《法哲学》,王朴译,法律出版社 2005 年版,第 114~115 页;[德]拉德布鲁赫:《解释的类型(1935 年)》,载[德]拉德布鲁赫:《法哲学入门》,雷磊译,商务印书馆 2019 年版,第 162 页。

⑭ [德]拉德布鲁赫:《法哲学入门》,雷磊译,商务印书馆 2019 年版,第 9 页。

⑮ 参见[德]拉德布鲁赫:《解释的类型(1935 年)》,载[德]拉德布鲁赫:《法哲学入门》,雷磊译,商务印书馆 2019 年版,第 162~163 页。

无疑,拉德布鲁赫看到了将历史立法者的主观意图置于优先位置的困难所在。目前现代国家多为代议制体制,我们很难再将立法者作为单个自然人(像帝王那样的立法者)来看待,我们很难界定谁是立法者,更无法确定立法者的意图何在,况且在立法过程中往往充满了利益博弈以及各种妥协和权衡,立法者的意图或目的即使本来存在,其本身可能已经不再那么纯粹了。而且,即使这种意图存在,在多数的法律语境中,我们也很难确定立法者真正想要表达的意义是什么——也许从立法者的角度来看,其借用某个法律条文表达了一个非常明确、清楚的指令,但从解释者的角度来看,这一个法律条文却可能有着许多不同的意义。那么,在解释过程中,如何论证一个立法者意图是一个好的意图,似乎才更为关键。

拉德布鲁赫一方面非常鲜明地反对将法律解释的目标当作是对历史上的立法者意图的追溯。另一方面也表示,立法者的意愿在法律解释中也并不是不重要的,但关键的是,这里的立法者不能是某种现实的存在者,而"是对不可反驳之统一的制定法内容的一种虚构的表达"。⑯ 在这个意义上,法律解释并不是对历史上的立法者意图的追溯,而是以当前制定法的内容为基础,而对假设的理性立法者的意图的重构。按照拉德布鲁赫的说法,"解释者将自己'变成了立法者'",⑰而且,在他看来,这种虚构的立法者的意愿"可以随着历史的变迁而变迁,可以对新问题给出新答案,并通过改变调整方式来适应不断变迁的情境"。⑱ 实际上这和所谓的立法者的真实意图便没有了直接的关系,这种立法者意图是一种反事实的预设,即一种理性立法者的预设。拉德布鲁赫很早就认识到,立法者意图也许仅仅是一种论辩的建构,用它来分析法律推理或法律论证的结构,在这个意义上,只有理性立法者才是有意义的。

三、法律解释的方法

按照常规的理解,法律解释的目标当然是为了探究法律文本的意义。

---

⑯ [德]拉德布鲁赫:《解释的类型(1935 年)》,载[德]拉德布鲁赫:《法哲学入门》,雷磊译,商务印书馆 2019 年版,第 163 页。

⑰ [德]拉德布鲁赫:《法哲学》,王朴译,法律出版社 2005 年版,第 115 页。

⑱ [德]拉德布鲁赫:《法哲学入门》,雷磊译,商务印书馆 2019 年版,第 163 页。

法律解释是对法律文本的解读,因此,无论这种解读的目标在于立法者的原意,还是法律规范的客观意义,法律解释首要的出发点必然是法律的权威素材,即文本。根据上文所述,拉德布鲁赫所强调的也是对法律文本的关注,只不过他认为,法律解释所寻求的应当是法律文本的客观意义。

法律规定的内容来源于法律文本的意义,对文本意义的探索,首先在于法律文本的语言学意义,因此,从语言学视角来研究法律解释便是一个当然的选择。但拉德布鲁赫认为,法律解释与语文学解释并不相同。和阅读小说以及其他文艺作品不同,对法律文本的关注不能等于对文本作者之意图的关注。拉德布鲁赫将对法律的解释与对艺术的解释进行了对照研究,在他看来,我们对艺术作品的解读主要有两种不同的解释方法:其中一种最主流的解释方法便是探究艺术品创作者的想法,即他想要表达什么意思、达至什么效果,如果要探究这种历史的、经验的、生物学上的人格,又必须诉诸参考书、日记、报告等各种解释材料,拉德布鲁赫将之看作语言学解释;另一种解释方法则是美学的解释,它所探究的是艺术作品在吾辈这里的意义,即本时代所赋予艺术作品的意义,要探究这种纯粹理想的人格,只能从艺术品本身出发。[19] 这一点很容易理解,例如在对《红楼梦》的研究中,既有人致力于考证其作者曹雪芹的家事、《红楼梦》的各种版本以及成书的经过,或者通过谐音、藏头、拆字等手法解读文本的表面叙事,从而探究作者的真实想法或故事背后所隐之事;也有仅从《红楼梦》文本本身的艺术价值出发,以文学价值、社会思想、情感体验等为视角,对文本中的故事情节、诗歌文采、人物刻画等问题进行研究。

在拉德布鲁赫看来,前一种从作者人格出发的语文学解释方法(基于作者对其作品的论述、作品草稿、作者的日记、信件之上的对于作者实际想法的研究),[20]虽然在文学作品的阅读解释中依然占据着支配地位,但新的解释风格,即第二种从作品本身出发的解释方法,已经得到越来越多的赞同,每一次重新阅读或欣赏艺术作品都可能会有新的理解,“这种完全出自于作品本身的对于作品的理解方式,其适用范围可能不仅仅限于某部个别的作品,而是会扩展于某位作者的全部作品,即他的‘全集’。进而这种方

[19] 参见[德]拉德布鲁赫:《法律哲学概论》,徐苏中译,陈灵海勘校,中国政法大学出版社 2007 年版,第 166~167 页。

[20] 参见[德]拉德布鲁赫:《法教义学的逻辑》,白斌译,载《清华法学》2016 年第 4 期。

法导致一种新的传记形式的出现”。[21]

那么，为什么拉德布鲁赫反对将法律解释看作一种语文学解释呢？大抵是因为语文学解释所努力探求的是现实中作者的真实意图，这便和他所认为的法律解释在于寻求法律规范的客观意义相冲突。他认为，“语文学解释是对先前已被思考之事的再思考……相反，法律解释最终是对已被思考之事的思考”。[22] 而且，在他看来，法律解释的历史要比语文学解释更早：“语文学解释是科学史嗣后的产品，而法律解释与之相比要与更古老的解释形式亲近得多。”[23]

除了语文学解释之外，拉德布鲁赫还将法律解释与宗教解释进行了类比。在他看来，解释法律文本与解释宗教经典是类似的，从目标上来看，两种解释都应当是为了确定法典或宗教经典文献的意义，从方法上来看，为了探究法典或教典的固有意义，解释者又都必须诉诸其外的材料。[24] 拉德布鲁赫表达了对某种经院哲学之解释方法论的青睐，在他看来，这种方法论将“超意识之意义的解释方式”确定为科学的方法，例如“圣经四义说”：“字面义揭示出发生了什么（Littera gesta docet），譬喻义揭示出你相信什么（quid credas，allegoria），道德义教导你应当做什么（Maralis，quid agas），寓意义教导你要去往何方（quo tendas，anagodia）。”[25]

在这个意义上，拉德布鲁赫的法律解释理论与“圣经四义说”是类似的，前者也认为，解释者必然要探究法律文本的字面意义以及它在特殊情境中所具有的新意义。

不过，在拉德布鲁赫看来，法律解释与艺术解释以及宗教解释又都有不同，因为法律解释是绝对理性的。他认为，当裁判者试图解释制定法的时候，必须将自身的思想置于客观的意义关联之中，这个意义关联的世界有自己的“内在法则”，裁判者的解释不能脱离和忽略这个客观意义世界的法则，因为解释的意义必然属于这个客观意义关联的一部分。正如他所讲

---

[21] ［德］拉德布鲁赫：《法教义学的逻辑》，白斌译，载《清华法学》2016年第4期。

[22] ［德］拉德布鲁赫：《法哲学入门》，雷磊译，商务印书馆2019年版，第8~9页。

[23] ［德］拉德布鲁赫：《法哲学入门》，雷磊译，商务印书馆2019年版，第163页。

[24] 参见［德］拉德布鲁赫：《法律哲学概论》，徐苏中译，中国政法大学出版社2007年版，第168~169页。

[25] ［德］拉德布鲁赫：《解释的类型（1935年）》，载［德］拉德布鲁赫：《法哲学入门》，雷磊译，商务印书馆2019年版，第165页。

的,“通过嵌入他的每种想法来知晓一个无法预料的意义关联,嵌入一个‘客观精神’的世界,每种主观精神都只是它的组成部分”。㉖

那么,这种客观的意义关联指的又是什么呢？拉德布鲁赫所指的似乎是逻辑法则,他明确指出,法律解释必须符合客观意义的逻辑法则,“指导我们确定客观意义的那种其自身固有的法则,即‘逻辑性’的法则”。㉗ 但拉德布鲁赫在这里所指的逻辑,却并不仅仅是“形式逻辑”,而毋宁说更接近所谓的“辩证法”或“修辞学”。他指出:“如果说逻辑学乃起源于智者们在修辞方面的教导,那科学的逻辑学最初则是辩护士们的逻辑学;因为修辞是在交互发言的演说中论证或反驳的艺术,特别是在法庭演说的情况下。”㉘

他还更进一步地以此来支持其客观说的立场,“对这种从法中获得正反两方面论据的逻辑艺术而言……其所探求的并非是事实上立法者所意图赋予的意涵,而是可能赋予法什么意涵,即一种从法中推断出的意涵,虽然其并未曾被置入法中”。㉙ 也就是说,客观意义的逻辑关联,并不是立法者提前置入法律之中的,而是解释者推断的。根据这种界定,我们似乎可以认为,在拉德布鲁赫那里,法律解释似乎更应当被理解成一种论证的活动,法律规范的客观意义是存在于与概念的用法、法律的目的、逻辑的法则密切相关的意义关联之中的,而论证则是获得这种意义并将其归属于法律规范的一种方法。拉德布鲁赫也曾指出,“解释是结果——解释的结果,只有在解释的结果被确定之后,解释的手段才得以选择;而所谓解释的手段,事实上只用于事后根据文本来证立:在文本的创造性补充中已经找到了什么”。㉚

以上文所述为基础,这里以德国法学家萨维尼(Friedrich Carl von Savigny)经典的法律解释理论为例,来推测并检视拉德布鲁赫的法律解释方法。根据萨维尼的界定,法律解释是文法要素、逻辑要素、历史要素和体

㉖　[德]拉德布鲁赫:《解释的类型(1935 年)》,载[德]拉德布鲁赫:《法哲学入门》,雷磊译,商务印书馆 2019 年版,第 166 页。

㉗　[德]拉德布鲁赫:《法教义学的逻辑》,白斌译,载《清华法学》2016 年第 4 期。

㉘　[德]拉德布鲁赫:《法教义学的逻辑》,白斌译,载《清华法学》2016 年第 4 期。

㉙　[德]拉德布鲁赫:《法教义学的逻辑》,白斌译,载《清华法学》2016 年第 4 期。

㉚　[德]拉德布鲁赫:《法律智慧警句集》,舒国滢译,中国法制出版社 2001 年版,第 139 页。

系要素协调作用的活动,[31]因此,法律解释方法也往往被认为有文义解释方法、逻辑解释方法、历史解释方法和体系解释方法。首先,拉德布鲁赫虽然否定了语文学解释之于法律解释的意义,但并不能推出他会否认文本语义的重要性,相反,强调文本本身就暗含了首先要从文本的字义出发,因为法律文本的通常意义或字面意义是首要的,它通常是建立在语言惯习基础之上的。拉德布鲁赫拿来作为类比的所谓"圣经四义说",其中的第一点便是"字面义"。

其次,沿着上述思路,拉德布鲁赫并不认为历史材料在解释法律中具有关键的意义,那些所谓的立法准备材料以及各种法律草案,都不能成为探究法律规则之客观意义的决定性材料。在他看来,"至于起草者所用之材料,或准备起草法典之草案,自不能为决定的解释材料,此等殆无异于第三者之任意解释"。[32]

最后,如前所述,在拉德布鲁赫看来,法律解释是一种合乎逻辑的、绝对理性的解释,而且法律解释还必然与法律制度、法律体系的目的和整体精神相符合。因此,在他的解释体系中,逻辑要素和体系要素是最核心的要素。在他谈及"法律诠释学"的时候便已经指明了这一点,因为法律诠释学总是能够为一个法律问题找到相对应的两个以上的解释手段,但究竟选择其中的哪一种,却往往不给出答案,于是法官就不得不"要么借助于法律理由(ratio legis,通过建构),要么借助于法理由(ratio iuris,通过体系)",[33]从而作出选择。由此可见,在法律解释这个层面上,拉德布鲁赫似乎认为,应当将更多的信赖赋予解释者,因为他们能够以更好的方法最终实现对于法律的最佳解释。

四、法律解释的价值立场

在《法哲学入门》中,拉德布鲁赫还对法律科学之理论学说的历史变迁

---

[31] 参见[德]萨维尼:《当代罗马法体系 I——法律渊源·制定法解释·法律关系》,朱虎译,中国法制出版社 2010 年版,第 167 页

[32] [德]拉德布鲁赫:《法律哲学概论》,徐苏中译,中国政法大学出版社 2007 年版,第 168 页。

[33] [德]拉德布鲁赫:《法哲学入门》,雷磊译,商务印书馆 2019 年版,第 103 页。

进行了总结式的概览。他首先直接引述了赫尔曼·康特洛维茨(Hermann Kantorowicz)的相关论述,对形式主义和目的论的历史变迁进行了介绍。在历史上,法律科学总是在形式主义与目的论的对立之间来回摇摆,这两种理论在每个时代都有自己的支持者,只不过有时候前者占据上风,有时候后者居于主流地位。所谓"形式主义",其出发点是法条或制定法文本,试图通过解释达至与真实立法者之意思的符合,达致这种符合的手段便是从文本中进行推导。之所以被称为"形式主义",是因为核心的主张在于这些人认为,"从概念与条文的封闭体系中提炼出这种意思(就好像这是纯粹的逻辑作业),因为从这种体系中必然会获得每个或现实或假想之法律问题的决定"。[34] 所谓"目的论",其出发点并不在于法条的表述与立法者的意图,而在于社会现实和客观意义,"在于被认为充满价值的社会、精神、伦理生活的目的与需要",[35]而法律适用包括法律解释的主要任务,便是如何能够满足或实现这些生活价值。

正如前述,拉德布鲁赫反对将法律解释的目标定位于寻找真实立法者的原意,如果我们必须为拉德布鲁赫的理论在二者之间找到一个合适的位置的话,那么,至少在解释层面上他显然无法同意形式主义的立场,而更加偏向于目的论的风格。拉德布鲁赫的相对主义立场也能支持这样的观点。

我们都知道,在价值论层面上,拉德布鲁赫往往被认为秉持着某种相对主义立场。在他看来,在法哲学领域中,相对主义意味着"关于正当法的每种内容性观点都只有在特定的社会情境和特定的价值体系中才能成立"。由此可见,相对主义立场放弃了对理论理性或自然科学的那种严格的形式性、体系性、可验证性的追求,而选择了重归实践理性的王国之中,即拥抱一种关注特殊文化情境、不断吸收实质洞见的理性之理论。在这一王国中,我们可以建构一套适用于特定社会情境的价值体系,后者依赖于个人良知的选择或决断。例如,在法律体系中,关于正义、合目的性与法的安定性等价值之间的冲突,虽然并不存在某种永恒的排序方案,但拉德布鲁赫所提出的公式,却在很大程度上能够成为解决这一张力的适当方案之一。在"法律的不法和超法律的法"中,他曾经提出过这样的一个价值公式:

正义和法的安定性之间的冲突是可以得到解决的,只要实在的、通过命

---

[34] [德]拉德布鲁赫:《法哲学入门》,雷磊译,商务印书馆2019年版,第78页。
[35] [德]拉德布鲁赫:《法哲学入门》,雷磊译,商务印书馆2019年版,第79页。

令和权力来保障的法也因而获得优先地位，即使其在内容上是不正义的，不合目的性的；除非实在法与正义的矛盾达到如此不能容忍的程度，以至于作为"非正确法"的法律必须向正义屈服……凡正义根本不被追求的地方，凡构成正义之核心的平等在实在法制定过程中有意地不被承认的地方，法律不仅仅是"非正当法"，它甚至根本上就缺乏法的性质。[36]

既然法律解释要追求客观的合理意义，那么，这里的"合理"一定是相对于特定社会情境和社会价值所确定的，应当满足社会现实、伦理价值的目的和需要。法律解释从本质上来看，是相对的、不确定的，它的正确性必然依赖于某种特定的价值体系。在拉德布鲁赫看来，法哲学的任务就是在人类本质和事物本质的基础之上建构一种"正确法学说"，即一种关于法律的理想的价值体系。[37] 至少在这一点上，法律解释与法哲学便有了实质的关系，例如，一般认为，拉德布鲁赫公式所关涉的是一个概念论的问题，即关于法律效力的问题。那么这种理论又如何影响法律解释呢？拉德布鲁赫曾经明确表示："法律思维并非只是服务于公共福祉之合目的性思维——否则它将无法区别于正义和行政学说。它毋宁首先是合法性和正义思维，它从正义的视角（平等）出发来解释制定法的规定（它们基于法的安定性而生效）。"[38]拉德布鲁赫将法律的合目的性，即所谓公共利益、社会利益或人民福祉等放在最后的位置，正义优于合目的性，法的安定性也优先于合目的性。而正义和法的安定性之间的冲突才是关键所在，因为法的安定性是正义的一种形式，所以这也是正义本身的一种冲突，对于这种冲突的处理是一个程度性问题，只有当法律带来的不正义达到不能容忍的程度时，才能否认法的安定性。在我们看来，既然法的安定性价值在价值序位中处于较为优先的地位，法的安定性意味着在有关法律问题的争论中必须要给出一个最终的答案，即使这种答案可能是不切实际的。[39] 对于法律解释来讲，法律文本的通常意义便应当具有初显的优先地位，这不仅是合法性的要求，更是出于正义的考量：一方面，如果法律所规制的对象首先是按

---

[36] ［德］拉德布鲁赫：《法律的不法和超法律的法》，舒国滢译，载雷磊编：《拉德布鲁赫公式》，中国政法大学出版社2015年版，第10页。

[37] 参见［德］拉德布鲁赫：《法哲学入门》，雷磊译，商务印书馆2019年版，第163页。

[38] ［德］拉德布鲁赫：《法哲学入门》，雷磊译，商务印书馆2019年版，第183页。

[39] 参见［德］拉德布鲁赫：《法律智慧警句集》，舒国滢译，中国法制出版社2001年版，第17页。

照文字意义来理解法律的话,我们没有理由不赋予文义选项以优先地位;另一方面,对于建立在语言惯习基础之上的字面意义,解释者之间也更容易获得一致性的意见。只有当解释者依照字面意义无法获得合理解释的时候,才应当考量其他的解释选项,这些选项应当依然处于制定法文本的意义范围之内,当这些选项都完全不能满足价值的要求时,裁判者便可以从建构和体系化的角度去续造法律,尤其是已经达到不能容忍的不正义时,甚至可以排除法律的效力。[40]

在我们看来,前述观念主张了一种动态的可废止的解释结构,即以正确性解释为目标的论辩过程。[41] 拉德布鲁赫在主张法律解释必须提供正当、合理答案的时候,实际上也提出了证立的要求:“正确性预设了可证立性。”[42]因此,从这个层面上可以看到,拉德布鲁赫的相对主义并不能必然导出绝对的怀疑论立场,在他看来,相对主义并不意味着绝对的不可知论、虚无主义或怀疑论。在拉德布鲁赫那里,相对主义者依然可以提出某种规范性立场或理论。例如,在他看来,相对主义既可以支持法律实证主义,因为“实在法的拘束力恰恰只能建立在这一事实的基础上:正确法既无法被认识,也无法被证明”;[43]也可以用来对实证主义进行批判,因为它可以对实在法提出规范要求,例如,拉德布鲁赫便阐明了相对主义是如何支持自由主义、法治国、权力分立、民主、普遍容忍以及社会主义等理念或要求的。[44] 以这种理念来看,拉德布鲁赫不太可能支持一种理想的法条主义理念,即法律问题有唯一正确答案,但他同样也不会反对法律解释有正确答案,只不过,正确的解释并不是建立在某种普遍的价值基础之上的,而是基于特定社会情境中的特定价值体系。

---

[40] 参见宋旭光:《为什么应当将法律看作是可废止的》,载《人大法律评论》编辑委员会组编:《人大法律评论》(2016 年卷第 3 辑),法律出版社 2017 年版,第 165~182 页。

[41] 参见宋旭光:《论法学中的可废止性》,载《法制与社会发展》2019 年第 2 期。

[42] [德]阿列克西:《法的安定性与正确性》,宋旭光译,载《东方法学》2017 年第 3 期。

[43] [德]拉德布鲁赫:《法哲学中的相对主义(1934 年)》,载[德]拉德布鲁赫:《法哲学入门》,雷磊译,商务印书馆 2019 年版,第 156 页。

[44] 参见[德]拉德布鲁赫:《法哲学中的相对主义(1934 年)》,载[德]拉德布鲁赫:《法哲学入门》,雷磊译,商务印书馆 2019 年版,第 157~160 页。

五、总结

本文以拉德布鲁赫后期作品《法哲学入门》为基础，对他有关法律解释的论述进行了较为系统的阐述，并结合他的法哲学理论对此进行了延伸式的探讨。首先，法律解释、建构和体系性是法教义学的相互关联、互为前提的三个层面，解释是其中最为重要的一环。其次，在拉德布鲁赫看来，法律解释并不是要重新寻找立法者就相关事项的意图或看法，而是解释者根据当前社会现实和价值体系的要求对法律文本的相关规定的新思考。正如他所讲："法律解释并非对先前已被思考之事的再思考，而最终是对已被思考之事的思考，是产生与再生产、理论与实践、认知性和创造性、客观与主观、科学与超科学要素的不可分解的混合。"㊺再次，由于法律解释的目标并不在于立法者的主观意图，因此，历史素材在拉德布鲁赫的解释体系中就变得不那么重要了，解释者更为重要的工作在于为何确立一个正确的解释选项。根据拉德布鲁赫的相对主义价值观，解释选项的正确性便与特定社会、特定情境密切相关，因此依赖于实践理性的考量，也与法律论证关联在一起。复次，为了维护法的安定性和正义的价值，这种正确答案首先应当从文本的字义中寻找，只有当文本的字义无法提供正确答案时，才去考量扩展或限缩字义的可能，这是一种思维的次序问题，彰显了一种可废止的论辩结构。最后，当法律所导致的不正义已经达到不能容忍的程度或者法律在制定时便没有追求正义目的时，这里的问题便成了有关法律效力的问题，在这个层面上，解释便不重要了。

㊺ ［德］拉德布鲁赫：《解释的类型（1935年）》，载［德］拉德布鲁赫：《法哲学入门》，雷磊译，商务印书馆2019年版，第163页。

图书在版编目(CIP)数据

国家与法治研究. 第2卷, 2019 / 焦洪昌主编. --
北京 : 法律出版社, 2020
ISBN 978-7-5197-4528-8

Ⅰ. ①国… Ⅱ. ①焦… Ⅲ. ①法学－丛刊 Ⅳ.
①D90-55

中国版本图书馆CIP数据核字(2020)第086408号

国家与法治研究 第2卷(2019)
GUOJIA YU FAZHI YANJIU DI-2 JUAN(2019)

焦洪昌 主编

策划编辑 高 山
责任编辑 高 山 邓颖君
装帧设计 汪奇峰

出版 法律出版社
总发行 中国法律图书有限公司
经销 新华书店
印刷 北京虎彩文化传播有限公司
责任校对 王沁陶
责任印制 陶 松

编辑统筹 学术·对外出版分社
开本 710毫米×1000毫米 1/16
印张 15.75
字数 247千
版本 2020年8月第1版
印次 2020年8月第1次印刷

法律出版社/北京市丰台区莲花池西里7号(100073)
网址/www.lawpress.com.cn
投稿邮箱/info@lawpress.com.cn
举报维权邮箱/jbwq@lawpress.com.cn
销售热线/400-660-8393
咨询电话/010-63939796

中国法律图书有限公司/北京市丰台区莲花池西里7号(100073)
全国各地中法图分、子公司销售电话:
统一销售客服/400-660-8393/6393
第一法律书店/010-83938432/8433　西安分公司/029-85330678　重庆分公司/023-67453036
上海分公司/021-62071639/1636　深圳分公司/0755-83072995

书号:ISBN 978-7-5197-4528-8
定价:78.00元
(如有缺页或倒装,中国法律图书有限公司负责退换)